NORMAN GEISLER
WILLIAM NIX

Introdução bíblica

como a Bíblia chegou até nós

Tradução
Oswaldo Ramos

EDITORA VIDA
Rua Conde de Sarzedas, 246 Liberdade
CEP 01512-070 São Paulo, SP
Tel.: 0 xx 11 2618 7000
atendimento@editoravida.com.br
www.editoravida.com.br

©1997, de Norman L. Geisler & William E. Nix
Título Original:
From God to Us: How We Got Our Bible?
edição publicada por
MOODY PRESS PUBLISHERS
(Chicago, Illinois, EUA)

■

Todos os direitos desta tradução em língua portuguesa reservados por Editora Vida.

PROIBIDA A REPRODUÇÃO POR QUAISQUER MEIOS, SALVO EM BREVES CITAÇÕES, COM INDICAÇÃO DA FONTE.

■

Coordenação editorial: Fabiano Madeiros
Capa: Souto Design

Todas as citações bíblicas foram extraídas da *Almeida Edição Contemporânea (AEC)*, ©2001, publicada pela Editora Vida, salvo indicação em contrário.

1. edição:	jul. 2006
1ª reimp.:	mar. 2007
2ª reimp.:	jan. 2008
3ª reimp.:	nov. 2008
4ª reimp.:	maio. 2011
5ª reimp.:	fev. 2012
6ª reimp.:	out. 2013
7ª reimp.:	fev. 2015
8ª reimp.:	jul. 2016
9ª reimp.:	mar. 2017
10ª reimp.:	fev. 2019
11ª reimp.:	mar. 2020
12ª reimp.:	jul. 2021

Dados Internacionais de Catalogação na Publicação (CIP)
(Câmara Brasileira do Livro, SP, Brasil)

Geisler, Norman
  Introdução Bíblica / Norman Geisler e William Nix; tradução Oswaldo Ramos. — São Paulo: Editora Vida, 2006.

  Título Original: *From God to Us: How We got Our Bible?*
  ISBN 978-85-7367-026-4

  1. Bíblia — Introduções I. Nix, William. II. Título.

06-2840   CDD 221.61

Índices para catálogo sistemático:
  1. Bíblia — Introdução   221.61

Conteúdo

1 · O caráter da Bíblia *5*
2 · A natureza da inspiração *15*
3 · A inspiração do Antigo Testamento *25*
4 · A inspiração do Novo Testamento *39*
5 · Evidências da inspiração da Bíblia *51*
6 · As características da canonicidade *61*
7 · O desenvolvimento do cânon do Antigo Testamento *73*
8 · A extensão do cânon do Antigo Testamento *85*
9 · O desenvolvimento do cânon do Novo Testamento *99*
10 · A extensão do cânon do Novo Testamento *111*
11 · As línguas e os materiais da Bíblia *123*
12 · Os principais manuscritos da Bíblia *135*
13 · Outros testemunhos de apoio ao texto bíblico *147*
14 · O desenvolvimento da crítica textual *155*
15 · A recuperação do texto da Bíblia *169*
16 · Traduções e Bíblias aramaicas, siríacas e afins *183*
17 · Traduções gregas e afins *195*
18 · Traduções latinas e afins *207*
19 · As primeiras traduções para o inglês *219*
20 · As traduções da Bíblia para o inglês moderno *233*
21 · A Bíblia para o português *247*

1
O caráter da Bíblia

A Bíblia é um livro singular. Trata-se de um dos livros mais antigos do mundo e, no entanto, ainda é o *bestseller* mundial por excelência. É produto do mundo oriental antigo; moldou, porém, o mundo ocidental moderno. Tiranos houve que já queimaram a Bíblia, e os crentes a reverenciam. É o livro mais traduzido, mais citado, mais publicado e que mais influência tem exercido em toda a história da humanidade.

Afinal, que é que constitui esse caráter inusitado da Bíblia? Como foi que ela se originou? Quando e como assumiu sua forma atual? Que significa "inspiração" da Bíblia? São essas as perguntas para as quais se voltará o nosso interesse neste capítulo introdutório.

A estrutura da Bíblia

A palavra *Bíblia* (Livro) entrou para as línguas modernas por intermédio do francês, passando primeiro pelo latim *biblia*, com origem no grego *biblos*. Originariamente era o nome que se dava à casca de um papiro do século XI a.C. Por volta do século II d.C., os cristãos usavam a palavra para designar seus escritos sagrados.

Os dois testamentos da Bíblia

A Bíblia compõe-se de duas partes principais: o Antigo Testamento e o Novo Testamento. O Antigo Testamento foi escrito pela comunidade judaica, e por ela preservado um milênio ou mais antes da era de Jesus.

O Novo Testamento foi composto pelos discípulos de Cristo ao longo do século I d.C.

A palavra *testamento*, que seria mais bem traduzida por "aliança", é tradução de palavras hebraicas e gregas que significam "pacto" ou "acordo" celebrado entre duas partes ("aliança"). Portanto, no caso da Bíblia, temos o contrato antigo, celebrado entre Deus e seu povo, os judeus, e o pacto novo, celebrado entre Deus e os cristãos.

Estudiosos cristãos frisaram a unidade existente entre esses dois testamentos da Bíblia sob o aspecto da Pessoa de Jesus Cristo, que declarou ser o tema unificador da Bíblia.[1] Agostinho dizia que o Novo Testamento acha-se velado no Antigo Testamento, e o Antigo, revelado no Novo. Outros autores disseram o mesmo em outras palavras: "O Novo Testamento está no Antigo Testamento ocultado, e o Antigo, no Novo revelado". Assim, Cristo se esconde no Antigo Testamento e é desvendado no Novo. Os crentes anteriores a Cristo olhavam adiante com grande expectativa, ao passo que os crentes de nossos dias vêem em Cristo a concretização dos planos de Deus.

Livros do Antigo Testamento	
A lei *(Pentateuco)* — 5 livros	**Poesia — 5 livros**
1. Gênesis 2. Êxodo 3. Levítico 4. Números 5. Deuteronômio	1. Jó 2. Salmos 3. Provérbios 4. Eclesiastes 5. O Cântico dos Cânticos
História — 12 livros	**Profetas — 17 livros**
1. Josué 2. Juízes 3. Rute 4. 1Samuel 5. 2Samuel 6. 1Reis 7. 2Reis 8. 1Crônicas 9. 2Crônicas 10. Esdras 11. Neemias 12. Ester	**A. Maiores** 1. Isaías 2. Jeremias 3. Lamentações 4. Ezequiel 5. Daniel **B. Menores** 1. Oséias 2. Joel 3. Amós 4. Obadias 5. Jonas 6. Miquéias 7. Naum 8. Habacuque 9. Sofonias 10. Ageu 11. Zacarias 12. Malaquias

---

[1] V. *Christ, the theme of the Bible*, de Norman L. Geisler (Chicago, Moody Press, 1968).

As seções da Bíblia

A Bíblia divide-se comumente em oito seções, quatro do Antigo Testamento e quatro do Novo.

Livros do Novo Testamento	
Evangelhos	**História**
1. Mateus 2. Marcos 3. Lucas 4. João	1. Atos dos Apóstolos
Epístolas	
1. Romanos 2. 1Coríntios 3. 2Coríntios 4. Gálatas 5. Efésios 6. Filipenses 7. Colossenses 8. 1Tessalonicenses 9. 2Tessalonicenses 10. 1Timóteo 11. 2Timóteo	12. Tito 13. Filemom 14. Hebreus 15. Tiago 16. 1Pedro 17. 2Pedro 18. 1João 19. 2João 20. 3João 21. Judas
Profecia	
1. Apocalipse	

A divisão do Antigo Testamento em quatro seções baseia-se na disposição dos livros por tópicos, com origem na tradução das Escrituras Sagradas para o grego. Essa tradução, conhecida como a *Versão dos septuaginta* (LXX), iniciara-se no século III a.C. A Bíblia hebraica não segue essa divisão tópica dos livros, em quatro partes. Antes, emprega-se uma divisão de três partes, talvez baseada na posição oficial de seu autor. Os cinco livros de Moisés, que outorgou a lei, aparecem em primeiro lugar. Seguem-se os livros dos homens que desempenharam a função de profetas. Por fim, a terceira parte contém livros escritos por homens que, segundo se cria, tinham o dom da profecia, sem serem profetas oficiais. É por isso que o Antigo Testamento hebraico apresenta a estrutura do quadro da página seguinte.

A razão dessa divisão das Escrituras hebraicas em três partes encontra-se na história judaica. É provável que o testemunho mais antigo dessa divisão seja o prólogo ao livro de *Siraque*, ou *Eclesiástico*, durante o século II a.C. O *Mishna* (ensino) judaico, Josefo, primeiro historiador judeu, e a tradição judaica posterior também deram prosseguimento a essa

Disposição dos livros do Antigo Testamento hebraico

A lei (*Tora*)	Os profetas (*Nebhiim*)	Os escritos (*Kethubhim*)
1. Gênesis 2. Êxodo 3. Levítico 4. Números 5. Deuteronômio	A. **Profetas anteriores** 1. Josué 2. Juízes 3. Samuel 4. Reis B. **Profetas posteriores** 1. Isaías 2. Jeremias 3. Ezequiel 4. Os Doze	A. **Livros poéticos** 1. Salmos 2. Provérbios 3. Jó B. **Cinco rolos (*Megilloth*)** 1. O Cântico dos Cânticos 2. Rute 3. Lamentações 4. Ester 5. Eclesiastes C. **Livros históricos** 1. Daniel 2. Esdras—Neemias 3. Crônicas

Esta é a disposição encontrada nas edições judaicas modernas do Antigo Testamento. Cf. *The Holy Scriptures, according to the Masoretic Text* e *Biblia hebraica*, organizada por Rudolph Kittel e Paul E. Kahle.

divisão tríplice de suas Escrituras. O Novo Testamento faz uma possível alusão a uma divisão em três partes do Antigo Testamento, quando Jesus disse: "... era necessário que se cumprisse tudo o que de mim estava escrito na lei de Moisés, nos Profetas e nos Salmos" (Lc 24.44).

A despeito do fato de o Judaísmo ter mantido uma divisão tríplice até a presente data, a *Vulgata latina*, de Jerônimo, e as Bíblias posteriores a ela seguiriam o formato mais tópico das quatro partes em que se divide a *Septuaginta*. Se combinarmos essa divisão com outra, mais natural e largamente aceita, também de quatro partes, do Novo Testamento, a Bíblia pode ser divida na estrutura geral e cristocêntrica apresentada no quadro da página seguinte.

Ainda que não existam razões de ordem divina para dividirmos a Bíblia em oito partes, a insistência cristã em que as Escrituras devam ser entendidas tendo Cristo por centro baseia-se nos ensinos do próprio Cristo. Cerca de cinco vezes no Novo Testamento, Jesus afirmou ser ele próprio o tema do Antigo Testamento (Mt 5.17; Lc 24.27; Jo 5.39; Hb 10.7). Diante dessas declarações, é natural que analisemos essa divisão das Escrituras, em oito partes, por tópicos, sob o aspecto de seu tema maior —Jesus Cristo.

Antigo Testamento	Lei História Poesia Profecia	Fundamento da chegada de Cristo Preparação para a chegada de Cristo Anelo pela chegada de Cristo Certeza da chegada de Cristo
Novo Testamento	Evangelhos Atos Epístolas Apocalipse	Manifestação de Cristo Propagação de Cristo Interpretação e aplicação de Cristo Consumação em Cristo

Capítulos e versículos da Bíblia

As Bíblias mais antigas não eram divididas em capítulos e versículos. Essas divisões foram feitas para facilitar a tarefa de citar as Escrituras. Stephen Langton, professor da Universidade de Paris e mais tarde arcebispo da Cantuária, dividiu a Bíblia em capítulos em 1227. Robert Stephanus, impressor parisiense, acrescentou a divisão em versículos em 1551 e em 1955. Felizmente, estudiosos judeus, desde aquela época, adotaram essa divisão de capítulos e versículos para o Antigo Testamento.

A inspiração da Bíblia

A característica mais importante da Bíblia não é sua estrutura e sua forma, mas o fato de ter sido inspirada por Deus. Não se deve interpretar de modo errôneo a declaração da própria Bíblia a favor dessa inspiração. Quando falamos de inspiração, não se trata de inspiração poética, mas de autoridade divina. A Bíblia é singular; ela foi literalmente "soprada por Deus". A seguir examinaremos o que significa isso.

Uma definição de inspiração

Embora a palavra *inspiração* seja usada apenas uma vez no Novo Testamento (2Tm 3.16) e outra no Antigo (Jó 32.8), o processo pelo qual Deus transmite sua mensagem autorizada ao homem é apresentado de muitas maneiras. Um exame das duas grandes passagens a respeito da inspiração encontradas no Novo Testamento, poderá ajudar-nos a entender o que significa a inspiração bíblica.

Descrição bíblica de inspiração

Assim escreveu Paulo a Timóteo: "Toda Escritura é divinamente inspirada e proveitosa para ensinar, para repreender, para corrigir, para instruir em justiça" (2Tm 3.16). Em outras palavras, o texto sagrado do Antigo Testamento foi "soprado por Deus" (gr., *theopneustos*) e, por isso, dotado da autoridade divina para o pensamento e para a vida do crente. A passagem correlata de 1Coríntios 2.13 realça a mesma verdade. "Disto também falamos", escreveu Paulo, "não com palavras de sabedoria humana, mas com as que o Espírito Santo ensina, comparando as coisas espirituais com as espirituais." Quaisquer palavras ensinadas pelo Espírito Santo são palavras divinamente inspiradas.

A segunda grande passagem do Novo Testamento a respeito da inspiração da Bíblia está em 2Pedro 1.21. "Pois a profecia nunca foi produzida por vontade dos homens, mas os homens santos da parte de Deus falaram movidos pelo Espírito Santo." Em outras palavras, os profetas eram homens cujas mensagens não se originaram de seus próprios impulsos, mas foram "sopradas pelo Espírito". Pela revelação, Deus falou aos profetas de muitas maneiras (Hb 1.1): mediante anjos, visões, sonhos, vozes e milagres. Inspiração é a forma pela qual Deus falou aos homens *mediante* os profetas. Mais um sinal de que as palavras dos profetas não partiam deles próprios, mas de Deus é o fato de eles sondarem seus próprios escritos a fim de verificar "qual o tempo ou qual a ocasião que o Espírito de Cristo, que estava neles, indicava, ao dar de antemão testemunho sobre os sofrimentos que a Cristo haviam de vir, e sobre as glórias que os seguiriam" (1Pe 1.11).

Fazendo uma combinação das passagens que ensinam sobre a inspiração divina, descobrimos que a Bíblia é inspirada no seguinte sentido: homens, movidos pelo Espírito, escreveram palavras sopradas por Deus, as quais são a fonte de autoridade para a fé e para a prática cristã. Vamos a seguir analisar com mais cuidado esses três elementos da inspiração.

Definição teológica da inspiração

Na única vez em que o Novo Testamento usa a palavra *inspiração*, ela se aplica aos escritos, não aos escritores. A Bíblia é que é inspirada, e não seus autores humanos. O adequado, então, é dizer que: o produto é inspirado, os produtores não. Os autores indubitavelmente escreveram e falaram sobre muitas coisas, como, por exemplo, quando se referiram a assuntos mundanos, pertinentes a esta vida, os quais não foram divinamente inspirados. Todavia, visto que o Espírito Santo, conforme ensina Pedro, tomou posse dos homens que produziram os escritos inspirados, podemos, por extensão, referir-nos à inspiração em sentido mais amplo. Tal sentido mais amplo inclui o *processo* total por que alguns homens, movidos pelo Espírito Santo, enunciaram e escreveram palavras emanadas da boca do Senhor; e, por isso mesmo, palavras dotadas da autoridade divina. É esse processo total de inspiração que contém os três elementos essenciais: a causalidade divina, a mediação profética e a autoridade escrita.

Causalidade divina. Deus é a Fonte Primordial da inspiração da Bíblia. O elemento divino estimulou o elemento humano. Primeiro Deus falou aos profetas e, em seguida, aos homens, mediante esses profetas. Deus revelou-lhes certas verdades da fé, e esses homens de Deus as registraram. O primeiro fator fundamental da doutrina da inspiração bíblica, e o mais importante, é que Deus é a fonte principal e a causa primeira da verdade bíblica. No entanto, não é esse o único fator.

Mediação profética. Os profetas que escreveram as Escrituras não eram autômatos. Eram algo mais que meros secretários preparados para anotar o que se lhes ditava. Escreveram segundo a intenção total do coração, segundo a consciência que os movia no exercício normal de sua tarefa, com seus estilos literários e seus vocabulários individuais. As personalidades dos profetas não foram violentadas por uma intrusão sobrenatural. A Bíblia que eles produziram é a Palavra de Deus, mas também é a palavra do homem. Deus usou personalidades humanas para comunicar proposições divinas. Os profetas foram a causa imediata dos textos escritos, mas Deus foi a causa principal.

Autoridade escrita. O produto final da autoridade divina em operação por meio dos profetas, como intermediários de Deus, é a autoridade escrita de que se reveste a Bíblia. A Escritura "é divinamente inspirada e proveitosa para ensinar, para repreender, para corrigir, para instruir em justiça". A Bíblia é a última palavra no que concerne a assuntos doutrinários e éticos. Todas as controvérsias teológicas e morais devem ser trazidas ao tribunal da Palavra escrita de Deus. As Escrituras receberam sua autoridade do próprio Deus, que falou mediante os profetas. No entanto, são os escritos proféticos e não os escritores desses textos sagrados que possuem e retêm a resultante autoridade divina. Todos os profetas morreram; os escritos proféticos prosseguem.

Em suma, a definição adequada de inspiração precisa ter três fatores fundamentais: Deus, o Causador original, os homens de Deus, que serviram de instrumentos, e a autoridade escrita, ou Sagradas Escrituras, que são o produto final.

Algumas distinções importantes

A inspiração em contraste com a revelação e a iluminação

Há dois conceitos inter-relacionados que nos ajudam a esclarecer, pela contraposição, o que significa inspiração. São eles a revelação e a iluminação. Revelação diz respeito à *exposição* da verdade. Iluminação, à devida *compreensão* dessa verdade descoberta. No entanto, a inspiração não consiste nem em uma, nem em outra. A revelação prende-se à origem da verdade e à sua transmissão; a inspiração relaciona-se com a recepção e o registro da verdade. A iluminação ocupa-se da posterior apreensão e compreensão da verdade revelada. A inspiração que traz a revelação escrita aos homens não traz em si mesma garantia alguma de que os homens a entendam. É necessário que haja iluminação do coração e da mente. A revelação é uma abertura objetiva; a iluminação é a compreensão subjetiva da revelação; a inspiração é o meio pelo qual a revelação se tornou uma exposição aberta e objetiva. A revelação é o fato da comunicação divina; a inspiração é o meio; a iluminação, o dom de compreender essa comunicação.

Inspiração dos originais, não das cópias

A inspiração e a conseqüente autoridade da Bíblia não se estendem automaticamente a todas as cópias e traduções da Bíblia. Só os manuscritos originais, conhecidos por autógrafos, foram inspirados por Deus. Os erros e as mudanças efetuados nas cópias e nas traduções não podem ser atribuídos à inspiração original. Por exemplo, 2Reis 8.26 diz que Azarias tinha 22 anos de idade quando foi coroado rei, enquanto 2Crônicas 22.2 diz que tinha 42 anos. Não é possível que ambas as informações estejam corretas. O original é autorizado; a cópia errônea não tem autoridade. Outros exemplos desse tipo de erro podem encontrar-se nas atuais cópias das Escrituras (e.g., cf. 1Rs 4.26 e 2Cr 9.25). Portanto, uma tradução ou cópia só é autorizada à medida que reproduz com exatidão os autógrafos.

Veremos posteriormente até que ponto as cópias da Bíblia são exatas (cap. 15), segundo a ciência da crítica textual. Por ora basta-nos observar que o grandioso conteúdo doutrinário e histórico da Bíblia tem sido transmitido de geração a geração, ao longo da história, sem mudanças nem perdas substanciais. As cópias e as traduções da Bíblia, encontradas no século xx, não detêm a inspiração *original*, mas contêm uma inspiração *derivada*, uma vez que são cópias fiéis dos autógrafos. De uma perspectiva técnica, só os autógrafos são inspirados; todavia, para fins práticos, a Bíblia nas línguas de nossa época, por ser transmissão exata dos originais, é a Palavra de Deus inspirada.

Visto que os originais não mais existem, alguns críticos têm objetado à inerrância de autógrafos que não podem ser examinados e nunca foram vistos. Eles perguntam como é possível afirmar que os originais não continham erro, se não podem ser examinados. A resposta é que a inerrância bíblica não é um fato conhecido empiricamente, mas uma crença baseada no ensino da Bíblia a respeito de sua inspiração, bem como baseada na natureza altamente precisa da grande maioria das Escrituras transmitidas e na ausência de qualquer prova em contrário. Afirma a Bíblia ser a declaração de um Deus que não pode cometer erro. É verdade que nunca se descobriram os originais infalíveis da Bíblia, mas tampouco se descobriu um único autógrafo original falível. Temos, pois, manuscritos que foram copiados com toda precisão e traduzidos para muitas línguas, dentre as quais o português. Portanto, para todos os efeitos de doutrina e de dever, a Bíblia como a temos hoje é representação suficiente da Palavra de Deus, cheia de autoridade.

Inspiração do ensino, mas não de todo o conteúdo da Bíblia

Cumpre ressaltar também que só o que a Bíblia *ensina* foi inspirado por Deus e não apresenta erro; nem tudo que *está* na Bíblia ficou isento de erro. Por exemplo, as Escrituras contêm o relato de muitos atos maus, pecaminosos, mas de modo algum a Bíblia os elogia; tampouco os recomenda. Ao contrário, condena essas práticas malignas. A Bíblia chega a narrar algumas das mentiras de Satanás (e.g., Gn 3.4). Portanto, a simples existência dessa narração não significa que a Bíblia ensine serem verdadeiras essas mentiras. A única coisa que a inspiração divina garante aqui é que se trata de um registro verdadeiro de uma mentira satânica, de uma perversidade real de Satanás.

Às vezes não está perfeitamente claro se a Bíblia registra apenas um mero relato do que alguém disse ou fez, ou se ela está ensinando que devemos proceder de igual forma. Por exemplo, estará a Bíblia ensinando que tudo quanto os amigos de Jó disseram é verdade? Seriam todos os ensinos daquele homem "debaixo do sol", em Eclesiastes, ensino de Deus ou mero registro fiel de pensamentos vãos? Seja qual for a resposta, o estudante da Bíblia é admoestado a não julgar verdadeiro tudo quanto a Bíblia *afirma* só por ter aparência de verdade. O estudante da Bíblia precisa procurar seu verdadeiro *ensino*, sem atribuir verdade a tudo quanto está escrito em suas páginas. De fato, a Bíblia registra muitas coisas que ela de modo algum recomenda, como a asserção: "Não há Deus" (Sl 14.1). Em todas as passagens, o que a Bíblia está declarando deve ser estudado com cuidado, a fim de se apurar o que ela está ensinando na verdade. Só o que a Bíblia ensina é que é inspirado, e não todas as palavras relacionadas a todo o seu conteúdo.

Resumindo, a Bíblia é um livro incomum. Compõe-se de dois testamentos formados de 66 livros, os quais declaram ou comprovam a inspiração divina. Com inspiração queremos dizer que os manuscritos originais da Bíblia nos foram concedidos pela revelação de Deus e, exatamente por isso, detêm a absoluta autoridade de Deus, para formar o pensamento e a vida cristã. Isso significa que tudo quanto a Bíblia ensina constitui tribunal de apelação infalível. O próximo tópico de estudo diz respeito à natureza exata da inspiração da Bíblia.

2
A natureza da inspiração

O primeiro grande elo da cadeia comunicativa "de Deus para nós" chama-se inspiração. Há diversas teorias a respeito da inspiração. Algumas delas não se coadunam com o ensino bíblico sobre o assunto. Nosso propósito, portanto, neste capítulo, tem dois aspectos: primeiro, examinar as teorias a respeito da inspiração e, segundo, apurar com a máxima precisão o que está implícito no ensino da Bíblia a respeito de sua própria inspiração.

As várias teorias a respeito da inspiração

Ao longo da história, as teorias a respeito da inspiração da Bíblia têm varia-do segundo as características essenciais de três movimentos teológicos: a ortodoxia, o modernismo e a neo-ortodoxia. Ainda que essas três perspectivas não se limitem a um único período, suas manifestações primordiais são características de três períodos sucessivos na história da igreja.

Na maior parte dessa história, prevaleceu a visão ortodoxa, a saber: a Bíblia *é* a Palavra de Deus. Com o surgimento do modernismo, muitas pessoas vieram a crer que a Bíblia meramente *contém* a Palavra de Deus. Mais recentemente, sob a influência do existencialismo contemporâneo, os teólogos neo-ortodoxos têm ensinado que a Bíblia *torna-se* a Palavra de Deus quando a pessoa tem um encontro pessoal com Deus em suas páginas.

Ortodoxia: a Bíblia É a Palavra de Deus

Por cerca de 18 séculos de história da igreja, prevaleceu a opinião ortodoxa da inspiração divina. Os pais da igreja, em geral, com raras manifestações menos importantes em contrário, ensinaram firmemente que a Bíblia é a Palavra de Deus escrita. Teólogos ortodoxos ao longo dos séculos vêm ensinando, todos de comum acordo, que a Bíblia foi inspirada verbalmente, i.e., é o registro escrito por inspiração de Deus. No entanto, tem havido tentativas de procurar explicação para o fato de o registro escrito ser a Palavra de Deus ao mesmo tempo que o Livro obviamente foi composto por autores humanos, dotados de estilos pessoais diferentes uns dos outros; essas tentativas conduziram os estudiosos ortodoxos a duas opiniões divergentes. Alguns abraçaram a idéia do "ditado verbal", afirmando que os autores humanos da Bíblia registraram apenas o que Deus lhes havia ditado, palavra por palavra. De outro lado, estão os estudiosos que prefeririam a teoria do "conceito inspirado", segundo a qual Deus só concedeu aos autores pensamentos inspirados, e os autores tiveram liberdade de revesti-los com palavras próprias.

Ditado verbal. Na obra de John R. Rice, *Our God-breathed book—the Bible* [Nosso livro soprado por Deus —a Bíblia),[1] encontramos uma apresentação clara e bem ordenada do ditado verbal. O autor descarta a idéia de que o ditado verbal seja mecânico, sustentando que Deus ditou sua Palavra mediante a personalidade do autor humano. É que Deus, por sua atuação especial e providência, foi quem formou as personalidades sobre as quais posteriormente o Espírito Santo haveria de soprar seu ditado palavra por palavra. Assim, argumenta Rice, Deus havia preparado de antemão os estilos particulares que ele próprio desejava, a fim de produzir as palavras exatas, ao usar estilos e vocabulários predeterminados, encontráveis nos diferentes autores humanos. O resultado final, então, foi um ditado palavra por palavra da parte de Deus, as Escrituras Sagradas.

Conceitos inspirados. Em sua *Systematic theology* [Teologia sistemática], A. H. Strong apresenta uma visão que vem sendo denominada inspiração conceitual.[2] Deus teria inspirado apenas os conceitos, não as expressões literárias particulares com que cada autor concebeu seus textos. Deus teria dado seus pensamentos aos profetas, que tiveram toda a liberdade de exprimi-los em seus termos humanos. Dessa maneira, Strong esperava evitar quaisquer

---

[1] Murfreesboro, Sword of the Lord, 1969.
[2] Grand Rapids, Revell, 1907.

implicações mecanicistas derivadas do ditado verbal e ainda preservar a origem divina das Escrituras. Deus concedeu a inspiração conceitual, e os homens de Deus forneceram a expressão verbal característica de seus estilos próprios.

Modernismo: a Bíblia CONTÉM a Palavra de Deus

Ao surgir o idealismo germânico e a crítica da Bíblia (v. cap. 14), surgiu também uma nova visão evoluída da inspiração bíblica, a par do modernismo ou liberalismo teológico. Opondo-se à opinião ortodoxa tradicional de que a Bíblia é a Palavra de Deus, os modernistas ensinam que a Bíblia meramente *contém* a Palavra de Deus. Certas partes dela são divinas, expressam a verdade, mas outras são obviamente humanas e apresentam erros. Tais autores acham que a Bíblia foi vítima de sua época, exatamente como acontece a quaisquer outros livros. Afirmam que ela teria incorporado muito das lendas, dos mitos e das falsas crenças relacionadas à ciência. Sustentam então que, pelo fato de esses elementos não terem sido inspirados por Deus, devem ser rejeitados pelos homens iluminados de hoje; tais erros seriam resquícios de uma mentalidade primitiva indigna de fazer parte do credo cristão. Só as verdades divinas, entremeadas nessa mistura de ignorância antiga e erro grosseiro, é que de fato teriam sido inspiradas por Deus.

O conceito da iluminação. Defendem alguns estudiosos que as "partes inspiradas" da Bíblia resultam de uma espécie de iluminação divina, mediante a qual Deus teria concedido uma profunda percepção religiosa a alguns homens piedosos. Tais percepções teriam sido usufruídas com diferentes gradações de compreensão, tendo sido registradas com misturas de idéias religiosas errôneas e crendices da ciência, comuns naqueles dias. Daí resultaria um livro, a Bíblia, que expressa vários graus de inspiração, dependendo da profundidade da iluminação religiosa experimentada por qualquer dos autores.

O conceito da intuição. Na outra extremidade da visão modernista estão os estudiosos que negam totalmente a existência de algum elemento divino na composição da Bíblia. Para eles a Bíblia não passa de um caderno de rascunho em que os judeus registravam suas lendas, histórias, poemas etc., sem nenhum valor histórico.[3] O que alguns denominam inspiração divina não seria outra coisa senão intensa intuição humana. Dentro desse folclore judaico a que se deu o nome de Bíblia, encontram-se alguns exem-

---

[3]Henrik W. van Loon, *Story of the Bible*, Garden City, Garden City, 1941, p. 227.

plos significativos de elevada moral e de gênio religioso. Todavia, essas percepções espirituais são puramente naturalistas. Em absolutamente nada, passam de intuição humana; não existiria inspiração sobrenatural, tampouco iluminação.

Neo-Ortodoxia: a Bíblia TORNA-SE a Palavra de Deus

No início do século xx, a reviravolta nos acontecimentos mundiais e a influência do pai dinamarquês do existencialismo, Søren Kierkegaard, deram origem a uma nova reforma na teologia européia. Muitos estudiosos começaram a voltar-se de novo para as Escrituras, a fim de ouvir nelas a voz de Deus. Sem abrir mão de suas opiniões críticas a respeito da Bíblia, começaram a levar a Bíblia a sério, por ser a *fonte* da revelação de Deus aos homens. Criando um novo tipo de ortodoxia, afirmavam que Deus fala aos homens mediante a Bíblia; as Escrituras *tornam-se* a Palavra de Deus num encontro pessoal entre Deus e o homem.

À semelhança das outras teorias a respeito da inspiração da Bíblia, a neo-ortodoxia desenvolveu duas correntes. Na extremidade mais importante estavam os demitizadores, que negam todo e qualquer conteúdo religioso importante, factual ou histórico, nas páginas da Bíblia, e crêem apenas na preocupação religiosa existencial sobre a qual medram os mitos. Na outra extremidade, os pensadores de tendência mais evangélica tentam preservar a maior parte dos dados factuais e históricos das Escrituras, mas sustentam que a Bíblia de modo algum é revelação de Deus. Antes, Deus se revela na Bíblia nos encontros pessoais; não, porém, de maneira proposicional.

Visão demitizante. Rudolf Bultmann e Shubert Ogden são representantes característicos da visão demitizante. Ambos diferem entre si, uma vez que Ogden não vê nenhum cerne histórico que dê consistência aos mitos da Bíblia, embora Bultmann consiga enxergar isso. Ambos concordam em que a Bíblia foi escrita em linguagem mitológica, a da época de seus autores, época já passada e obsoleta. A tarefa do cristão moderno é demitizar a Bíblia, ou seja, despi-la de seus trajes lendários, mitológicos, e descobrir o conhecimento existencial a ela subjacente. Afirma Bultmann que, a partir do momento que a Bíblia é despida desses mitos religiosos, a pessoa encontra a verdadeira mensagem do amor sacrificial de Deus em Cristo. Não é necessário que a pessoa se prenda a uma revelação objetiva, histórica e proposicional, a fim de experimentar essa verdade pessoal e subjetiva. Daí decorre que a Bíblia *torna-se* a revelação de Deus aos homens, mediante uma interpretação adequada (i.e., demitizada), quando a pessoa depara com o amor absoluto, exposto no mito do amor altruísta de Deus em Cristo. Por isso, a Bíblia em si mesma não é revelação alguma; é apenas uma expressão primitiva, mitológica, mediante a qual Deus se revela pessoalmente, desde que demitizado da maneira correta.

Encontro pessoal. A outra corrente da neo-ortodoxia, representada por Karl Barth e Emil Brunner, nutre uma visão mais ortodoxa das Escrituras. Barth reconhece que existem algumas imperfeições no registro escrito (até mesmo nos autógrafos) e, no entanto, afirma que a Bíblia é a fonte da revelação de Deus.[4] Afirma ele que Deus nos fala mediante a Bíblia; que ela é o veículo de sua revelação. Assim como um cão ouve a voz de seu dono, gravada de modo imperfeito na gravação de uma fita ou disco, assim também o cristão pode ouvir a voz de Deus que ressoa nas Escrituras. Afirma Brunner que a revelação de Deus não é proposicional (i.e., feita *por meio de* palavras).[5] Assim, a Bíblia, como se nos apresenta, deixa de ser uma revelação de Deus, passando a ser mero registro da revelação pessoal de Deus aos homens de Deus em eras passadas. Todavia, sempre que o homem moderno se encontra com Deus, mediante as Escrituras Sagradas, a Bíblia *torna-se* a Palavra de Deus para nós. Em contraposição à visão ortodoxa, para os teólogos neo-ortodoxos a Bíblia não seria um registro inspirado. Antes, é um registro imperfeito, que, apesar dessa mesma imperfeição, constitui o testemunho singular da revelação de Deus. Quando Deus surge no registro escrito, de maneira pessoal, a fim de falar ao leitor, a Bíblia nesse momento *torna-se* a Palavra de Deus para esse leitor.

O ensino bíblico a respeito da inspiração

Muitas objeções têm sido levantadas contra as várias teorias da inspiração, as quais partem de diferentes concepções, tendo variados graus de legitimidade, dependentemente do ângulo de observação da pessoa que as formula. Visto que o objetivo deste estudo é levar o leitor a compreender o caráter da Bíblia, o critério analítico que escolhemos visa a avaliar todas essas teorias, levando em consideração o que as Escrituras revelam a respeito de sua própria inspiração. Comecemos com o que a Bíblia ensina formalmente sobre essa questão e, depois, examinemos o que se acha logicamente implícito nesse ensino.

[4]*Doctrine of the Word of God*, Naperville, Allenson, 1956, v. 1 (*Church dogmatics*), p. 592-5.
[5]*Theology of crisis*, New York, Scribner, 1929, p. 41.

O que a própria Bíblia ensina a respeito de sua inspiração

No capítulo anterior examinamos de modo genérico o ensino de dois grandes textos do Novo Testamento a respeito da inspiração (2Tm 3.16 e 2Pe 1.21). A Bíblia declara ser um livro dotado de autoridade divina, resultante de um processo pelo qual homens movidos pelo Espírito Santo escreveram textos inspirados (soprados) por Deus. Vamos agora examinar em minúcias o que significa essa declaração.

A inspiração é verbal. Independentemente de outras afirmações que possam ser formuladas a respeito da Bíblia, fica bem claro que esse livro reivindica para si mesmo esta qualidade: a inspiração *verbal*. O texto clássico de 2Timóteo 3.16 declara que as *graphã*, i.e., os textos, é que são inspiradas. "Moisés escreveu todas as palavras do Senhor..." (Êx 24.4). O Senhor ordenou a Isaías que escrevesse num livro a mensagem eterna de Deus (Is 30.8). Davi confessou: "O Espírito do Senhor fala por mim, e a sua *palavra* está na minha boca" (2Sm 23.2). Era a *palavra* do Senhor que chegava aos profetas nos tempos do Antigo Testamento. Jeremias recebeu esta ordem: "... não te esqueças de nenhuma *palavra*" (Jr 26.2).

No Novo Testamento, Jesus e seus apóstolos ressaltaram a revelação registrada ao usar repetidamente a expressão *"está escrito"* (v. Mt 4.4,7; Lc 24.27,44). O apóstolo Paulo testemunhou: "... falamos, não com *palavras* de sabedoria humana, mas com as que o Espírito Santo ensina..." (1Co 2.13). João nos adverte quanto a não "tirar quaisquer *palavras* do livro desta profecia" (Ap 22.19). As Escrituras (i.e., os *escritos*) do Antigo Testamento são continuamente mencionadas como *Palavra* de Deus. No célebre sermão da montanha, Jesus declarou que não só as palavras, mas até mesmo os pequeninos sinais diacríticos de uma palavra hebraica vieram de Deus: "Em verdade vos digo que até que a terra e o céu passem, nem um jota ou um til se omitirá da lei, sem que tudo seja cumprido" (Mt 5.18). Portanto, o que quer que se diga como teoria a respeito da inspiração das Escrituras, fica bem claro que a Bíblia reivindica para si mesma toda a autoridade verbal ou escrita. Diz a Bíblia que suas palavras vieram da parte de Deus.

A inspiração é plena. A Bíblia reivindica a inspiração divina de todas as suas partes. É inspiração plena, total, absoluta. *"Toda* Escritura é divinamente inspirada..." (2Tm 3.16). Nenhuma parte das Escrituras deixou de receber total autoridade doutrinária. A Escritura toda (i.e., o Antigo Testamento integralmente), escreveu Paulo, "é divinamente inspirada e proveitosa para ensinar, para repreender, para corrigir, para instruir em justiça" (2Tm 3.16). E foi além, ao escrever: "... tudo o que outrora foi escrito, para o nosso ensino foi escrito" (Rm 15.4). Jesus e todos os autores do Novo Testamento exemplificam amplamente sua crença firme na inspiração integral e completa do Antigo Testamento, citando trechos de todas as Escrituras que eram para eles de autoridade, até mesmo os que apresentam ensinos fortemente polêmicos. A criação de Adão e de Eva, a destruição do mundo pelo dilúvio, o milagre de Jonas e o grande peixe e muitos outros acontecimentos são mencionados por Jesus deixando bem clara a autoridade deles (v. cap. 3). Todo trecho das Sagradas Escrituras reivindica total e completa autoridade. A inspiração da Bíblia é plena.

É claro que a inspiração plena estende-se apenas aos ensinos dos autógrafos, como já afirmamos (cap. 1). Todavia, tudo quanto a Bíblia ensina, quer no Antigo, quer no Novo Testamento, é integralmente dotado de autoridade divina. Nenhum ensino das Escrituras deixou de ter origem divina. O próprio Deus inspirou as palavras usadas para exprimir os ensinos proféticos. Repitamos: a inspiração é plena, a saber, completa e integral, abrangendo todas as partes da Bíblia.

A inspiração atribui autoridade. Fica, pois, saliente o fato de que a inspiração concede autoridade indiscutível ao texto ou documento escrito. Disse Jesus: "... a Escritura não pode ser anulada..." (Jo 10.35). Em numerosas ocasiões o Senhor recorreu à Palavra de Deus escrita, que ele considerava árbitro definitivo em questões de fé e de prática. O Senhor recorreu às Escrituras como a autoridade para ele purificar o templo (Mc 11.17), para pôr em cheque a tradição dos fariseus (Mt 15.3,4) e para resolver divergências doutrinárias (Mt 22.29). Até mesmo Satanás foi repreendido por Cristo mediante a autoridade da Palavra escrita de Deus: "Está escrito [...] Está escrito [...] Está escrito...". Jesus contra-atacou as tentações de Satanás com a Palavra de Deus escrita (Mt 4.4,7,10).

Algumas vezes, Jesus declarou o seguinte: "... era *necessário* que se *cumprisse* tudo o que de mim estava *escrito* na lei de Moisés, nos Profetas e nos Salmos" (Lc 24.44). Todavia, é em outra declaração de Jesus que encontramos apoio ainda mais forte do Senhor à autoridade inquestionável das Escrituras: "É mais fácil passar o céu e a terra do que cair *um til* sequer da lei" (Lc 16.17). A Palavra de Deus não pode ser anulada. Provém de Deus e está envolta na autoridade divina que o próprio Deus lhe concedeu.

Implicações da doutrina bíblica da inspiração

Há certos fatos que, embora não formalmente apresentados na doutrina da inspiração, acham-se implícitos. Vamos tratar aqui de três deles:

a igualdade entre o Antigo e o Novo Testamento, a variedade da expressão literária e a inerrância do texto.

A inspiração diz respeito igualmente ao Antigo e ao Novo Testamento. A maioria das passagens citadas acima a respeito da natureza plena da inspiração refere-se diretamente ao Antigo Testamento. Com base em que, então, podem aplicar-se (por extensão) ao Novo Testamento? A resposta a essa pergunta é que o Novo Testamento, à semelhança do Antigo, reivindica a virtude de ser Escritura Sagrada, escrito profético, e toda a Escritura e todos os escritos proféticos devem ser considerados inspirados por Deus.

De acordo com 2Timóteo 3.16, toda a Escritura é inspirada. Ainda que a referência explícita, aqui, refira-se ao Antigo Testamento, é verdade que o Novo Testamento também deve ser considerado Escritura Sagrada. Pedro, por exemplo, classifica as cartas de Paulo como parte das "outras Escrituras" do Antigo Testamento (2Pe 3.16). Em 1Timóteo 5.16, Paulo cita o evangelho de Lucas (10.7), referindo-se a ele como "Escritura". Tal fato é mais significativo ainda quando consideramos que nem Lucas, nem Paulo fizeram parte do grupo dos doze apóstolos. Visto que as cartas de Paulo e os escritos de Lucas (Lucas e Atos; v. At 1.1, Lc 1.1-4) foram classificados como Escritura Sagrada, por implicação direta o resto do Novo Testamento, escrito pelos apóstolos, também é considerado Escritura Sagrada. Em suma, se "toda Escritura é divinamente inspirada" e o Novo Testamento é considerado Escritura, decorre disso claramente que o Novo Testamento é encarado com a mesma autoridade do Antigo. Na verdade, é exatamente assim que os cristãos, desde o tempo dos apóstolos, têm considerado o Novo Testamento. Eles o consideravam com a mesma autoridade do Antigo Testamento.

Além disso, de acordo com 2Pedro 1.20,21, todas as mensagens escritas de natureza profética foram dadas ou inspiradas por Deus. E, visto que o Novo Testamento reivindica a natureza de mensagem profética, segue-se que ele também reclama autoridade igual à dos escritos proféticos do Antigo Testamento. João, por exemplo, refere-se ao livro do Apocalipse da seguinte forma: "palavras da profecia deste livro" (Ap 22.18). Paulo afirmou que a igreja estava edificada sobre o alicerce dos apóstolos e profetas do Novo Testamento (Ef 2.20; 3.5). Visto que o Novo Testamento, à semelhança do Antigo, é um texto dos profetas de Deus, ele possui por essa razão a mesma autoridade dos textos inspirados do Antigo Testamento.

A inspiração abarca uma variedade de fontes e de gêneros literários. O fato de a inspiração ser verbal, ou escrita, não exclui o uso de documentos literários e de gêneros literários diferentes entre si. As Escrituras Sagradas não foram ditadas palavra por palavra, no sentido comum que se atribui ao verbo ditar. Na verdade, há certos trechos menores da Bíblia, como, por exemplo, os Dez Mandamentos, que Deus outorgou diretamente ao homem (v. Dt 4.10), mas em parte alguma está escrito ou fica implícito que a Bíblia é resultante de um ditado palavra por palavra. Os autores das Sagradas Escrituras eram escritores e compositores, não meros secretários, amanuenses ou estenógrafos.

Há vários fatores que contribuíram para a formação das Escrituras Sagradas e dão forte apoio a essa afirmativa. Em primeiro lugar, existe uma diferença marcante de vocabulário e de estilo de um escritor para outro. Comparem-se as poderosas expressões literárias de Isaías com os tons lamurientos de Jeremias. Compare-se a construção literária de suma complexidade, encontrada em Hebreus, com o estilo simples de João. Distinguimos facilmente a linguagem técnica de Lucas, o médico amado, da linguagem de Tiago, formada de imagens pastorais.

Em segundo lugar, a Bíblia faz uso de documentos não-bíblicos, como o Livro de Jasar (Js 10.13; 2Sm 1.18), o livro de Enoque (Jd 14) e até o poeta Epimênedes (At 17.28). Somos informados de que muitos dos provérbios de Salomão haviam sido editados pelos homens de Ezequias (Pv 25.1). Lucas reconhece o uso de muitas fontes escritas sobre a vida de Jesus, na composição de seu próprio evangelho (Lc 1.1-4).

Em terceiro lugar, os autores bíblicos empregavam vasta variedade de gêneros literários; tal fato não caracteriza um ditado monótono em que as palavras são pronunciadas uma após a outra, segundo o mesmo padrão. Grande parte das Escrituras é formada de poesia (e.g., Jó, Salmos, Provérbios). Os evangelhos contêm muitas parábolas. Jesus empregava a sátira (v. Mt 19.24), Paulo usava alegorias (Gl 4) e até hipérboles (Cl 1.23), ao passo que Tiago gostava de usar metáforas e símiles.

Por fim, a Bíblia usa a linguagem simples do senso comum, do dia-a-dia, que salienta a ocorrência de um acontecimento, não a linguagem de fundamento científico. Isso não significa que os autores usassem linguagem anticientífica ou negadora da ciência, e sim linguagem popular para descrever fenômenos científicos. Não é mais anticientífico afirmar que o sol permaneceu parado (Js 10.12) do que dizer que o sol nasceu ou subiu (Js 1.15). Dizer que a rainha de Sabá veio "dos confins da terra" ou que as pessoas no Pentecostes vieram "de todas as nações debaixo do céu" não é dizer coisas com exatidão científica. Os autores usaram formas comuns, gramaticais de expressar seu pensamento sobre os assuntos.

Por isso, o que quer que fique implícito na doutrina dos escritos inspirados, os dados das Escrituras mostram com clareza que elas incluem o emprego de grande variedade de fontes literárias e de estilos de expressão. Nem todas as mensagens vieram diretamente de Deus, mediante ditado. Tampouco foram expressas de modo uniforme e literal. É preciso que se entenda a inspiração da perspectiva histórica e gramatical. A inspiração não pode ser entendida como um ditado uniforme, ainda que divino, que exclua os recursos, a personalidade e as variadas formas humanas de expressão.

Inspiração pressupõe inerrância. A Bíblia não só é inspirada; é também, por causa de sua inspiração, inerrante, i.e., não contém erro. Tudo quanto Deus declara é verdade isenta de erro. Com efeito, as Escrituras afirmam ser a declaração (aliás, as próprias palavras) de Deus. Nada do que a Bíblia ensina contém erro, visto que a inerrância é conseqüência lógica da inspiração divina. Deus não pode mentir (Hb 6.18); sua Palavra é a verdade (Jo 17.17). Por isso, seja qual for o assunto sobre o qual a Bíblia diga alguma coisa, ela só dirá a verdade. Não existem erros históricos nem científicos nos ensinos das Escrituras. Tudo quanto a Bíblia ensina vem de Deus e, por isso, não tem a mácula do erro.

Não é possível refugir às implicações da inerrância factual com a declaração de que a Bíblia nada tem para dizer a respeito de assuntos factuais ou históricos. Grande parte da Bíblia apresenta-se como história. Bastam as tediosas genealogias para atestar essa realidade. Alguns dos maiores ensinos da Bíblia, como a criação, o nascimento virginal de Cristo, a crucificação e a ressurreição corpórea, claramente pressupõem matérias factuais. Não existem meios de "espiritualizar" a natureza factual e histórica dessas verdades bíblicas, sem praticar violência terrível contra a análise honesta do texto, da perspectiva cultural e gramatical.

A Bíblia não é um compêndio de Ciências, mas, quando trata de assuntos científicos em seu ensino, o faz sem cometer erro. A Bíblia não é um compêndio de História, mas, sempre que a história secular se cruza com a história sagrada em suas páginas, a Bíblia faz referência a ela sem cometer erro. Se a Bíblia não fosse inerrante e não estivesse certa nas questões factuais, empíricas, comprováveis, de que maneira seria possível confiar nela em questões espirituais, não sujeitas a testes? Como disse Jesus a Nicodemos: "Se vos falei de coisas terrestres, e não crestes, como crereis, se vos falar das celestiais?" (Jo 3.12).

3
A inspiração do Antigo Testamento

Será que a Bíblia realmente se diz inspirada ou seria essa idéia mera reivindicação feita pelos crentes a respeito deste livro? Falando mais especificamente, será que cada parte ou cada livro da Bíblia se diz inspirado? Nos próximos dois capítulos estaremos tentando responder a essas perguntas. Primeiramente, examinemos a reivindicação do Antigo Testamento a favor de sua inspiração.

A reivindicação do Antigo Testamento a favor de sua inspiração

O Antigo Testamento vindica para si a inspiração divina, com base no fato de se apresentar perante o povo de Deus e ser por esse povo recebido como pronunciamento profético. Os livros escritos pelos profetas de Deus eram conservados em lugar sagrado. Moisés colocara sua lei na arca de Deus (Dt 10.2). Mais tarde, ela seria mantida no tabernáculo, para ensino das gerações futuras (Dt 6.2). Cada profeta, depois de Moisés, acrescentou seus escritos sagrados à coleção existente. Aliás, o *segredo* da inspiração do Antigo Testamento está na função profética de seus escritores.

O Antigo Testamento na qualidade de texto profético

O profeta era o porta-voz de Deus. As funções do profeta ficam esclarecidas nas várias menções que a ele se fazem. O profeta era chamado homem de Deus (1Rs 12.22), o que revela ser ele escolhido por Deus; era chamado servo do Senhor (1Rs 14.18), o que mostra sua ocupação;

mensageiro do Senhor (Is 42.19), o que assinala sua missão a serviço de Deus; vidente (Is 30.10), o que revela a fonte apocalíptica de sua verdade; homem do Espírito (Os 9.7), o que demonstra quem o levava a falar; atalaia (Ez 3.17), o que manifesta sua prontidão em realizar a obra de Deus. Acima de todas as designações, entretanto, sobressai a de "profeta", ou seja, o porta-voz de Deus.

Em razão do próprio chamado, o profeta era alguém que se sentia como Amós —"Falou o Senhor Deus, quem não profetizará?" (Am 3.8)— ou como outro profeta, que disse: "... eu não poderia desobedecer à ordem do Senhor meu Deus, para fazer coisa pequena ou grande" (Nm 22.18). Assim como Arão havia sido profeta ou porta-voz de Moisés (Êx 7.1), pois deveria falar "todas as palavras que o Senhor havia dito a Moisés" (Êx 4.30), assim também os profetas de Deus deveriam falar somente aquilo que o Senhor lhes ordenasse. Assim dissera Deus aos profetas: "Porei as minhas palavras na sua boca, e ele lhes falará tudo o que eu lhe ordenar" (Dt 18.18). Além disso: "Nada acrescentareis ao que vos ordeno, e nada diminuireis" (Dt 4.2). Em suma, profeta era aquele que dava a saber o que Deus lhe havia revelado.

Os falsos profetas eram identificados graças às suas profecias falsas e pela falta de confirmação miraculosa. Assim declara o livro de Deuteronômio: "Quando o tal profeta falar em nome do Senhor, e o que disse não acontecer nem se realizar, essa palavra não procede do Senhor" (Dt 18.22). Sempre que se punha em dúvida um profeta ou se exigia sua confirmação, Deus deixava claro, por meio de milagres, a quem havia chamado. A terra se fendeu e tragou a Coré e aos demais que contestaram a vocação de Moisés (Nm 26.10). Elias foi exaltado sobre os profetas de Baal, quando estes pereceram no fogo caído do céu (1Rs 18.38). Até mesmo os magos do Egito reconheceram os milagres divinos realizados por meio de Moisés, quando disseram: "... Isto é o dedo de Deus..." (Êx 8.19).

Sempre ficou bem claro na função do profeta de Deus que o que dizia era palavra da parte de Deus. Veremos, pois, que as passagens do Antigo Testamento eram consideradas declarações proféticas. Há várias maneiras de comprovarmos tal enunciado.

As declarações proféticas eram escritas. Muitas declarações proféticas eram transmitidas oralmente, mas interessa-nos aqui o fato de que muitas delas eram registradas, sendo esses registros considerados declarações do próprio Deus. Não há a menor dúvida de que as palavras escritas de Moisés fossem consideradas dotadas de autoridade divina. "Não se aparte da tua boca o *livro* desta lei" (Js 1.8) foi a exortação aos filhos de Israel.

Josué, sucessor de Moisés, também "escreveu estas palavras no *livro* da lei de Deus" (Js 24.26). Quando o rei queimou a primeira mensagem escrita que Jeremias lhe enviara, o Senhor ordenou ao seu profeta: "Toma ainda outro *rolo*, e escreve nele todas as palavras que estavam no primeiro rolo" (Jr 36.28). O profeta Isaías recebeu esta ordem: "Toma um grande *rolo*, e escreve nele" (Is 8.1). De modo semelhante, Habacuque recebeu esta ordem da parte de Deus: "Escreve a visão, e torna-a bem legível sobre *tábuas*, para que aquele que a ler, corra com ela" (Hc 2:2).

Os profetas posteriores usavam os escritos dos profetas que os antecederam considerando-os Palavra de Deus escrita. Daniel ficou sabendo que o exílio babilônico de seu povo estava chegando ao fim ao ler a profecia de Jeremias. Assim escreveu o profeta Daniel: "Eu, Daniel, entendi pelos *livros* que o número de anos, de que falou o Senhor ao profeta Jeremias..." (Dn 9.2).

Os escritores do Antigo Testamento eram profetas. Todos os autores tradicionais do Antigo Testamento são denominados profetas, seja como título, seja como função. Nem todos eram profetas por ter estudado para isso, mas todos possuíam o dom da profecia. Assim confessou Amós: "... Eu não era profeta, nem filho de profeta [...]. Mas o Senhor [...] me disse: Vai, profetiza ao meu povo Israel" (Am 7.14,15). Davi, a quem se atribui a criação de quase metade dos salmos, exercia a função de rei. No entanto, assim testificou esse rei: "O Espírito do Senhor fala por mim, e a sua palavra está na minha boca" (2Sm 23.2). O Novo Testamento acertadamente o denomina profeta (At 2.30). De modo semelhante, o rei Salomão, autor dos livros de Cântico dos Cânticos, Provérbios e Eclesiastes, teve visões da parte do Senhor (1Rs 11.9). De acordo com Números 12.6, as visões eram um meio de Deus mostrar ao povo quem eram seus profetas. Embora Daniel fosse estadista, o próprio Senhor Jesus o denominou profeta (Mt 24.15).

Moisés, o grande legislador e libertador de Israel, é denominado profeta (Dt 18.15; Os 12.13). Josué, sucessor de Moisés, era considerado profeta de Deus (Dt 34:9). Samuel, Natã e Gade foram profetas que escreveram (1Cr 29.29), da mesma forma que Isaías, Jeremias, Ezequiel e os doze profetas menores.

Manteve-se um registro oficial dos escritos proféticos. Comprovadamente não há registros de escritos não-proféticos conservados a par da compilação sagrada, que teve início com a lei de Moisés. Parece que houve continuidade de profetas, e cada um acrescentava seu próprio livro aos escritos proféticos anteriores. Moisés guardou seus livros ao lado da arca.

A respeito de Josué está escrito que acrescentou seu livro à compilação existente (Js 24.26). Seguindo-lhe os passos, Samuel acrescentou suas palavras à compilação profética, pois a seu respeito está escrito: "E escreveu-o num livro, e o pôs perante o Senhor" (1Sm 10.25).

Samuel fundou uma escola de profetas (1Sm 19.20), cujos alunos mais tarde se chamariam "filhos dos profetas" (2Rs 2.3). Existem inúmeros testemunhos nos livros das Crônicas segundo os quais os profetas guardavam com cuidado as histórias. A história de Davi havia sido escrita pelos profetas Samuel, Natã e Gade (1Cr 29.29). A história de Salomão foi registrada por Natã, Aías e Ido (2Cr 9.29). O mesmo aconteceu no caso das histórias de Roboão, de Josafá, de Ezequias, de Manassés e de outros reis (v. 2Cr 9.29; 12.15; 13.22; 20.34; 33.19; 35.27).

Na época do exílio babilônico, no século VI a.C., Daniel se referiu à compilação de escritos proféticos dando-lhe o nome de "livros" (Dn 9.2). De acordo com Ezequiel (13.9), havia um registro oficial dos verdadeiros profetas de Deus. Todo aquele que transmitisse profecias falsas era excluído do rol oficial. Só os verdadeiros profetas de Deus eram oficialmente reconhecidos, e só os escritos desses profetas eram guardados ao lado dos escritos inspirados. Desde os tempos mais remotos de que temos registro, todos os 39 livros do Antigo Testamento já compunham esse acervo de escritos proféticos. Voltaremos a esse assunto posteriormente (v. caps. 7 e 8).

Reivindicações específicas do Antigo Testamento a favor de sua inspiração

A inspiração do Antigo Testamento não se baseia meramente numa análise genérica dessa parte da Bíblia como escrito profético. Há numerosas reivindicações, nas páginas de cada livro, especificamente sobre sua origem divina. Examinemos tais reivindicações de acordo com a divisão aceita atualmente dos livros do Antigo Testamento em lei, profetas e escritos.

A inspiração da lei de Moisés. De acordo com Êxodo 20.1: "Então falou Deus todas estas palavras...". Essa afirmativa de que Deus falou algo a Moisés se repete dezenas de vezes em Levítico (e.g., 1.1; 8.9; 11.1). O livro de Números registra incontáveis vezes: "... o Senhor falou a Moisés..." (e.g., 1.1; 2.1; 4.1). Deuteronômio acrescenta: "... falou Moisés aos filhos de Israel, conforme tudo o que o Senhor lhe ordenara a respeito deles..." (1.3).

O resto do Antigo Testamento declara em uníssono que os livros de Moisés foram outorgados pelo próprio Deus. Josué impôs imediatamente os livros da lei ao povo de Israel (1.8). Juízes refere-se aos escritos de

Moisés como "mandamentos do Senhor" (3.4). Samuel reconheceu que Deus havia nomeado a Moisés líder do povo (1Sm 12.6,8). Nas Crônicas, os registros mosaicos são tidos por "livro da lei do Senhor, dada por intermédio de Moisés" (2Cr 34:14). Daniel diz que a maldição escrita na lei de Moisés é "o juramento que está escrito na lei de Moisés, servo de Deus [...]. Ele confirmou a sua palavra, que falou contra nós..." (Dn 9.11,12). Até mesmo em Esdras e em Neemias existe o reconhecimento da lei de Deus dada a Moisés (Ed 6.18; Ne 13.1). O consenso unânime do Antigo Testamento é que os livros de Moisés foram outorgados pelo próprio Deus.

A inspiração dos profetas. Segundo a atual divisão do Antigo Testamento, feita pelos judeus, os livros dos profetas abrangem os antigos profetas (Josué, Juízes, Samuel e Reis) e os profetas posteriores (Isaías, Jeremias, Ezequiel e os doze profetas menores). Também esses vindicam autoridade divina. "Josué escreveu estas palavras no livro da lei de Deus" (Js 24.26). Deus falou aos homens em Juízes (1.1,2; 6.25) e em Samuel (3.11), que falou e escreveu a todo Israel (4.1, cf. 1Cr 29.29). Os profetas posteriores trazem inúmeras vindicações de inspiração divina. A célebre expressão "assim diz o Senhor", com que encetam suas mensagens, ocorre centenas de vezes. De Isaías até Malaquias, o leitor é literalmente bombardeado por expressões reveladoras da autoridade divina.

Sob o aspecto cronológico, o Antigo Testamento se encerra nessa seção, conhecida por *profetas*, não havendo testemunhos posteriores no Antigo Testamento sobre a inspiração dessa parte da Bíblia. No entanto, há referências dentro dos profetas a outros autores proféticos que escreveram seus livros em época anterior. Daniel considerou o livro de Jeremias inspirado (Dn 9.2). Esdras reconheceu a autoridade divina de Jeremias (Ed 1.1), bem como a de Ageu e a de Zacarias (Ed 5.1). Numa passagem de grande importância, Zacarias refere-se à inspiração divina de Moisés e dos profetas que o precederam, dizendo que seus escritos eram "palavras que o Senhor dos exércitos enviara pelo seu Espírito mediante os profetas que nos precederam" (7.12). Esses versículos eliminam toda dúvida quanto ao fato de os livros que estão na seção das Escrituras judaicas conhecida como profetas apresentarem ou não a vindicação de inspiração divina.

A inspiração dos escritos. É provável que o Antigo Testamento originariamente tivesse apenas duas divisões básicas: a lei e os profetas (v. cap. 7). Esta última seção seria dividida posteriormente em profetas e escritos. Talvez essa divisão ocorresse com base na posição oficial do autor:

era ele profeta por ocupação ou simplesmente pelo dom divino? Os que fossem profetas pelo dom se enquadrariam na categoria de escritos. Salmos, o primeiro livro dessa coleção, fora escrito em grande parte por Davi, que dizia que seus salmos lhe haviam sido ditados —letra por letra— pelo Espírito (2Sm 23.2). Cântico dos Cânticos, Provérbios e Eclesiastes tradicionalmente são atribuídos a Salomão; seriam o registro da sabedoria que lhe fora concedida por Deus (v. 1Rs 3.9,10). Provérbios contém vindicações específicas de autoridade divina. Eclesiastes (12.13) e Jó (cap. 38) encerram-se com uma declaração de serem ensino autorizado. O livro de Daniel baseia-se numa série de visões e sonhos oriundos da parte de Deus (Dn 2.19; 8.1 etc.).

Vários livros deixam de apresentar vindicação de inspiração divina: Rute, Ester, Cântico dos Cânticos, Lamentações, Esdras-Neemias e Crônicas. Se o livro de Rute foi escrito por Samuel, como parte de Juízes, fica sob a vindicação genérica de escrito profético. De semelhante modo, Lamentações, livro escrito por Jeremias, é profético. Já vimos que Cântico dos Cânticos é obra derivada da sabedoria concedida por Deus a Salomão. A tradição judaica atribui Crônicas, Esdras e Neemias a Esdras, o sacerdote, e a Neemias, que atuou com autoridade profética na repatriação de Israel, remindo essa nação do cativeiro babilônico (cf. Esdras 10 e Neemias 13). Não se menciona quem escreveu o livro de Ester, talvez para que se preservasse seu anonimato naquele ambiente pagão e hostil. A visão do livro de Ester é notadamente judaica; esse livro serve de autoridade escrita para a celebração da festa judaica do Purim. Tal fato significa vindicação implícita de autoridade divina.

Em suma, então, quase todos os livros do Antigo Testamento oferecem alguma vindicação de inspiração divina. Às vezes se trata de autoridade implícita, mas em geral há uma declaração explícita do tipo "assim diz o Senhor". Do início ao fim, a doutrina da inspiração do Antigo Testamento está solidamente instalada em numerosos trechos, os quais sustentam sua origem divina.

Apoio do Novo Testamento à vindicação de inspiração feita pelo Antigo Testamento

Vemos três formas de abordagem ao examinarmos o ensino do Novo Testamento a respeito da inspiração do Antigo Testamento. Há as passagens que se referem à autoridade divina do Antigo Testamento *como um todo*, genericamente. Há as referências à inspiração de determinadas *partes* ou *seções* do Antigo Testamento. Finalmente, há citações de *livros específicos* do cânon judaico.

Referências do Novo Testamento à inspiração do Antigo Testamento

O Novo Testamento reconhece a inspiração do Antigo Testamento de muitas maneiras. Às vezes, o Novo Testamento usa expressões como "Escrituras", "Palavra de Deus", "a lei", "os profetas", "a lei e os profetas" e "oráculos de Deus".

Escrituras é, de longe, o termo mais comum usado no Novo Testamento em referência ao Antigo. De acordo com Paulo, "Toda *Escritura* [Antigo Testamento] é inspirada por Deus" (2Tm 3.16). Disse Jesus: "A *Escritura* não pode ser anulada" (Jo 10.35). Com freqüência o Novo Testamento emprega o plural, *Escrituras*, para referir-se à coleção de escritos judaicos dotados de autoridade divina. Respondeu Jesus aos fariseus: "Nunca lestes nas *Escrituras*?" (Mt 21.42) e "Errais, não conhecendo as *Escrituras*, nem o poder de Deus" (Mt 22.29). O apóstolo Paulo "discutiu com eles sobre as *Escrituras*" (At 17.2), e os crentes de Beréia examinavam "cada dia nas *Escrituras*" (At 17.11). Nessas e em muitas outras referências, o Novo Testamento reconhece que o Antigo Testamento como um todo são escritos inspirados por Deus.

Palavra de Deus é expressão que aparece menos comumente, mas talvez seja a alusão mais forte à inspiração divina do Antigo Testamento. Em Marcos 7.13, Jesus acusou os fariseus de invalidar "a palavra de Deus", e empregou a expressão como sinônimo de "Escrituras". Há numerosas referências à "Palavra de Deus", embora nem todas identifiquem com clareza o Antigo Testamento. Paulo argumentou assim: "Não que a palavra de Deus haja falhado" (Rm 9.6). Em outra passagem ele se refere à sua recusa em falsificar a palavra de Deus (2Co 4.2). O autor de Hebreus declara que "a palavra de Deus é viva e eficaz" (Hb 4.12). A declaração do apóstolo Pedro — "Dele [i.e., de Cristo] dão testemunho todos os profetas" (At 10.43) — dificilmente se limitaria a algo que não fosse o Antigo Testamento como um todo, à vista de Lucas 24.27,44. Os textos que com máxima clareza identificam todo o Antigo Testamento como Palavra de Deus não deixam dúvida quanto à realidade de sua inspiração divina.

Lei em geral é palavra que se refere ao Antigo Testamento como forma abreviada de "lei de Moisés". A *lei* representa apenas os cinco primeiros livros das Escrituras judaicas. No entanto, em certos casos, a palavra *lei* se aplica a todo o Antigo Testamento. João 10.34 provavelmente é um desses casos mais significativos. Visto que a citação é extraída de Salmos 82.6, fica bem claro que não se refere à lei de Moisés. A palavra "lei" é usada aqui em relação a "Escrituras" e a "Palavra de Deus", mostrando que a referência se faz a todo o Antigo Testamento. Em João 12.34, as pessoas mencionam "a lei", ainda que em outro texto Jesus faça referência a "sua [deles] lei" (Jo 15.25), e, em Atos, Paulo a identifique como "a lei dos judeus" (At 25.8). Paulo introduziu uma citação do Antigo Testamento com a seguinte frase: "Está escrito na lei" (1Co 14.21). Em seu famoso sermão do monte, Jesus empregou o termo *lei* como sinônimo de "lei e profetas", expressão que, como vemos, refere-se claramente aos documentos inspirados por Deus, a que se dá o nome de Antigo Testamento (Mt 5.18).

A lei e os profetas, ou "Moisés e os profetas", é o segundo título mais comumente atribuído às Escrituras judaicas. É designação que ocorre dezenas de vezes no Novo Testamento. Jesus a usou duas vezes em seu famoso sermão (Mt 5.17; 7.12), afirmando ter vindo à terra a fim de cumprir "a lei e os profetas", os quais jamais haveriam de passar. Lucas 16.16 apresenta "a lei e os profetas" como a revelação divina até a época de João Batista. Em sua defesa perante Félix, Paulo declarou ser "a lei e os profetas" todo o conselho de Deus que ele, como judeu devoto, havia praticado desde sua juventude (At 24.14). Eram "a lei e os profetas" que eram lidos nas sinagogas (At 13.15), de que a Regra de Ouro, ou o maior dos mandamentos, é a súmula moral (Mt 7.12).

Os profetas vez por outra se referia a todo o Antigo Testamento. Visto ser o Antigo Testamento enunciação profética, não é de surpreender que seja chamado, às vezes, "os profetas". O fato de o Antigo Testamento ser chamado às vezes "*Escrituras* dos profetas" mostra que se tem em mente um grupo de livros (Mt 26.56). Na verdade, o título "profetas" é usado em paralelo com a expressão "a lei e os profetas" (Lc 24.25,27), referindo-se claramente a todo o Antigo Testamento.

Oráculos de Deus sem dúvida é expressão que tenciona comunicar essa idéia. Aparece duas vezes e refere-se às Escrituras do Antigo Testamento. Disse Paulo a respeito dos judeus: "As palavras de Deus lhe foram confiadas", isto é, aos judeus (Rm 3.2). Noutra passagem, declara-se a necessidade de alguém "ensinar os princípios elementares dos oráculos de Deus" (Hb 5.12). Portanto, a palavra escrita do Antigo Testamento é a Palavra de Deus.

Está escrito é expressão que se encontra mais de noventa vezes no Novo Testamento. A maior parte das ocorrências dessa expressão introduz citações específicas, mas algumas têm aplicação genérica ao Antigo Testamento como um todo. Eis alguns exemplos desta última aplicação: "Por que, pois, está *escrito* que o Filho do homem deve sofrer muito e ser rejeitado?" (Mc 9.12; cf. 14.21). Temos aqui um resumo do ensino genérico sobre a morte de Cristo no Antigo Testamento, em vez de uma citação veterotestamentária específica. Lucas 18.31 é uma referência mais definitiva ainda: "E se cumprirá no Filho do homem tudo o que os profetas *escreveram*". Há outros textos ainda, como "Pois dias de vingança são estes, para que se cumpram todas as coisas que estão *escritas*" (Lc 21.22), que dão apoio à tese segundo a qual os escritos do Antigo Testamento como um todo eram considerados inspirados por Deus. Prediziam tudo a respeito de Cristo e era inevitável que se cumprissem.

Para que se cumprissem as Escrituras é expressão encontrada com muita freqüência no Novo Testamento em referência ao Antigo Testamento como um todo. Jesus disse "que era necessário que se cumprisse tudo o que de mim estava escrito" na Lei, nos Profetas e nos Salmos (Lc 24.44). Em outra ocasião, disse o Senhor: "Não penseis que vim destruir a lei ou os profetas; não vim para destruí-los, mas para cumpri-los" (Mt 5.17). Essa fórmula mais de trinta vezes introduz uma citação específica do Antigo Testamento ou uma referência a essa parte da Bíblia. Sempre se referem à natureza profética das Escrituras, outorgadas que foram por Deus, e, necessariamente, devem ser cumpridas.

Referências do Novo Testamento a seções específicas do Antigo Testamento

O segundo indício no Novo Testamento de que o Antigo Testamento era considerado inspirado por Deus são as referências à autoridade de certos trechos das Escrituras hebraicas (e.g., a lei, os profetas e os escritos).

A lei e os profetas, como mostramos acima, referem-se a uma divisão do Antigo Testamento em duas partes. Essa referência ocorre dezenas de vezes no Novo Testamento. Indica todos os escritos inspirados, desde Moisés até Jesus (Lc 16.16), considerados Palavra eterna de Deus (Mt 5.18). Além das referências às duas partes em conjunto, há outras que tratam da lei e dos profetas de modo separado.

A lei em geral designa os primeiros cinco livros do Antigo Testamento, como ocorre em Mateus 12.5. Às vezes a expressão é "a lei de Moisés" (At 13.39; Hb 12.5). Em outras passagens esses livros são chamados simplesmente "Moisés" (2Co 3.15), "os livros de Moisés" (Mc 12.26) ou "os livros da lei" (Gl 3.10). Em cada caso recorre-se à autoridade divina do ensino mosaico. O *Pentateuco* como um todo era considerado proveniente de Deus.

Os profetas em geral identifica a segunda metade do Antigo Testamento (v. Jo 1.45; Lc 18.31). Empregam-se também as expressões "as escrituras dos profetas" (Mt 26.56) e "o livro dos profetas" (At 7.42). Nem sempre fica claro que esses títulos se referem apenas aos livros escritos após o ministério de Moisés, embora às vezes isso esteja muito bem especificado, como revela a separação dos dois títulos. No que concerne ao título *profetas*, exatamente o fato de significar porta-vozes de Deus revela a inspiração divina dos livros que levam essa designação (2Pe 1.20,21).

Os escritos não é termo neotestamentário. Trata-se de designação não-bíblica usada para dividir os escritos proféticos em duas partes: a escrita por profetas profissionais ("os profetas") e a escrita por outros tipos de profetas ("os escritos"). Existe apenas uma alusão no Novo Testamento a uma possível divisão do Antigo Testamento em três partes. Jesus referiu-se a "tudo o que de mim estava escrito na lei de Moisés, nos Profetas e nos Salmos" (Lc 24.44). Não ficou claro aqui se o Senhor estava destacando os Salmos, em vista de seu significado messiânico especial, como parte da "lei" e dos "profetas", a que ele se referiu anteriormente no mesmo capítulo (v. 27), ou o primeiro livro da seção conhecida agora como "escritos". Seja qual for o caso, a natureza messiânica e profética dessa suposta terceira parte do Antigo Testamento faz que ela se destaque como inspirada por Deus. E, se houver apenas duas seções no cânon do Antigo Testamento (como veremos no cap. 7), o resto das Escrituras inspiradas já foi estudado quando tratamos do designativo "profetas".

Referências do Novo Testamento a livros específicos do Antigo Testamento

Dos 22 livros do cânon judaico mencionados por Josefo (*Contra Ápion*, I, 8), cerca de 18 são citados no Novo Testamento como autorizados. Não se encontram menções a Juízes, a Crônicas, a Ester e ao Cântico dos Cânticos, ainda que haja referências a acontecimentos de Juízes (Hb 11.32) e de Crônicas (Mt 23.35; 2Cr 24.20). Pode haver uma alusão a Cântico dos Cânticos 4.15 na referência que Jesus faz a "águas vivas" (Jo 4.10), mas tal citação não seria apoio à autoridade do livro. De maneira semelhante, a provável referência à Festa do Purim, de Ester 9, em João 5.1, ou a similaridade entre Apocalipse 11.10 e Ester 9.22 não poderiam ser consideradas apoio à inspiração de Ester. A autoridade divina investida sobre o livro de Ester é satisfatoriamente atestada de outra forma (v. cap. 8), não, todavia, mediante citações do Novo Testamento.

Quase todos os 18 livros restantes do cânon hebraico são citados com autoridade no Novo Testamento. A criação do homem em Gênesis (1.27) é citada por Jesus em Mateus 19.4,5. O quinto mandamento de Êxodo 20.12 é citado como Escritura em Efésios 6.1. A lei da purificação dos leprosos, registrada em Levítico 14.2-32, é citada em Mateus 8.4. Números é mencionado indiretamente, pois em 1Coríntios há referência a acontecimentos registrados naquele livro, referência essa para admoestação dos cristãos (1Co 10.11). Números 12.7 registra a fidelidade de Moisés, sendo essa passagem mencionada com autoridade em Hebreus 3.5. Deuteronômio é um dos livros mais citados do Antigo Testamento. Jesus o menciona duas vezes em sua tentação (Mt 4.4 e 4.7; cf. Dt 8.3 e 6.16).

Josué recebeu a promessa da parte de Deus: "... não te deixarei, nem te desampararei" (1.5), a qual é citada em Hebreus 13.5. Jesus citou o incidente de 1Samuel 21.1-6, em que Davi comeu os pães da proposição, em apoio à autoridade do Senhor de exercer certas atividades no dia de sábado. A resposta de Deus a Elias, em 1Reis 19.18 é citada em Romanos 11.4. Esdras-Neemias provavelmente são citados em João 6.31 (cf. Ne 9.15), ainda que a provisão de "pão do céu" a Israel por parte de Deus também seja citada em outras passagens (Sl 78.24; 105.40).

A autoridade divina do livro de Jó (5.12) é demonstrada de modo claro por Paulo: "Como está escrito: Ele apanha os sábios na sua própria astúcia" (1Co 3.19). O livro de Salmos é outro do Antigo Testamento que se menciona com muita freqüência. Era um dos favoritos de Jesus. Compare Mateus 21.42 —"A pedra que os edificadores rejeitaram, essa se tornou a pedra angular"— com Salmos 118.22. Pedro citou o salmo 2 em seu sermão do Dia de Pentecostes (At 2.34,35). Hebreus apresenta abundância de referências aos Salmos; o primeiro capítulo cita os salmos 2, 104, 45 e 102. Provérbios 3.34 —"Ele escarnece dos escarnecedores, mas dá graça aos humildes"— é citado com toda clareza em Tiago 4.6. Não existe citação literal de Eclesiastes, mas algumas passagens contêm doutrinas aparentemente confiáveis. A declaração de Paulo "Tudo o que o homem semear, isso também ceifará" (Gl 6.7) é parecida com a de Eclesiastes 11.1. O desafio para que se evite a luxúria da juventude (2Tm 2.22) reflete Eclesiastes 11.10. Outros exemplos são os seguintes: a morte é determinada por Deus (Hb 9.27; cf. Ec 3.2); o amor ao dinheiro é a fonte do mal (1Tm 6.10; cf. Ec 5.10); não devemos multiplicar palavras vãs em nossas orações (Mt 6.7; cf. Ec 5.2).

Isaías é outro autor do Antigo Testamento muito citado no Novo. João Batista, em Mateus 3.3, apresentou Jesus com a citação de Isaías 40.3. Na sinagoga de sua cidade natal, Jesus leu Isaías 61.1,2: "O Espírito do Senhor está sobre mim" (cf. Lc 4.18,19). Paulo citava Isaías com freqüência (cf. Rm 9.27; At 28.25-28). Jeremias 31.15 é citado em Mateus 2.17,18, e a nova aliança de Jeremias (cap. 31) é citada duas vezes em Hebreus 8.8 e 10.16. Lamentações, apenso a Jeremias na relação dos 22 livros da Bíblia hebraica, é mencionado em Mateus 27.30 (cf. Lm 3.30). Ezequiel é citado em diversas ocasiões no Novo Testamento, ainda que nenhuma citação seja literal. O ensino de Jesus a respeito do novo nascimento (Jo 3.5) pode ter-se originado em Ezequiel 36.25,26. Romanos 6.23 declara: "o salário do pecado é a morte", o que reflete Ezequiel 18.20: "A alma que pecar, essa morrerá". O uso que João faz das quatro criaturas viventes (Ap 4.7) reflete com clareza Ezequiel 1.10. Daniel é identificado pelo nome no sermão do monte, pregado por Jesus (Mt 24.15; cf. Dn 9.27; 11.31), e Mateus 21.30 reflete Daniel 7.13. Os doze profetas menores foram agrupados no Antigo Testamento hebraico. Há muitas citações desse grupo de escritos. A famosa expressão de Habacuque "O justo pela sua fé viverá" (Hc 2.4) é mencionada em três ocasiões no Novo Testamento (Rm 1.17; Gl 3.11; Hb 10.38). Mateus 2.15 cita Oséias 11.1: "Do Egito chamei a meu filho".

Diante disso, verificamos que só Juízes-Rute, Crônicas, Ester e Cântico dos Cânticos deixam de ser mencionados com clareza no Novo Testamento. No entanto, Juízes apresenta acontecimentos históricos a que a Novo Testamento faz alusão como autênticos (Hb 11.32). E talvez Jesus tinha Crônicas em mente ao fazer referência ao sangue de Zacarias (Mt 23.35). Isso faz que apenas Ester e Cântico dos Cânticos fiquem sem uma referência explícita no Novo Testamento; e isso ocorreu, sem dúvida, porque os autores do Novo Testamento não tiveram oportunidade de mencionar tais livros. Ester é o livro básico da Festa do Purim, e Cântico dos Cânticos era lido na grande Festa da Páscoa, que reflete a estima que a comunidade judaica lhe votava.

O Novo Testamento dá apoio à vindicação de inspiração divina do Antigo Testamento como um todo, de todas as suas partes e de quase cada um de seus livros. Além disso, há referências diretas e repletas de autoridade a muitas das grandes personalidades e dos grandes acontecimentos do Antigo Testamento, dentre os quais a criação de Adão e de Eva (Mt 19.4), o dilúvio do tempo de Noé (Lc 17.27), o chamado miraculoso de Moisés (Lc 20.37), a miraculosa provisão material para Israel no deserto (Jo 3.14; 6.49), os milagres de Elias (Lc 4.24,25) e Jonas no ventre do grande peixe (Mt 12.41).

Confirmação ou conciliação?

A despeito do grande número de citações do Antigo Testamento e de sua autoridade, houve quem cresse que nem Jesus, nem os apóstolos confirmaram, de fato, a inspiração e a confiabilidade dessa parte da Bíblia. Em vez disso, afirmam tais estudiosos, os autores do Novo Testamento estariam conciliando seus textos às crenças judaicas aceitas na época. Trata-se de hipótese refinada, mas sem substância. É teoria que não se coaduna com os fatos das Escrituras, nem com as vindicações de Cristo. As referências mais numerosas e significativas quanto à genuinidade e à inspiração divina do Antigo Testamento vêm dos lábios do próprio Jesus, que jamais demonstrou tendência para a conciliação. A expulsão dos cambistas de dinheiro de dentro templo (Jo 2.15), a denúncia dos "guias cegos" (Mt 23.16) e dos "falsos profetas" (Mt 7.15) e a advertência aos mestres em evidência (Jo 3.10) dificilmente seriam tidas como sinais de conciliação.

Aliás, Jesus repreendia sem rodeios as pessoas que se aferravam às tradições e não à Palavra de Deus (cf. Mt 15.1-6). Seis vezes num único capítulo (Mt 5), Jesus contrapôs a verdade a respeito das Escrituras às falsas crenças que haviam surgido e se expandiam. O Senhor as denunciou assim: "Ouvistes que foi *dito*" (e não "está escrito") e "eu, porém, vos digo". Jesus não hesitava em declarar "Errais" (Mt 22.29), quando os homens estavam errados. Mas, quando os homens entendiam a verdade, o Senhor os estimulava, dizendo-lhes: "Respondeste bem" (Lc 10.28). O ensino de Jesus a respeito da autoridade divina do Antigo Testamento é tão incondicional e tão isento de transigências, que não se pode rejeitar esse ensino sem rejeitar as palavras de Jesus. Se alguém não aceitar a autoridade do Antigo Testamento como Escritura Sagrada, tal pessoa põe em dúvida a integridade do Salvador. Seja o que for que se diga a respeito da inspiração do Antigo Testamento, uma coisa é certa: o próprio Antigo Testamento reivindica a própria inspiração. E o Novo Testamento a confirma de modo maravilhoso.

4
A inspiração do Novo Testamento

Os apóstolos e profetas do Novo Testamento não hesitaram em classificar seus escritos como inspirados, ao lado do Antigo Testamento. Seus livros eram respeitados, colecionados e circulavam na igreja primitiva como Escrituras Sagradas. O que Jesus declarou ser inspiração a respeito do Antigo Testamento o Senhor prometeu também quanto ao Novo Testamento. Vamos examinar a promessa de inspiração e seu cumprimento nas páginas do Novo Testamento.

O Novo Testamento reivindica inspiração divina

Há dois movimentos básicos na compreensão das reivindicações do Novo Testamento a respeito de sua inspiração. Primeiramente temos a promessa de Cristo de que o Espírito Santo guiaria os discípulos no ensino de suas verdades, que constituem o fundamento da igreja. Em segundo lugar, há o cumprimento aclamado disso no ensino apostólico e nos escritos do Novo Testamento.

A promessa de Cristo a respeito da inspiração

Jesus nunca escreveu um livro. No entanto, endossou a autoridade do Antigo Testamento (v. cap. 3) e a promessa de inspiração para o Novo Testamento. Em várias ocasiões, o Senhor prometeu a concessão de autoridade divina para o testemunho apostólico dele mesmo.

A comissão dos Doze. Quando o Senhor enviou seus discípulos para pregarem o reino dos céus (Mt 10.7), ele lhes prometeu a direção do Espírito Santo. "Naquela mesma hora vos será concedido o que haveis de dizer, pois não sois vós que falareis, mas o Espírito de vosso Pai é quem fala em vós" (Mt 10.19,20; cf. Lc 12.11,12). A proclamação que os apóstolos fizessem de Cristo teria origem no Espírito de Deus.

O envio dos setenta. A promessa da unção divina não se limitava aos Doze. Quando Jesus enviou os setenta, para que pregassem "o reino de Deus" (Lc 10.9), ordenou-lhes: "Quem vos ouve, a mim me ouve; quem vos rejeita, a mim me rejeita..." (Lc 10.16). Eles voltaram reconhecendo a autoridade de Deus até mesmo sobre Satanás em seu ministério (Lc 10.17-19).

O sermão do monte das Oliveiras. Em seu sermão no monte das Oliveiras, Jesus reafirmou sua promessa antiga aos discípulos: "... não vos preocupeis com o que haveis de dizer. O que vos for dado naquela hora, isso falai, pois não sois vós os que falais, mas o Espírito Santo" (Mc 13.11). As palavras que pronunciassem viriam de Deus, mediante o Espírito; não viriam deles mesmos.

Os ensinos durante a última ceia. A promessa da orientação do Espírito Santo ficaria mais claramente definida por ocasião da última ceia. Jesus lhes prometeu: "Mas o Consolador, o Espírito Santo, que o Pai enviará em meu nome, vos ensinará todas as coisas e vos fará lembrar de tudo o que vos tenho dito" (Jo 14.26). Eis por que Jesus não escreveu seus ensinos. O Espírito daria nova vida à memória dos discípulos que os aprenderam; seriam orientados pelo Espírito em tudo quanto o Senhor lhes havia ensinado. De fato, disse Jesus: "Quando vier o Espírito da verdade, ele vos guiará em toda a verdade" (Jo 16.13). "Toda a verdade" ou "todas as coisas" que Cristo ensinara seriam relembradas aos discípulos pelo Espírito. O ensino apostólico seria inspirado pelo Espírito de Deus.

A Grande Comissão. Quando Jesus enviou seus discípulos —"... ide e fazei discípulos de todos os povos, batizando-os em nome do Pai e do Filho e do Espírito Santo, *ensinando-os* a guardar todas as coisas que eu vos tenho mandado" (Mt 28.19,20)—, fez-lhes a promessa também de que teriam *toda a autoridade* nos céus e na terra para realizar a tarefa. A palavra dos discípulos seria a Palavra de Deus.

A promessa de Cristo reivindicada pelos discípulos

Os discípulos de Cristo não se esqueceram da promessa do Senhor. Eles pediram-lhe que seu ensino tivesse exatamente o que Jesus lhes havia prometido: a autoridade de Deus. E eles o fizeram de várias maneiras: dedicando-se ao que sabiam ser a continuação do ministério de ensino de Cristo, crendo fervorosamente que seus ensinos teriam a mesma autoridade e poder do Antigo Testamento e afirmando de modo específico em seus escritos que eles tinham a autoridade de Deus.

A afirmação de estarem dando prosseguimento ao ensino de Cristo. Lucas afirma ter apresentado um relato exato de "tudo o que Jesus começou, não só a fazer, mas também a ensinar" em seu evangelho. Ele dá a entender que Atos registra o que Jesus continuou a fazer e a ensinar mediante seus apóstolos (At 1.1; cf. Lc 1.3,4). Na realidade, segundo consta, a primeira igreja se caracterizava pela devoção ao "ensino dos apóstolos" (At 2.42). Até mesmo os ensinos de Paulo, que se baseavam nas revelações diretas de Deus (Gl 1.11,12), estavam sujeitos à aprovação dos apóstolos (At 15). A própria igreja do Novo Testamento, como se sabe, foi edificada "sobre o fundamento dos apóstolos e dos profetas [do Novo Testamento]" (Ef 2.20; cf. 3.5).

É verdade que as declarações orais dos apóstolos que viviam na época tinham a mesma autoridade de seus escritos (1Ts 2.15), e também é verdade que os livros do Novo Testamento são o único registro autêntico do ensino apostólico de que dispomos hoje. A restrição de que todo membro dos doze apóstolos deve ser testemunha ocular do ministério e da ressurreição de Jesus Cristo (At 1.21,22) elimina a sucessão apostólica, que não passaria do século I. E o fato de não existir ensino apostólico autêntico além do encontrado no Novo Testamento limita tudo quanto os apóstolos ensinaram ao que se encontra no Novo Testamento, i.e., aos seus 27 livros. Ao lado do Antigo Testamento, esses livros são considerados inspirados, dotados de autoridade divina, visto que só eles são verdadeiramente apostólicos ou proféticos (v. cap. 10).

Em suma, Cristo prometeu que todo o ensino apostólico seria dirigido pelo Espírito. Os livros do Novo Testamento são o único registro autêntico que temos do ensino apostólico. Daí decorre que só o Novo Testamento pode reivindicar para si o título de registro autorizado dos ensinos de Cristo.

Comparação entre o Novo e o Antigo Testamento. A promessa de Cristo de que inspiraria os ensinos dos apóstolos e o cumprimento de tal promessa nos escritos do Novo Testamento não são os únicos indícios de sua inspiração. Outro indício é sua comparação direta com o Antigo Testamento. Paulo reconhecia claramente a inspiração do Antigo Testamento (2Tm 3.16), ao chamá-lo "Escrituras". Pedro classificou as cartas de Paulo ao lado das demais "Escrituras" (2Pe 3.16). E Paulo menciona o evangelho de Lucas, chamando-o "Escritura" (1Tm 5.18, citando Lc 10.7). Na verdade, em outra passagem o apóstolo atribui a seus próprios escritos a mesma autoridade das "Escrituras" (1Tm 4.11,13).

O livro de Hebreus declara que o Deus que falou em tempos antigos, mediante os profetas, nestes últimos dias tem falado da salvação por seu Filho (Hb 1.2). E prossegue o autor, afirmando: "... tão grande salvação [...] a qual, começando a ser anunciada pelo Senhor, foi-nos depois confirmada pelos [apóstolos] que a ouviram" (Hb 2.3). Os apóstolos foram o canal da verdade de Deus no Novo Testamento, assim como os profetas no Antigo. Portanto, não é de estranhar que os livros apostólicos sejam colocados no mesmo nível de autoridade dos livros inspirados do Antigo Testamento. São todos proféticos.

De fato, Pedro escreveu que os escritos proféticos advieram mediante inspiração divina (2Pe 1.21), e os escritos do Novo Testamento reivindicam claramente a condição de proféticos. João chama a seu livro profecia e se classifica entre os profetas (Ap 22.18,19). Os profetas do Novo Testamento estão na lista, junto com os apóstolos, dos alicerces da igreja (Ef 2.20). É provável que Paulo também tivesse seus próprios escritos em mente quando falou a respeito da "revelação do mistério que desde os tempos eternos esteve oculto, mas que se manifestou agora, e foi dado a conhecer pelas Escrituras dos profetas, segundo o mandamento do Deus eterno, a todas as nações para obediência da fé..." (Rm 16.25,26). Paulo afirma em Efésios 3.3,5 que "o mistério [...] me foi manifestado pela revelação, como acima em poucas palavras vos escrevi. [...] o qual em outras gerações não foi manifestado aos filhos dos homens, como agora [nos tempos do Novo Testamento] foi revelado pelo Espírito aos seus santos apóstolos e profetas [do Novo Testamento]" (cf. Ef 2.20). Assim é que os escritos proféticos do Novo Testamento revelam o mistério de Cristo predito nos escritos proféticos do Antigo Testamento. À semelhança do Antigo, o Novo Testamento é uma declaração profética da parte de Deus.

Reivindicação direta de inspiração nos livros do Novo Testamento. No próprio texto dos livros do Novo Testamento há numerosos indícios de sua autoridade divina. São eles explícitos e implícitos. Os evangelhos apresentam-se como registros autorizados do cumprimento das profecias do Antigo Testamento a respeito de Cristo (cf. Mt 1.22; 2.15,17; Mc 1.2). Lucas escreveu a fim de o leitor poder saber a verdade acerca de Cristo, "fatos que entre nós se cumpriram, segundo nos transmitiram os que desde o princípio foram deles testemunhas oculares, e ministros da palavra" (Lc 1.1,2). João escreveu seu evangelho para que os homens cressem: "... para que creiais que Jesus é o Cristo, o filho de Deus, e para que, crendo, tenhais vida em seu nome" (Jo 20.31). E o apóstolo acrescenta que seu testemunho é verdadeiro (Jo 21.24).

O livro chamado Atos dos Apóstolos, também escrito por Lucas, apresenta-se como registro autorizado do que Jesus continuou a fazer e a ensinar mediante seus apóstolos (At 1.1). Isso foi visto também como cumprimento de profecia do Antigo Testamento (cf. At 2 e Jl 2). Visto que Paulo citou o evangelho de Lucas como "Escritura" (1Tm 5.18), torna-se evidente que tanto o apóstolo como Lucas consideravam a continuação do relato evangelístico, i.e., o livro de Atos, texto autorizado e também inspirado por Deus.

Todas as cartas de Paulo, de Romanos até Filemom, reivindicam inspiração divina. Em Romanos, Paulo comprova sua vocação divina para o apostolado (Rm 1.1-3). O apóstolo encerra sua carta com a afirmação de que se trata de texto profético (Rm 16.26). Paulo no final de 1Coríntios diz: "As coisas que vos escrevo são mandamentos do Senhor" (1Co 14.37). Ele inicia 2Coríntios repetindo a afirmação de que é apóstolo genuíno (2Co 1.1,2). Nessa carta ele defende seu apostolado de modo mais completo do que em qualquer outra carta do Novo Testamento (2Co 10—13). Gálatas nos apresenta a mais forte defesa que Paulo faz de suas credenciais divinas. Ao falar da revelação feita a ele do evangelho da graça, ele escreveu: "Não o recebi, nem aprendi de homem algum, mas pela revelação de Jesus Cristo" (Gl 1.12). Em Efésios, o apóstolo declara também: "... o mistério que me foi manifestado pela revelação, como acima em poucas palavras vos escrevi..." (Ef 3.3). Em Filipenses, Paulo admoesta os crentes duas vezes a que sigam o padrão apostólico de vida (Fp 3.17; 4.9). Em Colossenses, assim como em Efésios, Paulo sustenta que seu ofício de apóstolo lhe foi dado diretamente por Deus, "para cumprir a palavra de Deus" (Cl 1.25). A Primeira Carta aos Tessalonicenses encerra-se com esta admoestação: "Pelo Senhor vos conjuro que esta epístola seja lida a todos os santos irmãos" (1Ts 5.27). Anterior-mente, o apóstolo havia lembrado a esses irmãos: "... havendo recebido de nós a palavra da pregação de Deus, a recebestes, não como palavra de homens, mas (segundo é, na verdade), como palavra de Deus..." (1Ts 2.13). A Segunda Carta aos Tessalonicenses também termina com uma exortação: "... se alguém não obedecer à nossa palavra por esta carta, notai o tal, e não vos associeis com ele, para que se envergonhe" (2Ts 3.14). A respeito da mensagem de 1Timóteo, o apóstolo escreveu: "Manda estas coisas e ensina-as. [...] Persiste em ler, exortar e ensinar, até que eu vá" (1Tm 4.11,13). Nesse texto, Paulo coloca sua própria carta no mesmo nível do Antigo Testamento. Sua carta e o Antigo Testamento deveriam ser lidos nas igrejas, por terem a mesma autoridade divina (cf. Cl 4.16). A segunda carta a Timóteo contém a passagem clássica sobre a inspiração divina das Escrituras (2Tm 3.16) e a exortação para que os crentes sigam o padrão das palavras sadias que receberam de Paulo (2Tm 1.13). "Conjuro-te, pois, diante de Deus e de Cristo Jesus...", escreveu o apóstolo, "prega a palavra, insta a tempo e fora de tempo..." (2Tm 4.1,2). De maneira semelhante, Paulo ordenou a Tito: "Fala estas coisas, exorta e repreende com toda a autoridade" (Tt 2.15). Embora o tom da carta a Filemom seja intercessório, Paulo deixa bem claro que ele poderia ordenar tudo que ali está pedindo por amor (Fm 8).

Hebreus 2.3,4 deixa bem evidente que este livro —seja quem for o autor— baseia-se na autoridade de Deus outorgada aos apóstolos e às testemunhas oculares de Cristo. Os leitores são admoestados a que se lembrem de seus líderes, aqueles que "vos falaram a palavra de Deus" (Hb 13.7). E a seguir o autor continua a admoestar: "Rogo-vos, porém, irmãos, que suporteis esta palavra de exortação, pois vos escrevi resumidamente (Hb 13.22). Tiago, irmão do Senhor Jesus (Gl 1.19) e líder da igreja de Jerusalém (At 15.13), escreve com autoridade apostólica às doze tribos da Dispersão (Tg 1.1). A Primeira Carta de Pedro afirma ser proveniente do "apóstolo de Jesus Cristo" (1Pe 1.1) e contém admoestações tipicamente apostólicas (1Pe 5.1,12). A Segunda Carta de Pedro originou-se de "Simão Pedro, servo e apóstolo de Jesus Cristo", lembrando aos leitores que o "mandamento do Senhor e Salvador, dado mediante os vossos apóstolos" tem a mesma autoridade das predições dos profetas do Antigo Testamento (2Pe 3.2). A Primeira Carta de João é de alguém que ouviu, viu, contemplou a Cristo e lhe tocou com as mãos (1Jo 1.1). Nesta carta, o apóstolo João apresenta o modo de verificar a verdade e o erro (1Jo 4.1,2), afirma que a comunidade apostólica é proveniente de Deus (1Jo 2.19) e escreve a fim de confirmar a fé dos verdadeiros crentes (1Jo 5.13). A Segunda e a Terceira Carta são do mesmo apóstolo, João, tendo, portanto, a mesma autoridade (cf. 2Jo 5.7; 3Jo 9.12). Judas escreveu um texto sobre "a salvação que nos é comum", em defesa da fé "que de uma vez por todas foi entregue aos santos" (Jd 3). A "revelação de Jesus Cristo, que Deus lhe deu" (Ap 1.1), descreve a origem do último livro do Novo Testamento. "Eu, João", escreve o apóstolo, "[...] estava na ilha chamada Patmos por causa da palavra de Deus [...] no dia do Senhor, e ouvi detrás de mim uma grande voz, como de trombeta, que dizia: O que vês, escreve-o num livro, e envia-o às sete igrejas que estão na Ásia..." (Ap 1.10,11). Nenhum outro livro da Bíblia traz declaração mais visível de sua inspiração da parte de Deus do que o Apocalipse. A advertência para que não se profanem suas palavras tem o apoio de uma ameaça de julgamento divino das mais fortes nas Escrituras. Trata-se de confirmação muito pertinente à vindicação de que todo o Novo Testamento é Palavra inspirada de Deus, em pé de igualdade com o Antigo Testamento.

Apoio à reivindicação de inspiração do Novo Testamento

Há dois tipos de evidências que demonstram haver total apoio à reivindicação que o Novo Testamento faz acerca de sua inspiração divina. Uma delas acha-se dentro do próprio Novo Testamento; a outra inicia-se com os pais da igreja, que seguiram os apóstolos.

Apoio à reivindicação de inspiração dentro do Novo Testamento

A igreja do século I não agiu com ingenuidade ao aceitar certos escritos como inspirados. Jesus havia advertido seus discípulos a respeito de falsos profetas e de enganadores que haveriam de vir em seu nome (Mt 7.15; 24.10,11). Paulo havia exortado os tessalonicenses para que não aceitassem os ensinos errôneos de cartas que pretensamente teriam vindo da parte dele (2Ts 2.2). João advertiu seus leitores com grande fervor: "Amados, não creiais em todo espírito, mas provai se os espíritos vêm de Deus" (1Jo 4.1). No século I já estavam em circulação ensinos falsos e incorretos a respeito de Cristo (cf. Lc 1.1-4). Por essa razão, a igreja do período neotestamentário precisava estar discernindo a mentira da verdade desde o início. Todo livro sem a firma apostólica (2Ts 3.17) deveria ser recusado. O fato de os livros serem lidos, citados, colecionados e passados de mão em mão, dentro das igrejas do Novo Testamento, assegura-nos que eram tidos como proféticos ou divinamente inspirados desde o começo da igreja de Cristo.

A leitura pública dos livros do Novo Testamento. Era costume judaico ler as Escrituras no sábado (cf. Lc 4.16). A igreja deu continuidade a esse costume no dia do Senhor. Paulo admoestou a Timóteo a que persistisse "em ler, exortar e ensinar" (1Tm 4.13). E aos colossenses Paulo escreveu: "Depois que esta epístola tiver sido lida entre vós, fazei que também o seja na igreja dos laodicenses, e a que veio da Laodicéia lede-a vós também" (Cl 4.16). A leitura em público dessas cartas como Escrituras Sagradas é prova de sua aceitação desde o início, pela igreja do Novo Testamento, por terem autoridade divina.

A circulação dos livros do Novo Testamento. O texto de Colossenses, mencionado acima, revela outro fato muito importante. Os livros escritos para uma igreja tencionavam ser de valor para outras igrejas também, e por isso circulavam para leitura pública. É possível que essa prática de intercambiar os livros inspirados induziu os líderes da igreja a produzir as primeiras cópias do Novo Testamento. Essa ampla circulação de cartas mostra que outras igrejas, além daquela que originariamente fora a destinatária, reconheciam tais cartas como Sagradas Escrituras e assim as liam.

A coleção dos livros do Novo Testamento. Os livros dos Novo Testamento circulavam entre as igrejas para ser lidos, mas Pedro também nos informa que eram colecionados. Parece que o próprio Pedro possuía uma coleção das cartas de Paulo que aquele apóstolo classificava plenamente como escritos inspirados no mesmo nível do Antigo Testamento. Assim escreveu Pedro: "Tende por salvação a longanimidade de nosso Senhor, como também o nosso amado irmão Paulo vos escreveu, segundo a sabedoria que lhe foi dada. Em todas as suas cartas ele escreve da mesma forma, falando acerca destas coisas. [...] os indoutos e inconstantes [as] torcem, como o fazem também com as *outras Escrituras*, para sua própria perdição" (2Pe 3.15,16). Tais livros circulavam entre as igrejas, eram lidos, copiados e colecionados pelas igrejas do Novo Testamento, sendo colocadas ao lado do cânon do Antigo Testamento; sem ser questionados, esses livros eram tidos como escritos inspirados.

Citação dos livros do Novo Testamento. Os livros do Antigo Testamento foram escritos ao longo de um espaço de tempo muito maior que os do Novo. É por isso que há mais citações de profetas mais antigos pelos profetas mais recentes do Antigo Testamento. O fato, porém, de haver citações de livros mais antigos do Novo Testamento em livros mais recentes dessa parte da Bíblia revela-nos outro fato: aqueles livros eram tidos como inspirados por seus contemporâneos. Paulo cita o evangelho de Lucas, chamando-o Escritura, em 1Timóteo 5.18. "Digno é o obreiro do seu salário" (cf. Lc 10.7). Judas cita com clareza 2Pedro 3.2,3, ao escrever: "... os quais diziam: No último tempo haverá escarnecedores, andando segundo as suas ímpias concupiscências" (Jd 18). Lucas faz referência a sua obra anterior (At 1.1), e João faz alusão a seu próprio evangelho (1Jo 1.1). Paulo menciona outra carta que havia escrito aos coríntios (1Co 5.9). Ainda que alguns desses exemplos não nos forneçam citações formais, ajudam, no entanto, a ilustrar a realidade de que dentro do próprio Novo Testamento existe o reconhecimento que um autor sagrado faz de outro. Esse processo amplo, generalizado, de fazer circular, ler, copiar, colecionar e citar os livros do Novo Testamento ilustra satisfatoriamente o reconhecimento de que esses livros reivindicavam inspiração divina.

Apoio à reivindicação de inspiração dentro da igreja primitiva

Todos os autores do Novo Testamento são mencionados pelo menos por um pai apostólico por terem autoridade divina. Esses pais da igreja viveram uma ou duas gerações após o encerramento do Novo Testamento (i.e., antes de 150 d.C.). Na verdade, eles representam o vínculo ininterrupto da reivindicação do Novo Testamento a favor de sua inspiração divina, desde os tempos dos apóstolos, passando pela fundação da igreja e, sem quebra nem interrupção, pelos séculos e milênios que se seguiriam.

Os primeiros pais da igreja. Os escritos mais antigos do cristianismo contêm inúmeras referências às Escrituras do Novo Testamento. Muitas dessas citações trazem as mesmas designações autorizadas de quando os autores do Novo Testamento citam o Antigo. A pretensa *Epístola de Barnabé* (c. 70-130), obra atribuída infundadamente ao companheiro de Paulo, cita Mateus 26.31 como aquilo que "Deus disse" (5.12). Depois, chama Mateus 22.14 "Escritura" (4.14). Clemente de Roma, em sua *Epístola aos coríntios* (c. 95-97), chama os evangelhos sinóticos (Mateus, Marcos e Lucas) "Escrituras". Ele emprega também as expressões "disse Deus" e "está escrito", a fim de indicar passagens do Novo Testamento (cf. caps. 36 e 46). Inácio de Antioquia (110 d.C.) escreveu sete cartas, nas quais fez numerosas citações do Novo Testamento. Policarpo (c. 110-135), um dos discípulos do apóstolo João, fez muitas citações dos livros do Novo Testamento em sua *Epístola aos filipenses*. Às vezes, esse autor introduz tais citações com termos como "dizem as Escrituras" (cf. cap. 12). A obra denominada *O pastor*, de Hermas (c. 115-140), foi escrita em estilo apocalíptico (visões), semelhante ao de Apocalipse, com inúmeras referências ao Novo Testamento. *O didaquê* (c. 100-120), ou *Ensino dos doze apóstolos*, como às vezes é chamado, registra muitas citações livres do Novo Testamento. Papias (c. 130-140) inclui o Novo Testamento num livro intitulado *Interpretação dos discursos do Senhor*, mesma expressão usada por Paulo em referência ao Antigo Testamento, em Romanos 3.2. A chamada *Epístola a Diogneto* (c. 150) faz muitas alusões ao Novo Testamento sem um título.

Fica notório o seguinte, no uso que os pais apostólicos fizeram do Novo Testamento: o Novo Testamento, à semelhança do Antigo, era tido como inspirado por Deus. Com freqüência as citações são livres e sem menção da fonte original. Todavia, qualquer pessoa que ler os escritos dos pais apostólicos necessariamente verá que os livros do Novo Testamento gozavam da mesma elevada estima atribuída ao Antigo Testamento.

Pais da igreja de época posterior. A partir da segunda metade do século II encontra-se apoio contínuo à reivindicação de inspiração feita pelo Novo Testamento. Justino Mártir (m. 165) considerava os evangelhos "a voz de Deus" (*Apologia*, 1,65). "Não devemos supor", escreveu ele, "que a linguagem provém de homens inspirados, mas da Palavra Divina que os move" (1,36). Taciano (c. 110-180), discípulo de Justino, cita João 1.5 como "Escritura", no capítulo 13 de sua *Apologia*. Ireneu (c. 130-202), em sua obra *Contra heresias*, escreveu: "Pois o Pai de todos nós deu o poder do evangelho a seus apóstolos, por intermédio de quem viemos a conhecer a verdade [...] esse evangelho que eles pregaram. Depois, pela vontade de Deus, eles nos legaram as Escrituras, para que fossem 'pilar e alicerce' de nossa fé" (5,67).

Clemente da Alexandria (c. 150-215) classifica os dois Testamentos, o Novo e o Antigo, como igualmente inspirados por Deus, com a mesma autoridade divina, dizendo: "As Escrituras [...] na Lei, nos Profetas e, além dessas, no abençoado Evangelho [...] são válidas por causa de sua autoridade onipotente" (*Strômata* [*Seleções*], 2,408-9). Tertuliano (c. 160-220) afirmava que os quatro evangelhos "são edificados na base certa da autoridade apostólica, de modo que são inspirados em sentido muitíssimo diferente dos escritos de um cristão espiritual".[1] Hipólito (c. 170-236), discípulo de Ireneu, oferece-nos uma das mais definitivas declarações a respeito da inspiração encontradas nos pais primitivos. Na sua obra *Tratado sobre Cristo e o Anticristo*, ao falar dos escritores do Novo Testamento, assim se expressou:

> Esses homens abençoados [...] tendo sido aperfeiçoados pelo Espírito da profecia, são dignamente honrados pela própria Palavra, foram trazidos a uma harmonia íntima [...] como instrumentos, e, tendo a Palavra dentro deles, por assim dizer, a fim de fazer ressoar as notas [...] pelo Senhor foram movidos, e anunciavam o que Deus queria que anunciassem. É que eles não falavam de sua própria capacidade [...] falavam daquilo que lhes era [revelado] unicamente por Deus.[2]

---

[1] Brooke Foss WESTCOTT, *An introduction to the study of the gospels*, New York, Macmillan, 1902, p. 421.

Orígenes (c. 185-254), professor em Alexandria, também nutria opiniões fortemente enraizadas quanto à inspiração. Cria ele que "o Espírito inspirou cada santo, fosse profeta, fosse apóstolo; e não havia um Espírito nos homens da antiga dispensação e outro naqueles que foram inspirados por ocasião do advento de Cristo" (*Dos princípios*). É que em sua plenitude e inteireza "as Escrituras foram escritas pelo Espírito" (16,6). O bispo Cipriano (c. 200-258) confirmava com toda a clareza a inspiração do Novo Testamento, declarando ser ele "Escrituras Divinas" dadas pelo Espírito Santo. Eusébio de Cesaréia (c. 265-340), notável historiador da igreja, expôs e catalogou os livros inspirados dos dois Testamentos em sua *História eclesiástica*. Atanásio de Alexandria (c. 295-373), conhecido como o "pai da ortodoxia", por causa de sua defesa da divindade de Cristo contra Àrio, foi o primeiro a usar a palavra *cânon* em referência aos livros do Novo Testamento. Cirilo de Jerusalém (c. 315-316) fala das "Escrituras divinamente inspiradas tanto do Antigo como do Novo Testamento". Depois de relacionar os 22 livros das Escrituras hebraicas e 26 do Novo Testamento (todos menos o Apocalipse), acrescentou: "Aprendei também diligentemente, com a igreja, quais são os livros do Antigo Testamento, e quais são os do Novo. E rogo-vos com veemência: Não leiais nenhum dos escritos apócrifos" (*Das Escrituras sagradas*).

É desnecessário prosseguir. Basta-nos salientar, nesta altura, que a doutrina ortodoxa da inspiração do Novo Testamento teve continuidade ao longo dos séculos, passando pela Idade Média, chegando à Reforma e penetrando no período moderno da história da igreja. Louis Gaussen resumiu a situação muito bem ao escrever o seguinte:

> Com a exceção única de Teodoro de Mopsuéstia [c. 400], [...] verificou-se que foi impossível produzir, no longo decurso dos OITO PRIMEIROS SÉCULOS DO CRISTIANISMO, um único doutor da igreja que negasse a plena inspiração das Escrituras, a não ser a negação que se encontra no seio das mais violentas heresias que têm atormentado a igreja cristã.[3]

Em resumo, portanto, a inspiração do Novo Testamento baseia-se na promessa de Cristo de que seus discípulos seriam dirigidos pelo Espírito em seus ensinos a respeito do Senhor. Os discípulos creram nessa promessa e a assimilaram, havendo claros indícios de que os próprios auto-

---

[2] Ap. ibid., p. 418-19. Colchetes de Westcott.
[3] *Theopneustia*: the plenary inspiration of the Holy Scriptures, trad. David Scott, Chicago, BICA, n.d., p. 139-40.

res do Novo Testamento, bem como os de sua época, reconheceram o cumprimento dessas promessas. Criam em que o Novo Testamento havia sido divinamente inspirado, pelo que, desde os primórdios do início dos registros cristãos, tem havido apoio unânime à doutrina da inspiração do Novo Testamento, em igualdade de condições com o Antigo Testamento.

5
Evidências da inspiração da Bíblia

Os cristãos têm sido desafiados, ao longo dos séculos, a apresentar as razões em defesa de sua fé (1Pe 3.15). Visto que as Escrituras se firmam nos alicerces da fé em Cristo, repousou sobre os ombros dos apologistas cristãos a tarefa de apresentar evidências da inspiração divina da Bíblia. *Reivindicar* que a Bíblia é inspirada por Deus é uma coisa, mas *comprovar* essa reivindicação é coisa bem diferente. Antes de examinarmos as evidências que dão apoio à doutrina da inspiração da Bíblia, vamos resumir com precisão o que afirma a doutrina da inspiração.

Resumo da reivindicação a favor da inspiração da Bíblia

Não devemos confundir inspiração da Bíblia com inspiração poética. A inspiração que se atribui à Bíblia diz respeito à autoridade dada por Deus quanto a seus ensinos, os quais hão de formar o pensamento e a vida do crente.

Explicação bíblica da inspiração

A palavra *inspiração* significa "soprado por Deus", ou seja, "que passou pelo hálito de Deus". É o processo mediante o qual as Escrituras, a saber, os escritos sagrados, foram revestidos de autoridade divina no que concerne à doutrina e à prática (2Tm 3.16,17). Esse revestimento divino foi dado aos escritos, não aos escritores. No entanto, estes foram movidos pelo Espírito para escreverem suas mensagens vindas de Deus. Por isso, a inspiração, quando vista como processo total, é fenômeno sobrenatural ocorrido quando escritores movidos pelo Espírito registraram mensagens sopradas por Deus. Existem três elementos nesse processo total de inspiração: a causa divina, a mediação profética e a resultante autoridade de que se reveste o documento (v. caps. 1 e 2).

Os três elementos da inspiração. O primeiro elemento da inspiração é a sua *causa: Deus*, que a origina. Deus é a Força Primordial que moveu profetas e apóstolos a escrever. A motivação primária por trás dos escritos inspirados é o desejo de Deus de comunicar-se com o ser humano. O segundo fator é a *mediação humana*. A Palavra de Deus nos veio por meio de homens de Deus. Deus faz uso da pessoa humana como instrumento para transmitir sua mensagem. Por último, a mensagem profética escrita foi revestida de *autoridade divina*. As palavras dos profetas são a Palavra de Deus.

As características dos escritos inspirados. A primeira característica da inspiração fica implícita no fato de que se trata de escrito inspirado, ou seja, é inspiração *verbal*. As próprias palavras dos profetas foram dadas por Deus mesmo, não ditadas, mas pelo emprego do vocabulário e do estilo dos próprios profetas, dirigidos pelo Espírito. A inspiração afirma ainda ser *plenária* (total, completa). Nenhum trecho das Escrituras foge ao alcance da inspiração divina. Assim escreveu Paulo: "Toda Escritura é divinamente inspirada". Além disso, a inspiração implica a *inerrância* dos ensinos dos documentos originais (chamados autógrafos). Tudo quanto Deus proferiu é verdadeiro e isento de erro, e a Bíblia é tida como enunciação de Deus. Por fim, a inspiração resulta na *autoridade* divina de que se revestem as Escrituras. O ensino da Bíblia se impõe ao crente no que tange à sua fé e prática.

A reivindicação da Bíblia quanto à sua inspiração

A inspiração não é algo que meramente os cristãos atribuam à Bíblia; é reivindicação que a própria Bíblia faz a respeito de si mesma. Há praticamente centenas de referências no texto da Bíblia que afirmam sua origem divina (v. caps. 3 e 4).

A reivindicação da inspiração do Antigo Testamento. O Antigo Testamento afirma ser um documento com mensagem profética. A expressão muito comum "assim diz o Senhor" enche suas páginas. Os falsos profetas e suas obras foram excluídos da casa do Senhor. As profecias que comprovadamente provinham de Deus foram preservadas em lugar especial, sagrado. Essa coleção de escritos sagrados que ia aumentando foi reconhecida e muito citada como Palavra de Deus.

Jesus e os autores do Novo Testamento tinham esses escritos na mais alta conta; para eles, não podiam ser revogados por serem a própria Palavra de Deus, cheia de autoridade e de inspiração. Mediante numerosas referências ao Antigo Testamento como um todo, a suas seções básicas e a praticamente cada um de seus livros, os autores do Novo Testamento atestaram com toda a força e convicção a certeza da inspiração divina de que se reveste o Antigo Testamento.

A reivindicação da inspiração do Novo Testamento. Os escritos apostólicos foram ousadamente aludidos da mesma forma autorizada por que se caracterizava o Antigo Testamento como Palavra de Deus. Eram chamados "Escrituras", "profecia" etc. Cada livro do Novo Testamento contém alguma reivindicação de autoridade divina. A igreja do período neotestamentário fazia circular, lia, colecionava e mencionava os livros do Novo Testamento, ao lado das Escrituras inspiradas do Antigo Testamento.

Os da era apostólica e os que de imediato lhe sucederam reconheciam a origem divina dos escritos do Novo Testamento, ao lado da autoridade divina do Antigo Testamento. Salvo casos de heréticos, todos os grandes pais da igreja cristã, desde os tempos mais remotos, creram na inspiração divina do Novo Testamento, e assim a ensinaram. Em suma, sempre houve uma reivindicação contínua e firme da inspiração do Antigo e do Novo Testamento, desde o tempo de sua composição até o presente momento. Nos tempos modernos, essa reivindicação vem sendo seriamente desafiada por muitos estudiosos dentro e fora da igreja. Esse desafio mostra a necessidade de fundamentarmos a reivindicação de inspiração da Bíblia.

Apoio à reivindicação bíblica de inspiração

Os defensores da fé cristã têm reagido a esse desafio de maneiras variadas. Alguns transformaram o cristianismo num sistema racional, outros afirmam crer por ser "absurdo", mas a grande massa de cristãos bem informados, ao longo dos séculos, tem evitado tanto o racionalismo como o fideísmo. Sem sustentar a irrevocabilidade absoluta, nem o ceticismo completo, os apologistas cristãos têm dado "uma razão da esperança que há neles". A seguir apresentamos uma síntese das evidências da doutrina bíblica da inspiração.

Evidência interna da inspiração da Bíblia

Há duas espécies de evidências que se devem levar em conta no que diz respeito à inspiração da Bíblia: a evidência que brota da própria Bíblia (chamada evidência interna), e a que surge de fora da Bíblia (conhecida como evidência externa). Há várias espécies de evidência interna já apresentadas.

A evidência da autoridade que se autoconfirma. Há quem afirme que a Bíblia fala com autoridade própria, cheia de convicção, à semelhança do rugido de um leão. O Senhor Jesus enchia as multidões de grande admiração, porque "os ensinava como tendo autoridade" (Mc 1.22), e, de modo semelhante, a expressão "assim diz o Senhor", encontrada nas Escrituras, fala por si mesma. Quando uma voz falou a Jó, saída de um redemoinho, ficou bem evidente para o patriarca ser a voz do Senhor (Jó 38). As palavras das Escrituras não precisam ser defendidas; precisam apenas ser ouvidas, para que se saiba que são a Palavra de Deus. O modo mais convincente de demonstrar a autoridade de um leão é soltá-lo. De modo semelhante, a inspiração da Bíblia não precisa ser defendida; antes, os ensinos da Bíblia precisam apenas ser explanados. Afirma-se que Deus pode falar mais eficazmente quando fala por si mesmo. A Bíblia pode defender sua própria autoridade, desde que sua voz se faça ouvir.

A evidência do testemunho do Espírito Santo. Intimamente relacionado com a evidência da autoridade das Escrituras, que se demonstra por si mesma, temos o testemunho do Espírito Santo. A Palavra de Deus confirma-se perante os filhos de Deus pelo Espírito de Deus. O testemunho íntimo de Deus no coração do crente, à medida que este vai lendo a Bíblia, é evidência da origem divina da Bíblia. O Espírito Santo não só dá testemunho ao crente de que este é filho de Deus (Rm 8.16), mas também afirma que a Bíblia é a Palavra de Deus (2Pe 1.20,21). O mesmo Espírito que comunica a verdade de Deus também confirma perante o crente que a Bíblia é a Palavra de Deus. Desde o século I o consenso da comunidade cristã, na qual opera o Espírito Santo, tem sido que os livros da Bíblia são a Palavra de Deus. Assim, a Palavra de Deus recebe confirmação da parte do Espírito de Deus.

A evidência da capacidade transformadora da Bíblia. Outra evidência denominada "interna" é a capacidade que tem a Bíblia de converter o incrédulo e de edificá-lo na fé cristã. Assim diz Hebreus: "A palavra de Deus é viva e eficaz, e mais cortante do que qualquer espada de dois gumes..." (4.12). Milhares e milhares têm experimentado esse poder; viciados em drogas têm sido curados pela Palavra; delinqüentes têm sido transformados; o ódio tem cedido lugar ao amor; tudo isso pela leitura da Palavra de Deus (1Pe 2.2). Os entristecidos recebem conforto, os pecadores são repreendidos, os negligentes são exortados pelas Escrituras. A palavra de Deus tem o poder, o dinamismo transformador de Deus. A evidência de que Deus atribuiu sua autoridade à Bíblia está em seu poder evangelístico e edificador.

A evidência da unidade da Bíblia. Uma evidência mais formal da inspiração da Bíblia está em sua unidade. Sendo constituída de 66 livros escritos ao longo de 1 500 anos, por cerca de quarenta autores, em diversas línguas, com centenas de tópicos, é muito mais que mero acidente que a Bíblia apresente espantosa unidade temática —Jesus Cristo. Um problema —o pecado— e uma solução —o Salvador Jesus— unificam as páginas da Bíblia, do Gênesis ao Apocalipse. Se a compararmos a um manual médico redigido sob tão grande variedade, a Bíblia apresenta marcas notáveis de unidade divina. Essa é uma questão de inigualável validade, uma vez que nenhuma pessoa ou grupo de pessoas engendraram a composição da Bíblia. Os livros iam sendo colecionados e acrescentados, à medida que iam sendo escritos pelos autores, os profetas. Eram guardados simplesmente por serem tidos como inspirados. Só mediante reflexão posterior, tanto da parte de profetas (e.g., 1Pe 1.10,11) quanto de autores de gerações futuras, é que se descobriu que na verdade a Bíblia é um livro só, cujos "capítulos" foram escritos por homens sem conhecimento visível de sua estrutura global. O papel desses autores da Bíblia seria comparável ao de diferentes escritores que estivessem escrevendo capítulos de uma novela, sem que tivessem nem mesmo um esboço geral da história. Toda a unidade que a Bíblia demonstre certamente adveio de algo que se achava fora do alcance de seus autores humanos.

Evidência externa da inspiração da Bíblia

A evidência interna da inspiração é, em grande parte, de natureza subjetiva. Relaciona-se àquilo que o crente vê ou sente em sua experiência pessoal com a Bíblia. Com a possível exceção da última evidencia mencionada, a saber, a unidade da Bíblia, a evidência interna está disponível apenas para os que se acham dentro do cristianismo. O incrédulo não ouve a voz de Deus, tampouco sente o testemunho do Espírito de Deus e jamais sente o poder edificador das Escrituras em sua vida. Se o incrédulo não penetrar pela fé no interior do cristianismo, essa evidência pouco ou nenhum valor e persuasão terá em sua vida. É aqui, então, que a evidência externa exerce papel crucial. Funciona como balizas ou sinais que conduzem ao "interior" da verdadeira vida cristã. Trata-se de testemunho público de algo inusitado, que serve para atrair a atenção do ser humano para a voz de Deus nas Escrituras.

A evidência baseada na historicidade da Bíblia. Grande parte do conteúdo bíblico é história e, por isso mesmo, passível de constatação. Existem duas espécies principais de apoio da história bíblica: os artefatos arqueológicos e os documentos escritos. No que diz respeito aos artefatos desenterrados, nenhuma descoberta arqueológica invalidou um ensino ou relato bíblico. Ao contrário, como escreveu Donald J. Wiseman: "A geografia das terras mencionadas na Bíblia e os remanescentes visíveis da antigüidade foram gradativamente registrados, até que hoje, em sentido mais amplo, foram localizados mais de 25 000 locais, nesta região, que datam dos tempos do Antigo Testamento".[1] Aliás, grande parte da antiga crítica à Bíblia foi firmemente refutada pelas descobertas arqueológicas que demonstraram a existência da escrita nos dias de Moisés, a história e a cronologia dos reis de Israel e até mesmo a existência dos hititas, povo até há pouco só mencionado na Bíblia.

A descoberta amplamente divulgada dos rolos do mar Morto ilustra algo não muito bem conhecido, a saber, que existem milhares de manuscritos tanto do Antigo como do Novo Testamento, o que contrasta com o punhado de originais disponíveis de muitos clássicos seculares de grande importância. Isso significa que a Bíblia é o livro do mundo antigo mais bem documentado que existe. É verdade que nenhuma descoberta histórica representa evidência direta de alguma afirmação espiritual feita pela Bíblia, como, por exemplo, a reivindicação de ser inspirada por Deus; no entanto, a historicidade da Bíblia fornece com certeza uma comprovação indireta de sua inspiração. É que a confirmação da exatidão da Bíblia em questões factuais confere credibilidade às suas declarações e ensinos em outros assuntos. Disse Jesus: "Se vos falei de coisas terrestres, e não crestes, como crereis, se vos falar das celestiais?" (Jo 3.12).

A evidência do testemunho de Cristo. O testemunho de Cristo é evidência relacionada à da historicidade dos documentos bíblicos. Visto que o Novo Testamento é documentado como livro histórico e esses mesmos documentos históricos nos fornecem o ensino de Cristo a respeito da inspiração da Bíblia, resta-nos apenas presumir a veracidade de Cristo, para convencer-nos firmemente da inspiração da Bíblia. Se Jesus Cristo possui alguma autoridade ou integridade como mestre religioso, podemos concluir que a Bíblia é inspirada por Deus. O Senhor Jesus ensinou que a Bíblia é a Palavra de Deus. Se alguém quiser provar ser essa assertiva falsa, deverá primeiro rejeitar a autoridade que tinha Jesus de se pronun-

---

[1] Archaelogical confirmation of the Old Testament, in: Carl F. H. HENRY, org., *Revelation and the Bible*, Grand Rapids, Baker, 1958, p. 301-2.

ciar sobre a questão da inspiração. As evidências escriturísticas revelam irrefutavelmente que Jesus confirmou a autoridade divina da Bíblia (v. cap. 3). O texto do evangelho como um todo, com amplo apoio histórico, revela que Jesus era homem de integridade e de verdade. O argumento, portanto, é este: se o que Jesus ensinou é a verdade, e Jesus ensinou que a Bíblia é inspirada, segue-se que é verdade que a Bíblia é inspirada por Deus.

A evidência da profecia. Outro testemunho externo dotado de grande força em apoio da inspiração das Escrituras é o fato da profecia cumprida. De acordo com Deuteronômio 18, o profeta era tido como falso quando fazia predições que não se cumprissem. Até o presente momento, nenhuma profecia incondicional da Bíblia a respeito de acontecimentos ficou sem cumprimento. Centenas de predições, algumas delas feitas centenas de anos antes de se cumprirem, concretizaram-se literalmente. A época do nascimento de Jesus (Dn 9), a cidade em que ele haveria de nascer (Mq 5.2) e a natureza de sua concepção e nascimento (Is 7.14) foram preditos no Antigo Testamento, bem como dezenas de outras minúcias de sua vida, morte e ressurreição. Outras profecias, como a da explosão da instrução e da comunicação (Dn 12.4), a da repatriação de Israel e a da repovoação da Palestina (Is 61.4), estão sendo cumpridas em nossos dias. Outros livros reivindicam inspiração divina, como o *Alcorão* e partes do *Veda*. Todavia, nenhum desses livros contém predições do futuro. O resultado é que a Bíblia conta com um argumento muito forte a favor de sua autoridade divina: suas profecias, que sempre se cumprem.

A evidência da influência da Bíblia. Nenhum outro livro tem sido tão largamente disseminado, nem exercido tão forte influência sobre o curso dos acontecimentos mundiais do que a Bíblia. As Escrituras Sagradas têm sido traduzidas em mais línguas, têm sido impressas em maior número de exemplares, têm influenciado mais o pensamento, inspirado mais as artes e motivado mais as descobertas do que qualquer outro livro. A Bíblia foi traduzida em mais de mil línguas, abrangendo mais de 90% da população do mundo. Suas tiragens somam alguns bilhões de exemplares. Os *bestsellers* que têm vindo em segundo lugar, ao longo dos séculos, nunca chegam perto do detentor perpétuo do primeiro lugar, a Bíblia. A influência da Bíblia e de seu ensino sobre o mundo ocidental está bem à mostra para todos quantos estudam a história. O papel de forte influência desempenhado pelo Ocidente sobre o desenrolar dos acontecimentos mundiais fica igualmente evidente. As Escrituras judeu-cristãs têm influenciado mais a civilização que qualquer outro livro ou combinação de livros do mundo. Na verdade, nenhuma outra obra religiosa ou de fundo moral no mundo excede a profundidade moral contida no princípio do amor cristão, e nenhuma apresenta conceito espiritual mais majestoso sobre Deus do que o conceito que a Bíblia oferece. A Bíblia apresenta ao homem os mais elevados ideais que já pautaram a civilização.

A evidência da manifesta indestrutibilidade da Bíblia. A despeito (ou talvez por conta) de sua tremenda importância, a Bíblia tem sofrido muito mais ataques perversos do que seria de esperar, em se tratando de um livro. No entanto, a Bíblia tem resistido a todos os ataques e a todos os seus atacantes. Diocleciano tentou exterminá-la (c. 303 d.C.); no entanto, a Bíblia é hoje o livro mais impresso e mais divulgado do mundo. Críticos da Bíblia no passado tachavam-na de composta, na maior parte, por historietas mitológicas, mas a arqueologia lhe comprovou a historicidade. Seus antagonistas atacam seus ensinos, tachando-os de primitivos e obsoletos, mas os moralistas exigem que seus ensinos a respeito do amor sejam postos em prática na sociedade moderna. Os céticos têm lançado dúvidas sobre a confiabilidade da Bíblia; todavia, mais pessoas hoje se convencem de suas verdades do que em toda a história. Prosseguem os ataques da parte de alguns cientistas, de alguns psicólogos e de alguns líderes políticos, mas a Bíblia permanece ilesa, indestrutível. Ela se parece com uma muralha de um metro e meio de altura por um metro e meio de largura: é inútil tentar derrubá-la com assopros. A Bíblia continua mais forte que nunca, depois desses ataques. Assim se manifestara a seu respeito o Senhor Jesus: "Passará o céu e a terra, mas as minhas palavras não passarão" (Mc 13.31).

A evidência oriunda da integridade de seus autores humanos. Não existem razões sólidas em que basear a idéia de que os autores das Escrituras não eram honestos e sinceros. Por tudo quanto se sabe de suas vidas e até pelo fato de haverem morrido por causa da fé que abraçaram, os autores da Bíblia estavam totalmente convencidos de que Deus lhes havia falado. Que faremos de mais de quinhentos homens (1Co 15.6) que apresentam como evidência da autoridade divina de sua mensagem o fato de terem visto a Jesus de Nazaré, crucificado sob o poder de Pôncio Pilatos, agora vivo e em perfeitas condições? Que faremos da afirmação deles, segundo a qual viram a Jesus cerca de doze vezes, num período de um mês e meio? e segundo a qual conversaram com ele, comeram com ele, viram suas feridas, tocaram-no, e até o mais cético dentre eles caiu de joelhos e clamou: "Senhor meu e Deus meu!" (Jo 20.28)? Se alguém crer que estavam todos entoxicados ou iludidos, isso seria equivalente a violentar a própria credulidade, se considerarmos o número de vezes em que Cristo se encontrou com seus discípulos após a ressurreição e se considerarmos a natureza desses encontros, além do efeito duradouro que exerceram sobre os discípulos. Todavia, depois de aceitar o fato fundamental da integridade desses homens, ainda vemos diante de nós o fenômeno inusitado de pessoas —centenas delas— que enfrantariam a morte por causa da convicção de que Deus lhes havia concedido autoridade para falar e para escrever em nome do Senhor. Quando homens sadios mentalmente, dotados de reconhecida integridade moral, reivindicam inspiração divina e oferecem como evidência o fato de haverem mantido comunicações com o Cristo ressurreto, todos as pessoas de boa fé, que buscam a verdade, precisam reconhecer a realidade desses fatos. Em suma, a honestidade dos escritores da Bíblia constitui comprovante da autoridade bíblica que reveste seus escritos.

Outros argumentos têm sido formulados para comprovar a inspiração da Bíblia, mas os principais, os que sustentam o maior peso da defesa, são esses. Será que esses argumentos *provam* que a Bíblia é inspirada? Não. Não representam provas dotadas de conclusões racionais inescapáveis. Até mesmo um filósofo amador pode criar contra-argumentos que neutralizam a lógica da argumentação. E, ainda que tal argumentação comprovasse a inspiração da Bíblia, não se concluiria daí que os argumentos conseguiriam *persuadir* e satisfazer a todos. Em vez disso, temos evidências, testemunhos, testemunhas. Como testemunhos, precisam ser examinados para uma avaliação global. A seguir, o júri que existe na alma de cada pessoa deverá tomar sua decisão —decisão fundada não em provas racionais, inescapáveis, mas em evidências que ficam "acima de quaisquer dúvidas racionais".

Talvez tudo que seria necessário acrescentar aqui é que, se a Bíblia estivesse sob julgamento num tribunal, e fizéssemos parte do júri, e devêssemos apresentar um veredicto, com base num exame global, completo, das reivindicações e das credenciais alegadas da Bíblia como Escrituras Sagradas, inspiradas por Deus, seríamos compelidos a votar da seguinte forma: "A Bíblia é culpada de ser inspirada, conforme acusação". O leitor também precisa tomar sua decisão. Para os que têm a tendência à indecisão, resta o lembrete incisivo das palavras de Pedro: "Senhor, para quem iremos nós? Tu tens as palavras da vida eterna" (Jo 6.68). Em outras palavras, se a Bíblia —com sua reivindicação categórica de ser inspirada, com suas características incomparáveis e suas credenciais múltiplas— não for inspirada, então, a quem ou a que nos dirigiremos? É nela que encontramos as palavras de vida eterna.

6

As características da canonicidade

Que livros fazem parte da Bíblia? Que diremos a respeito dos chamados livros ausentes? Como foi que a Bíblia veio a ser composta de 66 livros? Nos próximos capítulos trataremos de responder a essas perguntas. Esse assunto intitula-se canonicidade. Trata-se do segundo grande elo da corrente que vem de Deus até nós. A inspiração é o meio pelo qual a Bíblia recebeu sua *autoridade*: a canonização é o processo pelo qual a Bíblia recebeu sua *aceitação* definitiva. Uma coisa é um profeta receber uma mensagem da parte de Deus, mas coisa bem diferente é tal mensagem ser reconhecida pelo povo de Deus. Canonicidade é o estudo que trata do reconhecimento e da compilação dos livros que nos foram dados por inspiração de Deus.

Definição de canonicidade

A palavra *cânon* deriva do grego *kanōn* ("cana, régua"), que, por sua vez, se origina do hebraico *kaneh*, palavra do Antigo Testamento que significa "vara ou cana de medir" (Ez 40.3). Mesmo em época anterior ao cristianismo, essa palavra era usada de modo mais amplo, com o sentido de padrão ou norma, além de cana ou unidade de medida. O Novo Testamento emprega o termo em sentido figurado, referindo-se a padrão ou regra de conduta (Gl 6.16).

Emprego da palavra "cânon" pelo cristão da igreja primitiva

Nos primórdios do cristianismo, a palavra *cânon* significava "regra" de fé, ou escritos normativos (i.e., as Escrituras autorizadas). Por volta da época de Atanásio (c. 350), o conceito de cânon bíblico ou de Escrituras normativas já estava em desenvolvimento. A palavra *cânon* aplicava-se à Bíblia tanto no sentido ativo como no passivo. No sentido ativo, a Bíblia é o cânon pelo qual tudo o mais deve ser julgado. No sentido passivo, cânon significava a regra ou padrão pelo qual um escrito deveria ser julgado inspirado ou dotado de autoridade. Esse emprego em duas direções causa certa confusão, que tentaremos dissipar. Primeiramente, vamos verificar o que significa cânon em relação à Escritura no sentido ativo. Em seguida, verificaremos seu sentido passivo.

Alguns sinônimos de canonicidade

A existência de um cânon ou coleção de escritos autorizados antecede o uso do termo *cânon*. A comunidade judaica coligiu e preservou as Escrituras Sagradas desde o tempo de Moisés.

Escrituras Sagradas. Um dos conceitos mais antigos de cânon foi o de escritos sagrados. O fato de os escritos de Moisés serem considerados sagrados se demonstra pelo lugar santo em que eram guardados, ao lado da arca da aliança (Dt 31.24-26). Depois de o templo ter sido edificado, esses escritos sagrados foram preservados em seu interior (2Rs 22.8). A consideração especial dada a esses livros especiais mostra que eram tidos como canônicos, ou sagrados.

Escritos autorizados. A canonicidade das Escrituras também é designada autoridade divina. A autoridade dos escritos mosaicos foi salientada perante Josué e perante Israel (Js 1.8). Todos os reis de Israel foram exortados a esse respeito: "Quando se assentar no trono do seu reino, escreverá para si num livro uma cópia desta lei [...]. Conservará a cópia consigo, e a lerá todos os dias de sua vida, para que aprenda a temer ao Senhor seu Deus, e a guardar todas as palavras desta lei..." (Dt 17.18,19). Visto que esses livros vieram da parte de Deus, vieram revestidos de sua autoridade. Sendo escritos dotados de autoridade, eram canônicos, i.e., normativos, para o crente israelita.

Livros que conspurcam as mãos. Na tradição de ensino de Israel, surgiu o conceito de livros tão sagrados, ou santos, que aqueles que os usassem ficariam com as mãos "conspurcadas". Assim diz o *Talmude*: "O evangelho e os livros dos hereges não maculam as mãos; os livros de Ben Sira e quaisquer outros livros que tenham sido escritos desde sua época não são canônicos" (Tosefta Yadaim, 3,5). Ao contrário, os livros do Antigo Testamento hebraico na verdade tornam imundas as mãos, porque são santos. Por isso, só os livros que exigissem que seu leitor passasse por uma cerimônia especial de purificação é que eram considerados canônicos.

Livros proféticos. Como já dissemos antes (cap. 3), determinado livro só era considerado inspirado se escrito por um profeta, ou porta-voz de Deus. As obras e as palavras dos falsos profetas eram rejeitadas e jamais agrupadas e guardadas num lugar santo. De fato, segundo Josefo (*Contra Ápion*, I,8), só os livros que haviam sido redigidos durante o período profético, de Moisés até o rei Artaxerxes, podiam ser canônicos. Assim se expressou Josefo: "Desde Artaxerxes até a nossa época tudo tem sido registrado, mas nada foi considerado digno do mesmo crédito das obras do passado, visto que a sucessão exata de profetas cessou". Foram canônicos apenas os livros de Moisés a Malaquias, pois só esses foram escritos por homens em sucessão profética. Do período de Artaxerxes (século IV a.C.) até Josefo (século I d.C.), não houve sucessão profética; por isso, não faz parte do período profético. O *Talmude* faz a mesma afirmação, dizendo: "Até esta altura [século IV a.C.] os profetas profetizavam mediante o Espírito Santo; a partir desta época inclinai os vossos ouvidos e ouvi as palavras dos sábios" (Seder Olam Rabba, 30). Portanto, para ser canônico, qualquer livro do Antigo Testamento deveria vir de uma sucessão profética, durante o período profético.

A determinação da canonicidade

Essas considerações em torno da canonicidade ajudam-nos a esclarecer o que significa Escrituras canônicas. A confusão existente entre os sentidos ativo e passivo da palavra *cânon* trouxe ambigüidade à questão do que determina a canonicidade de um livro.

Alguns conceitos deficientes sobre o que determina a canonicidade

Foram apresentadas várias opiniões a respeito do que determina a canonicidade de um escrito. Essas posições confunde os cânones, ou regras mediante as quais o crente descobre que determinado livro é inspirado (sentido passivo da palavra *cânon*), com os cânones dos escritos normativos que foram descobertos (sentido ativo da palavra *cânon*). Assim, tais teorias são insatisfatórias quanto aos conceitos sobre o que determina a canonicidade de um livro. Vamos examiná-las de modo sucinto.

A concepção de que a idade determina a canonicidade. A teoria segundo a qual a canonicidade de um livro é determinada pela sua antigüidade, que tal livro veio a ser venerado por causa de sua idade, erra o alvo por duas razões. Primeira: muitos livros velhíssimos, como o livro dos justos e o livro das guerras do Senhor (Js 10.13 e Nm 21.14) nunca foram aceitos no cânon. Em segundo lugar, há evidências de que os livros canônicos foram introduzidos no cânon imediatamente, e não depois de haverem envelhecido. É o caso dos livros de Moisés (Dt 31.24-26), de Jeremias (Dn 9.2) e dos escritos do Novo Testamento produzidos por Paulo (2Pe 3.16).

A concepção de que a língua hebraica determina a canonicidade. É insatisfatória também a teoria segundo a qual os livros que fossem escritos em hebraico, a língua "sagrada" dos hebreus, seriam considerados sagrados, e os que houvessem sido escritos em outra língua não seriam introduzidos no cânon. A verdade é que nem todos os livros redigidos em hebraico foram aceitos, como é o caso dos livros apócrifos e de outros documentos antigos não-bíblicos (v. Js 10.13). Além disso, há seções de alguns livros aceitos no cânon sagrado que não foram escritas em hebraico (Daniel 2.4*b*—7.28 e Esdras 4.8—6.18; 7.12-26 foram escritos em aramaico).

A concepção de que a concordância do texto com a Tora *determina a sua canonicidade*. É uma visão errônea, concernente à *Tora* (lei de Moisés). Nem é necessário mencionar que quaisquer livros que contradigam a *Tora* deviam ser rejeitados, tendo em vista a crença de que Deus não poderia contradizer-se em suas revelações posteriores. Essa teoria, porém, despreza duas questões de grande importância. Em primeiro lugar, não era a *Tora* que determinava a canonicidade dos escritos que lhe sucederam. Antes, o fator determinante da canonicidade da *Tora* era o mesmo que determinaria a de todas as demais Escrituras Sagradas, a saber, que os escritos fossem inspirados por Deus. Em outras palavras, a concepção de que a concordância com a *Tora* determina a canonicidade de um documento é insatisfatória porque não explica o que foi que determinou a canonicidade da *Tora*. Em segundo lugar, tal teoria é demasiado generalizante. Muitos outros textos que estavam de acordo com a *Tora* não foram aceitos como inspirados. Os pais judeus criam que seu *Talmude* e *Midrash* concordavam com a *Tora*, mas jamais os consideraram canônicos. O mesmo vale dizer de muitos escritos cristãos em relação ao Novo Testamento.

A concepção de que o valor religioso determina a canonicidade. Essa é outra hipótese: que o valor religioso de um livro determina sua inclusão no cânon sagrado. Outra vez temos aqui o carro adiante dos bois. É axiomático afirmar que, se um livro não tiver algum tipo de valor espiritual, deve ser rejeitado e eliminado do cânon. Também é verdade que nem todos os livros que possuem algum valor espiritual sejam automaticamente canônicos, como o comprovam alguns tesouros da literatura judeu-cristã, dos quais são alguns apócrifos. O fato mais importante, no entanto, é que essa teoria faz confusão entre causa e efeito. Não é o valor religioso que determina a canonicidade de um texto; é sua canonicidade que determina seu valor religioso. De forma mais precisa, não é o valor de um livro que determina sua autoridade divina, mas a autoridade divina é que determina seu valor.

A canonicidade é determinada pela inspiração

Os livros da Bíblia não são considerados oriundos de Deus por se haver descoberto neles algum valor; são valiosos porque provieram de Deus —fonte de todo bem. O processo mediante o qual Deus nos concede sua revelação chama-se inspiração. É a inspiração de Deus num livro que determina sua canonicidade. Deus dá autoridade divina a um livro, e os homens de Deus o acatam. Deus revela, e seu povo reconhece o que o Senhor revelou. A canonicidade é determinada por Deus e descoberta pelos homens de Deus. A Bíblia constitui o "cânon", ou "medida" pela qual tudo mais deve ser medido e avaliado pelo fato de ter autoridade concedida por Deus. Sejam quais forem as medidas (i.e., os cânones) usadas pela igreja para descobrir com exatidão que livros possuem essa autoridade canônica ou normativa, *não* se deve dizer que "determinam" a canonicidade dos livros. Dizer que o povo de Deus, mediante quaisquer regras de reconhecimento, "determina" que livros são autorizados por inspiração de Deus só confunde a questão. Só Deus pode conceder a um livro autoridade absoluta e, por isso mesmo, canonicidade divina.

O sentido primário da palavra cânon aplicado às Escrituras é aplicado na acepção ativa, i.e., a Bíblia é a norma que governa a fé. O sentido secundário, segundo o qual um livro é julgado por certos cânones e é reconhecido como inspirado (o sentido passivo), não deve ser confundido com a determinação divina da canonicidade. Só a inspiração divina determina a autoridade de um livro, i.e., se ele é canônico, de natureza normativa.

A descoberta da canonicidade

O povo de Deus tem desempenhado um papel de cabal importância no processo de canonização, ao longo dos séculos, ainda que tal papel não tenha natureza determinadora. A comunidade de crentes arca com a tarefa de chegar a uma conclusão sobre quais livros são realmente de Deus. A fim de cumprir esse papel, a igreja deve procurar certos característicos próprios da autoridade divina. Como poderia alguém reconhecer um livro inspirado só por vê-lo? Quais são os elementos característicos que distinguem uma declaração de Deus de um enunciado meramente humano? Vários critérios estavam em jogo nesse processo de reconhecimento.

Os princípios de descoberta da canonicidade

Nunca deixaram de existir falsos livros e falsas mensagens (v. caps. 8 e 10). Por representarem ameaça constante, fez-se necessário que o povo de Deus revisse cuidadosamente sua coleção de livros sagrados. Até mesmo os livros aceitos por outros crentes ou em tempos anteriores foram posteriormente questionados pela igreja. São discerníveis cinco critérios básicos, presentes no processo como um todo: 1) O livro é *autorizado* —afirma vir da parte de Deus? 2) É *profético* —foi escrito por um servo de Deus? 3) É *digno de confiança* —fala a verdade acerca de Deus, do homem etc.? 4) É *dinâmico* —possui o poder de Deus que transforma vidas? 5) É *aceito* pelo povo de Deus para o qual foi originariamente escrito —é reconhecido como proveniente de Deus?

A autoridade de um livro. Como demonstramos antes (caps. 3 e 4), cada livro da Bíblia traz uma reivindicação de autoridade divina. Com freqüência a expressão categórica "assim diz o Senhor" está presente. Às vezes o tom e as exortações revelam sua origem divina. Sempre existe uma declaração divina. Nos escritos mais didáticos (os de ensino), existe uma declaração divina a respeito do *que os crentes devem fazer*. Nos livros históricos, as exortações ficam mais implícitas, e as declarações autorizadas são mais a respeito do *que Deus tem feito* na história de seu povo (que é "a história narrada por Deus"). Se faltasse a um livro a autoridade de Deus, esse era considerado não-canônico, não sendo incluído no cânon sagrado.

Vamos ilustrar esse princípio de autoridade no que se relaciona ao cânon. Os livros dos profetas eram facilmente *reconhecidos* como canônicos por esse princípio de autoridade. A expressão repetida "e o Senhor me disse" ou "a palavra do Senhor veio a mim" é evidência abundante de sua autoridade divina. Alguns livros não tinham nenhuma reivindicação de origem divina, pelo que foram *rejeitados* e tidos como não-canônicos. Talvez tenha sido o caso do livro dos justos e do livro das guerras do Senhor. Outros livros foram *questionados* e desafiados quanto à sua autoridade divina, mas por fim foram aceitos no cânon. É o caso de

Ester. Não antes de se tornar perfeitamente patente que a proteção de Deus e, portanto, as declarações do Senhor a respeito de seu povo estavam inquestionavelmente presentes em Ester, recebeu este livro lugar permanente no cânon judaico. Na verdade, o simples fato de alguns livros canônicos serem questionados quanto à sua legitimidade é uma segurança de que os crentes usavam seu discernimento. Se os crentes não estivessem convencidos da autoridade divina de um livro, este era rejeitado.

A autoria profética de um livro. Os livros proféticos só foram produzidos pela atuação do Espírito, que moveu alguns homens conhecidos como profetas (2Pe 1.20,21). A Palavra de Deus só foi entregue a seu povo mediante os profetas de Deus. Todos os autores bíblicos tinham um dom profético, ou uma função profética, ainda que tal pessoa não fosse profeta por ocupação (Hb 1.1).

Paulo exorta o povo de Deus em Gálatas, dizendo que suas cartas deveriam ser *aceitas* porque ele era apóstolo de Cristo. Suas cartas não foram produzidas por um homem comum, mas por um apóstolo; não "por homem algum, mas por Jesus Cristo, e por Deus Pai, que o ressuscitou dentre os mortos" (Gl 1.1). Suas cartas deviam ser acatadas porque eram apostólicas —saíram de um porta-voz de Deus, ou profeta de Deus. Todos os livros deveriam ser *rejeitados* caso não proviessem de profetas nomeados por Deus; essa era a advertência de Paulo. Os crentes não deviam aceitar livros de alguém que falsamente afirmasse ser apóstolo de Cristo (2Ts 2.2), conforme advertência de Paulo também em 2Coríntios 11.13 a respeito dos falsos profetas. As advertências de João sobre os falsos messias e para que os crentes provassem os espíritos enquadram-se nessa mesma categoria (1Jo 2.18,19 e 4.1-3). Foi por causa desse princípio profético que a segunda carta de Pedro foi objetada por alguns da igreja primitiva. Enquanto os pais da igreja não ficaram convencidos de que essa carta não havia sido forjada, mas de fato viera da mão do apóstolo Pedro, como seu primeiro versículo o menciona, ela não recebeu lugar permanente no cânon cristão.

A confiabilidade de um livro. Outro sinal característico da inspiração é o ser um livro digno de confiança. Todo e qualquer livro que contenha erros factuais ou doutrinários (segundo o julgamento de revelações anteriores) não pode ter sido inspirado por Deus. Deus não pode mentir; as palavras do Senhor só podem ser verdadeiras e coerentes.

À vista desse princípio, os crentes de Beréia aceitaram os ensinos de Paulo e pesquisaram as Escrituras, para verificar se o que o apóstolo estava ensinando estava de fato de acordo com a revelação de Deus no Antigo Testamento (At 17.11). O mero fato de um texto estar de acordo com uma revelação anterior não indica que tal texto é inspirado. Mas a contradição de uma revelação anterior sem dúvida seria indício de que o ensino não era inspirado.

Grande parte dos apócrifos foi rejeitada por causa do princípio da confiabilidade. Suas anomalias históricas e heresias teológicas os rejeitaram; seria impossível aceitá-los como vindos de Deus, a despeito de sua aparência de autorizados. Não podiam vir de Deus e ao mesmo tempo apresentar erros.

Alguns livros canônicos foram *questionados* com base nesse mesmo princípio. Poderia a carta de Tiago ser inspirada, se contradissesse o ensino de Paulo a respeito da justificação pela fé e nunca pelas obras? Até que a compatibilidade essencial entre os autores se comprovasse, a carta de Tiago foi questionada por alguns estudiosos. Outros questionaram Judas por causa de sua citação de livros não-confiáveis, pseudepigráficos (vv. 9,14). Desde que ficasse entendido que as citações feitas por Judas não podiam conferir nenhuma autoridade àqueles livros, assim como as citações feitas por Paulo, de poetas não-cristãos (v. tb. At 17.28 e Tt 1.12), não poderia conferir a esses nenhuma autoridade, nenhuma razão haveria para que a carta de Judas fosse rejeitada.

A natureza dinâmica de um livro. O quarto teste de canonicidade, às vezes menos explícito do que alguns dos demais, era a capacidade do texto de transformar vidas: "... a palavra de Deus é viva e eficaz..." (Hb 4.12). O resultado é que ela pode ser usada "para ensinar, para repreender, para corrigir, para instruir em justiça" (2Tm 3.16,17).

O apóstolo Paulo revelou-nos que a habilidade dinâmica das Escrituras inspiradas estava implicada na *aceitação* das Escrituras como um todo, como mostra 2Timóteo 3.16,17. Disse Paulo a Timóteo: "... as sagradas letras [...] podem fazer-te sábio para a salvação..." (v. 15). Em outro texto, Pedro se refere ao poder de evangelização e de edificação cristã da Palavra (1Pe 1.23; 2.2). Outros livros e mensagens foram *rejeitados* porque apresentavam falsas esperanças (1Rs 22.6-8) ou faziam rugir alarmes falsos (2Ts 2.2). Assim, não conduziam o crente ao crescimento na verdade de Jesus Cristo. Assim dissera o Senhor: "Conhecereis a verdade, e a verdade vos libertará" (Jo 8.32). O ensino falso jamais liberta; só a verdade possui poder emancipador.

Alguns livros da Bíblia, como Cântico dos Cânticos e Eclesiastes, foram questionados por alguns estudiosos os julgarem isentos desse poder dinâmico, capaz de edificar o crente. Desde que se convenceram de que o Cântico dos Cânticos não era sensual, mas profundamente espiritual, e que Eclesiastes não é um livro cético e pessimista, mas positivo e edificante (e.g., 12.9,10), pouca dúvida restou acerca de sua canonicidade.

A aceitação de um livro. A marca final de um documento escrito autorizado é seu reconhecimento pelo povo de Deus ao qual originariamente se havia destinado. A Palavra de Deus, dada mediante seus profetas e contendo sua verdade, deve ser reconhecida pelo seu povo. Gerações posteriores de crentes procuraram constatar esse fato. É que, se determinado livro fosse recebido, coligido e usado como obra de Deus, pelas pessoas a quem originariamente se havia destinado, ficava comprovada a sua canonicidade. Sendo o sistema de comunicações e de transportes atrasado como era nos tempos antigos, às vezes a determinação da canonicidade de um livro da parte dos pais da igreja exigia muito tempo e esforço. É por essa razão que o reconhecimento definitivo, completo, por toda a igreja cristã, dos 66 livros do cânon das Escrituras Sagradas exigiu tantos anos (v. cap. 9).

Os livros de Moisés foram *aceitos* imediatamente pelo povo de Deus. Foram coligidos, citados, preservados e até mesmo impostos sobre as novas gerações (v. cap. 3). As cartas de Paulo foram recebidas imediatamente pelas igrejas às quais haviam sido dirigidas (1Ts 2.13), e até pelos demais apóstolos (2Pe 3.16). Alguns escritos foram imediatamente *rejeitados* pelo povo de Deus, por não apresentarem autoridade divina (2Ts 2.2). Os falsos profetas (Mt 7.21-23) e os espíritos de mentira deveriam ser testados e rejeitados (1Jo 4.1-3), como se vê em muitos exemplos dentro da própria Bíblia (cf. Jr 5.2; 14.14). Esse princípio de aceitação levou alguns a *questionar* durante algum tempo certos livros da Bíblia, como 2 e 3João. São de natureza particular e de circulação restrita; é compreensível, pois, que houvesse alguma relutância em aceitá-los, até que essas pessoas em dúvida tivessem absoluta certeza de que tais livros haviam sido recebidos pelo povo de Deus do século I como cartas do apóstolo João.

É quase desnecessário dizer que nem todas as pessoas deram pronto reconhecimento às mensagens dos profetas de Deus. Deus assumia a defesa rigorosa de seus profetas, contra todos quantos os rejeitassem (e.g., 1Rs 22.1-38). E, quando o Senhor era desafiado, mostrava quem era seu povo. Quando a autoridade de Moisés foi desafiada por Coré e seus asseclas, a terra se abriu e os engoliu vivos (Nm 16). O papel do povo de Deus era decisivo no reconhecimento da Palavra de Deus. O próprio Deus havia determinado a autoridade que envolvia os livros do cânon que ele inspirara, mas o povo de Deus também havia sido chamado para essa tarefa: descobrir quais eram os livros dotados de autoridade, e quais eram falsos. Para auxiliar o povo de Deus nessa descoberta, havia cinco testes de canonicidade.

O procedimento para a descoberta da canonicidade

Quando nos pomos a discorrer sobre o processo de canonizacão, não devemos imaginar uma comissão de pais da igreja, carregando pilhas de livros, tendo diante dos olhos a lista desses cinco princípios orientadores. Tampouco houve uma comissão ecumênica nomeada com o objetivo de canonizar a Bíblia. O processo era muitíssimo natural e dinâmico. O desenvolvimento da história real da criação do cânon do Antigo e do Novo Testamento será discutido mais tarde (caps. 7 e 9). O que devemos registrar aqui é como as cinco regras determinadoras da canonicidade foram usadas no processo de descobrir que livros eram inspirados por Deus, sendo, por isso, canônicos.

Alguns princípios estão apenas implícitos no processo. Embora todos os cinco elementos estejam presentes em cada documento escrito e inspirado, nem todas as regras de reconhecimento ficam visíveis na decisão sobre a provável (ou improvável) inspiração de cada livro. Nem sempre parecia imediatamente óbvio ao antigo povo de Deus que determinado livro fosse "dinâmico" ou "autorizado". Era-lhes mais óbvio o fato de um livro ser "profético" e "aceito". Você pode ver facilmente como a expressão implícita "assim diz o Senhor" desempenhava papel de grande importância na descoberta e na determinação dos livros canônicos, reveladores do plano redentor global de Deus. No entanto, às vezes acontecia o contrário; em outras palavras, o poder e a autoridade de um livro eram mais visíveis do que sua autoria (e.g., Hebreus). De qualquer maneira, todas as cinco características estavam presentes na descoberta e na determinação de cada livro canônico, ainda que alguns desses princípios só fossem aplicados de modo implícito.

Alguns princípios atuavam de modo negativo no processo. Algumas das regras de reconhecimento atuavam de modo mais negativo que outras. Por exemplo, o princípio da confiabilidade eliminava mais depressa os livros não-canônicos, não tendo a mesma rapidez para indicar os canônicos. Não existem ensinos falsos que, apesar disso, sejam canônicos; no entanto, há muitos escritos que expõem a verdade sem jamais terem sido inspirados. De modo semelhante, muitos livros que edificam ou apresentam dinâmica espiritual positiva não são canônicos, embora nenhum livro canônico deixe de ter importância no plano salvífico de Deus.

Semelhantemente, um livro pode reivindicar autoridade sem ser inspirado por Deus, como o mostram os muitos livros apócrifos, mas nenhum livro pode ser canônico sem que seja revestido de autoridade divina. Em outras palavras, se a um livro faltar autoridade, é certo que não veio de Deus. Mas o simples fato de um livro reivindicar autoridade para si mesmo não o torna, *ipso facto*, inspirado. O princípio da aceitação tem função primordialmente negativa. Nem mesmo o fato de um livro receber aceitação de parte do povo de Deus significa prova de sua inspiração. Muitos anos depois, passadas algumas gerações de cristãos, alguns destes, mal-informados a respeito da aceitação ou da rejeição pelo povo de Deus dos livros propostos, atribuíram reconhecimento local, temporal, a certos livros não-canônicos (e.g., alguns livros apócrifos; v. caps. 8 e 10). O simples fato de um livro qualquer ter sido aceito em algum lugar, por alguns crentes em Cristo, de modo algum constitui prova da canonicidade e da inspiração de tal livro. O reconhecimento inicial de determinado livro, pelo povo de Deus, que estava na melhor posição possível para testar a autoridade profética desse livro, é elemento de cabal importância. Levou algum tempo até que todos os segmentos das gerações posteriores de cristãos ficassem totalmente informados a respeito das circunstâncias iniciais. Assim, a aceitação por parte desses cristãos posteriores é importante, mas funciona como apoio adicional.

O princípio realmente essencial substitui todos os demais princípios. No alicerce de todo o processo de reconhecimento existe um princípio fundamental —o da natureza profética do livro. Se um livro houver sido escrito por um profeta prestigiado e honrado de Deus, e se ele afirmar que apresentará uma enunciação autorizada da parte de Deus, nem há necessidade de formular as demais perguntas. É claro que o povo de Deus reconheceu esse livro como poderoso e verdadeiro, quando lhes foi entregue por um profeta de Deus. Quando não havia confirmação direta da vocação desse profeta da parte de Deus (como freqüentemente havia, cf. Êx 4.1-9), então a confiabilidade, a habilidade dinâmica desse livro e sua aceitação pelo povo, ou seja, pela comunidade cristã original, seria elemento essencial para o reconhecimento posterior de sua inspiração.

A questão de poder ou não a falta de confiabilidade afastar a confirmação de um livro profético é puramente hipotética. Nenhum livro concedido por Deus pode ser falso. Se um livro que se considera profético apresenta falsidade inquestionável, é preciso que se reexaminem suas credenciais proféticas. Deus não pode mentir. Dessa forma, os outros quatro princípios servem para conferir o caráter profético dos livros do cânon.

7
O desenvolvimento do cânon do Antigo Testamento

A história da canonização da Bíblia é incrivelmente fascinante. Trata-se de um livro escrito e coligido ao longo de quase dois mil anos, sem que cada autor estivesse consciente de como sua contribuição, i.e., como seu "capítulo" se enquadraria no plano global. Cada contribuição profética era entregue ao povo de Deus simplesmente com base no fato de que Deus havia falado a esse povo mediante o profeta. De que maneira a mensagem se encaixaria na história total era algo que o profeta desconhecia inteiramente, e até mesmo para os crentes que de início ouviam, liam e reconheciam a mensagem. Somente a consciência dos cristãos, capazes de refletir nisso, em época posterior, é que poderia perceber a mão de Deus movimentando cada autor, mão que também moveria a cada um para produzir uma história global sobre a redenção de que só Deus mesmo poderia ser o autor. Nem os profetas que compuseram os livros, nem o povo de Deus que veio coligindo esses livros tiveram consciência de estar edificando a unidade global dentro da qual cada livro desempenharia uma função.

Algumas distinções preliminares

Deus inspirou os livros, o povo original de Deus reconheceu-os e coligiu-os, e os crentes de uma época posterior distribuíram-nos por categorias, como livros canônicos, de acordo com a unidade global que neles entreviam. Eis o resumo da história da canonização da Bíblia. Vamos agora explicar em detalhes algumas distinções importantes, implícitas nesse processo.

Os três passos mais importantes no processo de canonização

Há três elementos básicos no processo genérico de canonização da Bíblia: a inspiração de Deus, o reconhecimento da inspiração pelo povo de Deus e a coleção dos livros inspirados pelo povo de Deus. Um breve estudo de cada elemento mostrará que o primeiro passo na canonizacão da Bíblia (a inspiração de Deus) cabia ao próprio Deus. Os dois passos seguintes (reconhecimento e preservação desses livros), Deus os incumbiria a seu povo.

Inspiração de Deus. Foi Deus quem deu o primeiro passo no processo de canonização, quando de início inspirou o texto. Assim, a razão mais fundamental por que existem 39 livros no Antigo Testamento é que só esses livros, nesse número exato, é que foram inspirados por Deus. É evidente que o povo de Deus não teria como reconhecer a autoridade divina num livro, se ele não fosse revestido de nenhuma autoridade.

Reconhecimento por parte do povo de Deus. Uma vez que Deus houvesse autorizado e autenticado um documento, os homens de Deus o reconheciam. Esse reconhecimento ocorria de imediato, por parte da comunidade a que o documento fora destinado originariamente. A partir do momento que o livro fosse copiado e circulado, com credenciais da comunidade de crentes, passava a pertencer ao cânon. A igreja universal, mais tarde, viria a aceitar esse livro em seu cânon cristão. Os escritos de Moisés foram aceitos e reconhecidos em seus dias (Êx 24.3), como também os de Josué (Js 24.26), os de Samuel (1Sm 10.25) e os de Jeremias (Dn 9.2). Esse reconhecimento seria confirmado também pelos crentes do Novo Testamento, e principalmente por Jesus (v. cap. 3).

Coleção e preservação pelo povo de Deus. O povo de Deus entesourava a Palavra de Deus. Os escritos de Moisés eram preservados na arca (Dt 31.26). As palavras de Samuel foram colocadas "num livro, e o pôs perante o Senhor" (1Sm 10.25). A lei de Moisés foi preservada no templo nos dias de Josias (2Rs 23.24). Daniel tinha uma coleção dos "livros" nos quais se encontravam "a lei de Moisés" e "os profetas" (Dn 9.2,6,13). Esdras possuía cópias da lei de Moisés e dos profetas (Ne 9.14,26-30). Os crentes do Novo Testamento possuíam todas as "Escrituras" do Antigo Testamento (2Tm 3.16), tanto a lei como os profetas (Mt 5.17).

A diferença entre os livros canônicos e outros escritos religiosos

Nem todos os escritos religiosos dos judeus eram considerados canônicos pela comunidade dos crentes. É óbvio que havia certa importância religiosa em alguns livros primitivos como o livro dos justos (Js 10.13), o livro das guerras do Senhor (Nm 21.14) e outros (v. 1Rs 11.41). Os livros apócrifos dos judeus, escritos após o encerramento do período do Antigo Testamento (c. 400 a.C.), têm significado religioso definido, mas jamais foram considerados canônicos pelo judaísmo oficial (v. cap. 8). A diferença essencial entre escritos canônicos e não-canônicos é que aqueles são normativos (têm autoridade), ao passo que estes não são autorizados. Os livros inspirados exercem autoridade sobre os crentes; os não-inspirados poderão ter algum valor devocional ou para a edificação espiritual, mas jamais devem ser usados para definir ou delimitar doutrinas. Os livros canônicos fornecem o critério para a descoberta da verdade, mediante o qual todos os demais livros (não-canônicos) devem ser avaliados e julgados. Nenhum artigo de fé deve basear-se em documento não-canônico, não importando o valor religioso desse texto. Os livros divinamente inspirados e autorizados são o único *fundamento* para a doutrina. Ainda que determinada verdade canônica receba algum apoio complementar da parte de livros não-canônicos, tal verdade de modo algum confere valor canônico a tais livros. Esse apoio terá sido puramente histórico, destituído de valor teológico autorizado. A verdade transmitida pelas Escrituras Sagradas, e por nenhum outro meio, é que constitui cânon ou fundamento das verdades da fé.

A diferença entre canonização e categorização dos livros da Bíblia

A incapacidade de distinguir as *seções* em que se divide o Antigo Testamento hebraico (lei, profetas e escritos) dos *estágios* ou períodos em que a coleção de livros se formou tem causado muita confusão. Durante anos a teoria modelar da crítica tem sustentado que as Escrituras hebraicas haviam sido canonizadas por seções, seguindo as datas alegadas de sua composição: a lei (c. 400 a.C.), os profetas (c. 200 a.C.) e os escritos (c. 100 a.C.). Essa teoria originou-se na crença errônea, segundo a qual essa *categorização* tripartida do Antigo Testamento representava seus estágios de *canonização*. Como veremos em breve, não existe relação direta entre essas categorias e os acontecimentos. Os livros das Escrituras judaicas foram reagrupados várias vezes desde quando foram redigidos. Alguns deles, de modo especial os que fazem parte dos escritos, foram redigidos e aceitos pela comunidade judaica séculos antes das datas que os teóricos da crítica lhes atribuem.

Compilação progressiva dos livros do Antigo Testamento

O primeiro e mais fundamental fato a respeito do processo de canonização dos livros do Antigo Testamento é que essa primeira seção da Bíblia não se constitui de três partes, mas, quando muito, de duas. As referências mais antigas e mais repetidas do cânon empregam as seguintes expressões: "Moisés e os profetas", "os profetas" ou simplesmente "os livros". Em nenhuma parte das Escrituras, quer na literatura extrabíblica, quer no período inicial da era cristã, existe alguma prova do chamado terceiro estágio canônico, constituído de escritos que teriam sido compostos e coligidos após a época da lei e dos profetas. No que diz respeito à canonicidade, os chamados escritos sempre fizeram parte da seção canônica comumente denominada profetas.

A evidência de um cânon constituído de duas partes

A classificação tríplice. No entanto, até mesmo antes da época do Novo Testamento, havia uma tradição crescente, segundo a qual haveria uma terceira seção que compreendia alguns livros do Antigo Testamento. No prólogo do livro apócrifo *Siraque* (c. 132 a.C.), há referência à "lei e os profetas e os outros livros de nossos pais", lidos por seu avô (c. 200 a.C.). Por volta da época de Cristo, o filósofo judeu Filo fez uma distinção tríplice do Antigo Testamento, ao falar de "[1] leis e [2] oráculos transmitidos pela boca dos profetas, e [3] salmos e qualquer outra coisa que estimule e aperfeiçoe o conhecimento e a vida consagrada" (*De vita contemplativa*, 3,25). O próprio Jesus fez alusão a uma divisão tríplice, quando falou: "na lei de Moisés, nos Profetas e nos Salmos" (Lc 24.44). Mais tarde um pouco, no século I, Josefo, o historiador judeu, referiu-se aos 22 livros das Escrituras hebraicas, "cinco pertencentes a Moisés [...] os profetas [...] em treze livros. Os quatro livros restantes [aparentemente Jó, Salmos, Provérbios e Eclesiastes] contêm hinos a Deus, e preceitos para a conduta humana (*Contra Ápion*, 1,8). Por volta do século V d.C., o *Talmude* judaico (*Baba Bathra*) relacionou onze livros numa terceira divisão chamada os *Escritos* (*Kethubhim*). A Bíblia hebraica relaciona-os da mesma forma até hoje (v. cap. 1).

Várias conclusões muito importantes podem ser tiradas desses dados. Primeira: os fatos não mostram que a atual classificação de escritos, que contêm 11 dos 22 livros, é anterior ao século V d.C. Segunda: a referência mais antiga, segundo a qual a classificação dos livros possui uma terceira divisão, recua até Josefo, que apresenta quatro seções. Essa é uma forte evidência contra a reivindicação dos críticos, segundo os quais Daniel, Crônicas, Esdras e Neemias teriam sido livros posteriores, relacionados entre os escritos que não haviam sido canonizados senão no século I d.C. Terceira: do total de 22 livros, alguns dos quais teriam sido colocados na seção dos escritos, só havia quatro no início, chegando a onze entre os séculos I e V. Nenhum desses fatos dá apoio à concepção de que houvesse um grupo de livros, dentre os quais Daniel, Crônicas, Esdras e Neemias, não incluídos no cânon judaico até o século I d.C. É certo que houve uma tendência no início para colocar os livros do Antigo Testamento numa classificação tríplice (por razões que não se entendem totalmente), e o número de livros nessa seção foi crescendo com o passar dos anos. Todavia, o número e as diferentes disposições desses livros não tinham nenhuma relação essencial com a divisão dupla, básica, nem com o desenvolvimento do cânon do Antigo Testamento.

A canonização em duas partes. As referências mais antigas e persistentes ao cânon do Antigo Testamento mostram que se tratava de uma coletânea de livros proféticos com duas divisões, a lei de Moisés e os profetas que surgiram depois dele. Vamos rastrear essas evidências na história.

Antes mesmo do exílio (século VI a.C.), já havia indícios de uma classificação dos livros em duas seções: Moisés e os profetas depois dele. Explica-se isso pela atribuição de uma posição especial a Moisés, o grande legislador, e por causa do estabelecimento de uma comunidade de profetas depois de Moisés (1Sm 19.20). Pela época do exílio, Daniel se referira aos "livros", os quais seriam os da "lei de Moisés" e "os profetas" (Dn 9.2,6,11). O profeta pós-exílico Zacarias (século VI a.C.) menciona: "... não ouvissem a lei, nem as palavras que o Senhor dos exércitos enviara pelo seu Espírito mediante os profetas" (Zc 7.12). Neemias faz a mesma distinção (Ne 9.14,29,30).

Durante o período intertestamentário, prossegue essa mesma distinção dupla. Deus falava mediante "a lei e os profetas" (2Mc 15.9). O *Manual de disciplina* da comunidade de Qumran coerentemente se refere ao Antigo Testamento como a lei e os profetas (1.3; 8.15; 9.11). Por fim, no Novo Testamento essa distinção dupla de lei e profetas é mencionada pelo menos dezenas de vezes.

Vários fatos significativos brotam de um estudo das referências do Novo Testamento à "lei" e aos "profetas". Em primeiro lugar, trata-se de uma expressão que abrange todos os livros do cânon hebraico. Lembremo-nos (v. cap. 3) de que cerca de 18 dos 22 livros do Antigo Testamento hebraico são mencionados autorizadamente no Novo Testamento (todos, menos Juízes, Crônicas, Ester e Cântico dos Cânticos). Embora não haja citação clara desses quatro livros, há alusões a eles. Quando Jesus disse: "A lei e os profetas duraram até João" (Lc 16.16,29,31), estava referindo-se a todos os escritos inspirados anteriores aos tempos do Novo Testamento. Mateus 22.40 traz a mesma alusão: "Destes dois mandamentos [sobre o amor] depende toda a lei e os profetas". Jesus usou a mesma expressão quando ressaltou as verdades abrangentes, messiânicas, do Antigo Testamento: "E começando por Moisés, e por todos os profetas, explicou-lhes o que dele se achava em todas as Escrituras" (Lc 24.27). Lucas informa-nos que "a lei e os profetas" eram lidos na sinagoga no sábado (At 13.15). Ao tentar convencer os judeus de que era completamente ortodoxo, o apóstolo Paulo afirmou crer "em tudo que está escrito na lei e nos profetas" (Lc 24.14; cf. 26.22). As referências ao Antigo Testamento como a lei e os profetas no sermão do monte é de importância crucial (Mt 5.17; cf. Rm 1.2). Declarou Jesus: "Não penseis que vim destruir a lei ou os profetas; não vim para destruí-los, mas para cumpri-los. Em verdade vos digo que até que o céu e a terra passem, nem um jota ou um til se omitirá da lei, sem que tudo seja cumprido" (Mt 5.17,18). Uma declaração forte como essa dificilmente estaria deixando de lado uma parte das Escrituras judaicas, mas abrangendo todos os livros.

A partir desses fatos, chegamos à conclusão de que a referência modelar a todo o cânon das Escrituras do Antigo Testamento edifica-se sobre a distinção entre Moisés e os profetas que viriam depois. Isso se iniciou numa época anterior ao exílio e estabeleceu-se sistematicamente até a época de Cristo. Visto que o Novo Testamento cita de modo específico todos os 22 livros do cânon hebraico, reconhecido pelos judeus do século I d.C., chegamos também à conclusão de que os limites ou a extensão desse cânon foram definidos para nós. O cânon hebraico contém todos os 24 livros que poste-riormente (século V d.C.) seriam relacionados em categorias tríplices: a lei, os profetas e os escritos. Assim, seja qual for a origem da tendência para dividir os dezenove "profetas" em duas seções de oito "profetas e onze escritos", sabemos sem sombra de dúvida não ser essa a base de um desenvolvimento progressivo do cânon, em três estágios, que só se completaria quando os escritos viessem a ser aceitos no século I d.C.

O desenvolvimento do cânon do Antigo Testamento

Não existem dados suficientes para compor a história completa da formação do cânon do Antigo Testamento. No entanto, existem dados disponíveis que permitem traçar um esquema global e ilustrar alguns elos de vital importância. O resto precisa ser projetado, lançando mão do exercício de julgamento racional. O primeiro fator significativo no desenvolvimento do cânon do Antigo Testamento foi a coleção progressiva dos livros proféticos. Tais livros foram preservados como escritos divinos autorizados.

A evidência da coleção progressiva dos livros proféticos. Desde o início, os escritos proféticos foram reunidos pelo povo de Deus e reverenciados como escritos sagrados, autorizados, de inspiração divina. As leis de Moisés foram preservadas ao lado da arca no tabernáculo de Deus (Dt 31.24-26) e, mais tarde, no templo (2Rs 22.8). Josué acrescentou suas palavras "no livro da lei de Deus. Então tomou uma grande pedra, e a erigiu ali [...] junto ao santuário do Senhor" (Js 24.26). Samuel informou os israelitas a respeito dos deveres de seu rei "e escreveu-o num livro, e o pôs perante o Senhor" (1Sm 10.25).

Samuel cuidava de uma escola de profetas, cujos alunos eram chamados "filhos dos profetas" (1Sm 19.20). De acordo com Ezequiel, havia um registro oficial de profetas e seus escritos no templo (Ez 13.9). Daniel refere-se aos "livros" que continham a "lei de Moisés" e os "profetas" (9.2,6,11). Os autores dos livros de Reis e Crônicas estavam cientes da existência de muitos livros escritos pelos profetas que narravam toda a história anterior ao exílio (v. abaixo "A evidência da continuidade profética").

Essa evidência genérica da existência de uma coleção progressiva de livros proféticos se confirma pelo uso específico de escritos de profetas antigos feito por profetas que viriam mais tarde. Os livros de Moisés são citados por todo o Antigo Testamento, desde Josué (1.7) até Malaquias (4.4), incluindo-se a maior parte dos grandes livros intermediários (1Rs 2.3; 2Rs 14.6; 2Cr 14.4; Jr 8.8; Dn 9.11; Ed 6.18 e Ne 13.1). Em Juízes 1.1,20,21 e 2.8, há referências a Josué e a acontecimentos narrados em seu livro. Os livros de Reis citam a vida de Davi conforme narrada nos livros de Samuel (v. 1Rs 3.14; 5.7; 8.16; 9.5). Crônicas faz uma revisão da história de Israel registrada desde Gênesis até Reis, incluindo-se o elo genealógico mencionado apenas em Rute (1Cr 2.12,13). Neemias 9 resume a história de Israel conforme o registro de Gênesis a Esdras. Um dos salmos de Davi, o salmo 18, está registrado em 2 Samuel 22. Há referências aos Provérbios de Salomão e ao Cântico dos Cânticos em 1Reis 4.32. Daniel cita Jeremias 25 (Dn 9.2). O profeta Jonas recita parte de muitos salmos (Jn 2). Ezequiel menciona Jó e Daniel (Ez 14.14, 20). Nem todos os livros de determinada época são mencionados em livros de época posterior; todavia, há menções suficientes para demonstrar que existia uma coleção crescente de livros divinamente inspirados, dotados da autoridade divina, de que os profetas subseqüentes faziam uso, citando-os em suas profecias.

80 · Introdução Bíblica

A evidência da continuidade profética. Houve, pois, uma coleção crescente de escritos proféticos: o Antigo Testamento em formação. Cada profeta que surgia ligava sua história aos elos da história existente, narrada pelos seus predecessores, formando uma corrente contínua de livros.

Visto que o último capítulo de Deuteronômio não se apresenta como profecia, entendemos que Moisés não escreveu a respeito de seu próprio sepultamento. É provável que Josué, seu sucessor nomeado por Deus, tenha registrado a morte de Moisés (Dt 34). O primeiro versículo de Josué está ligado a Deuteronômio: "Depois da morte de Moisés, servo do Senhor, disse o Senhor a Josué, filho de Nun...". Josué acrescentou algum texto ao de Moisés e colocou-o no tabernáculo (Js 24.26). Juízes retoma o texto no final de Josué, dizendo: "Depois da morte de Josué, os filhos de Israel perguntaram ao Senhor...". Todavia, o registro não ficou completo senão nos dias de Samuel. Isso se demonstra repetidamente pela declaração: *"Naqueles dias* não havia rei em Israel" (Jz 17.6; 18.1; 19.1; 21.25).

A essa altura, a continuidade profética se estabeleceu mediante uma escola dirigida por Samuel (1Sm 19.20). Dessa escola haveria de surgir uma série de livros proféticos que cobririam toda a história dos reis de Israel e de Judá, como a amostragem seguinte nos ilustra:

1. A história de Davi foi escrita por Samuel (cf. 1Sm), por Natã e por Gade (1Cr 29.29).

2. A história de Salomão foi registrada pelos profetas Natã, Aías e Ido (2Cr 9.29).

3. Os atos de Roboão foram escritos por Semaías e por Ido (2Cr 12.15)

4. A história de Abias foi acrescentada pelo profeta Ido (2Cr 13.22).

5. A história do reinado de Josafá foi registrada pelo profeta Jeú (2Cr 20.34).

6. A história do reinado de Ezequias foi registrada por Isaías (2Cr 32.32).

7. A história do reinado de Manassés foi registrada por profetas anônimos (2Cr 33.19).

8. Os demais reis também tiveram suas histórias narradas pelos profetas (2Cr 35.27).

Qualquer pessoa que esteja familiarizada com os livros bíblicos que abrangem o período de Davi até o exílio, verá que os livros proféticos relacionados acima não são idênticos aos livros de Samuel, Reis e Crônicas. Em cada caso repete-se que "o *resto* dos atos" do rei Fulano de Tal está escrito "no livro" do profeta Beltrano. Os livros bíblicos parecem resumos proféticos tirados de textos mais longos, registrados por profetas posteriores, numa sucessão iniciada por Samuel.

O DESENVOLVIMENTO DO CÂNON DO ANTIGO TESTAMENTO · 81

É interessante ressaltar que não houve menção de Jeremias, o qual escreveu antes do exílio judaico e durante esse exílio, ter escrito uma dessas histórias. No entanto, Jeremias era um profeta escritor, como mostram seus livros (Jeremias e Lamentações) e como ele claramente afirma em numerosas ocasiões (cf. Jr 30.2; 36.1,2; 45.1,2; 51.60,63). Aliás, o escriba Baruque nos informa que Jeremias contava com a ajuda de um secretário. Falando de Jeremias, ele confessa: "Com sua boca ditava-me todas estas palavras, e eu as escrevia no livro com tinta" (Jr 36.18; v. tb. 45.1). Além disso, o último capítulo de Reis corresponde dos textos de Jeremias 52, 39, 40 e 41. Esses são outros indícios de que Jeremias era responsável por ambos os livros. Mais tarde, no exílio, Daniel afirma ter tido acesso aos livros de Moisés e dos profetas. Menciona não só Jeremias, dentre eles, mas cita a predição do cativeiro de setenta anos, extraída do capítulo 25 (cf. Dn 9.2,6,11). Com base nesses fatos, é razoável supor que o resumo dos escritos proféticos, que tomou a forma dos livros bíblicos dos Reis, teria sido obra de Jeremias. Assim, a continuidade dos profetas a partir de Moisés, Josué e Samuel se completaria com as obras de Jeremias.

Durante o exílio, Daniel e Ezequiel continuaram o ministério profético. Ezequiel reconheceu um registro oficial de profetas nos arquivos do templo. Ele declarou que os falsos profetas "na congregação do meu povo não estarão, nem serão inscritos nos registros da casa de Israel" (Ez 13.9). Ezequiel referiu-se a Daniel por nome como notável servo de Deus (Ez 14.14,20). Visto que Daniel possuía uma cópia dos livros de Moisés e dos profetas, dos quais o livro de Jeremias, podemos presumir razoavelmente que a comunidade judaica no exílio babilônico possuía os livros de Gênesis a Daniel.

Depois do exílio, Esdras, o sacerdote, voltou da Babilônia levando consigo os livros de Moisés e dos profetas (Ed 6.18; Ne 9.14,26-30). Nos livros de Crônicas sem dúvida ele registrou seu relato sacerdotal da história de Judá e do templo (v. Ne 12.23). Crônicas está ligado a Esdras-Neemias pela repetição do último versículo de um, como o primeiro versículo do outro.

Com Neemias completa-se a cronologia profética. Cada profeta, desde Moisés até Neemias, contribuiu para a coleção sempre crescente de livros, que fora preservada pela comunidade dos profetas a partir de Samuel. Os 22 (24) livros das Escrituras hebraicas foram escritos por profetas, preservados pela comunidade dos profetas e reconhecidos pelo povo de Deus. Até agora não existem evidências de que outros livros, chamados "escritos", houvessem alcançado canonização depois dessa época (c. 400 a.C.).

A evidência de que o cânon do Antigo Testamento se concluiu com os profetas. Até agora mostramos que as Escrituras hebraicas como um todo haviam sido coligidas em duas grandes seções: os cinco livros de Moisés e os dezessete (ou dezenove) profetas que sucederam a Moisés. Demonstramos também que houve continuidade nesses escritos proféticos; cada profeta apoiou-se na autoridade dos escritos anteriores, de outros profetas, e acrescentou sua contribuição à crescente coleção das Escrituras Sagradas. Na época de Neemias (c. 400 a.C.), a sucessão profética havia produzido e coligido os 22 livros do cânon hebraico. Vamos agora comprovar esta última argumentação, e demonstrar que não havia uma terceira seção do cânon, escrita e reconhecida, depois dessa época. As evidências, resumidamente, são as seguintes:

1. Não se explorou o chamado Concílio de Jâmnia (c. 90 d.C.), época em que, segundo se afirma, a terceira seção dos escritos teria sido canonizada. Para os judeus, não houve um concílio autorizado. Realizou-se apenas uma reunião de especialistas. Assim, não houve um oficial, nem corpo de oficiais dotados de autoridade, a fim de reconhecer o cânon. Por isso, não houve canonização de livros em Jâmnia.

2. O livro de Daniel, que na opinião da alta crítica pertencia à seção de escritos, porquanto era tido como livro mais recente (século II a.C.) e não-profético, havia sido relacionado por Josefo entre os livros dos profetas. Dos 22 livros, dissera Josefo, só quatro, talvez Jó, Salmos, Provérbios e Eclesiastes, pertenciam à terceira seção. Daniel, sendo um dos outros livros, deve ter sido relacionado entre os profetas, por Josefo. A descoberta de um fragmento antigo de Daniel, entre os rolos do mar Morto (v. cap. 12) e a referência que Jesus fez a Daniel como profeta confirmam essa posição.

3. O Novo Testamento cita quase todos os livros do cânon hebraico, mesmo os chamados escritos. No entanto, o Novo Testamento relaciona-os a todos claramente sob a dupla classificação de lei e profetas (cf. Mt 5.17; Mc 13.11 e Lc 24.27).

4. O livro de Salmos, relacionado na terceira seção por Josefo, fazia parte dos profetas. Jesus usou a expressão "Moisés [...] Profetas e [...] Salmos" num paralelismo com a expressão "Moisés e todos os profetas" (Lc 24.27,44). Jesus falou aos judeus e citou um salmo, dizendo: "está escrito na vossa *lei*" (Jo 10.34,35), identificando-a como Escrituras, a Palavra de Deus. Tudo isso mostra com máxima clareza que os Salmos fazi-

am parte das Escrituras judaicas canônicas, conhecidas como "a Lei e os Profetas". Na verdade, o Novo Testamento com toda a autoridade cita os Salmos como Escrituras, mais do que qualquer outro livro do Antigo Testamento. Isso também comprova que os Salmos eram considerados canônicos antes de 100 a.C.

5. De acordo com Josefo (*Contra Ápion*, I,8) e com o *Talmude*, a sucessão de profetas encerrou-se com Malaquias nos dias de Neemias. Assim registra o *Talmude*: "Depois dos últimos profetas, Ageu, Zacarias e Malaquias, o Espírito Santo apartou-se de Israel". Além disso, jamais o Novo Testamento cita algum outro livro, depois de Malaquias, como autorizado.

Nossa investigação demonstra que, no que diz respeito às evidências, o cânon do Antigo Testamento se completou por volta de 400 a.C. Havia duas seções principais: a lei e os profetas. Quase todos os 22 (24) livros distribuí-dos entre as duas seções são mencionados pelo Novo Testamento como Sagradas Escrituras. Não existe apoio escriturístico nem histórico para a teoria de uma terceira divisão conhecida como "escritos", que estaria aguardando canonização em data posterior. Em vez disso, os livros inspirados foram incorporados ao cânon sob a denominação de "a lei e os profetas". Essa *canonização* foi um processo duplo. Sejam quais forem os fatores que conduziram a uma *categorização* tríplice, paralela e subseqüente desses livros do Antigo Testamento, um fato parece salientar-se com toda clareza —o cânon completo do Antigo Testamento é mencionado sempre como "a lei e os profetas".

8
A extensão do cânon do Antigo Testamento

A aceitação inicial dos 22 livros (correspondentes exatamente aos nossos 39) das Escrituras hebraicas não resolveu a questão de uma vez por todas. Estudiosos de eras posteriores, nem sempre totalmente conscientes dos fatos a respeito dessa aceitação original, tornavam a levantar questões concernentes a determinados livros. A discussão deu ensejo a que surgisse uma terminologia técnica. Os livros bíblicos aceitos por todos eram chamados "homologoumena" (lit., falar como um). Os livros bíblicos que em certa ocasião tivessem sido questionados por alguns foram classificados como "antilegomena" (falar contra). Os livros não-bíblicos rejeitados por todos foram intitulados "pseudepígrafos" (falsos escritos). Uma quarta categoria compreendia livros não-bíblicos aceitos por alguns, mas rejeitados por outros, dentre os quais os livros questionáveis, chamados "apócrifos" (escondidos ou duvidosos). Nosso tratamento girará em torno dessa classificação em quatro tipos.

Os livros aceitos por todos
—*homologoumena*

A canonicidade de alguns livros jamais foi desafiada por nenhum dos grandes rabis da comunidade judaica. Desde que alguns livros foram aceitos pelo povo de Deus como documentos produzidos pela mão dos profetas de Deus, continuaram a ser reconhecidos como detentores de inspiração e de autoridade divina pelas gerações posteriores. Trinta e quatro dos 39 livros do Antigo Testamento podem ser classificados como "homologoumena". Os cinco excluíveis seriam Cântico dos Cânticos, Eclesiastes, Ester, Ezequiel e Provérbios. Visto, porém, que nenhum desses livros foi alvo de objeção muito séria, nossa atenção pode voltar-se para os outros livros.

Os livros rejeitados por todos
—pseudepígrafos

Grande número de documentos religiosos espúrios que circulavam entre a antiga comunidade judaica são conhecidos como "pseudepígrafos". Nem tudo nesses escritos "pseudepigráficos" é falso. De fato, a maior parte desses documentos surgiu de dentro de um contexto de fantasia ou tradição religiosa, possivelmente com raízes em alguma verdade. Com freqüência a origem desses escritos estava na especulação espiritual, a respeito de algo que não ficou bem explicado nas Escrituras canônicas. As tradições especulativas a respeito do patriarca Enoque, por exemplo, sem dúvida são a raiz do livro de Enoque. De maneira semelhante, a curiosidade a respeito da morte e da glorificação de Moisés sem dúvida alguma acha-se por trás da obra *Assunção de Moisés*. No entanto, essa especulação não significa que não exista verdade nenhuma nesses livros. Ao contrário, o Novo Testamento refere-se a verdades implantadas nesses dois livros (v. Jd 14,15) e chega a aludir à penitência de Janes e Jambres (2Tm 3.8). Entretanto, esses livros não são mencionados como dotados de autoridade, como Escrituras inspiradas. À semelhança das citações que Paulo faz de alguns poetas não-cristãos, como Arato (At 17.28), Menânder (1Co 15.33) e Epimênides (Tt 1.12), trata-se tão-somente de verdades verificáveis, contidas em livros que em si mesmos nenhuma autoridade divina têm. A verdade é sempre verdade, não importa onde se encontre, quer pronunciada por um poeta pagão, quer por um profeta pagão (Nm 24.17), por um animal irracional e mudo (Nm 22.28) ou mesmo por um demônio (At 16.17).

Observe que nenhuma fórmula como "está escrito" ou "segundo as Escrituras" é utilizada quando o escritor sagrado se refere a tais obras "pseudepigráficas". É possível que o fato mais perigoso a respeito desses falsos escritos é que alguns elementos da verdade são apresentados com palavras de autoridade divina, num contexto de fantasias religiosas que em geral contêm heresias teológicas. É importante que nos lembremos de que Paulo cita apenas aquela faceta da verdade, e não o livro pagão como um todo, como conceito a que Deus atribuiu autoridade e fez constar do Novo Testamento.

A natureza dos pseudepígrafos

Os pseudepígrafos do Antigo Testamento contêm os extremos da fantasia religiosa judaica expressos entre 200 a.C. e 200 d.C. Alguns desses livros são inofensivos, teologicamente (e.g., Sl 151), mas outros contêm erros históricos e claras heresias. Desafia-se com vigor a genuinidade desses livros, pelo fato de haver quem afirme que foram escritos por autores bíblicos. Os "pseudepígrafos" refletem o estilo literário vigente num período muito posterior ao encerramento dos escritos proféticos, de modo que muitos desses livros imitam o estilo apocalíptico de Ezequiel, de Daniel e de Zacarias —ao referir-se a sonhos, visões e revelações. No entanto, diferentemente desses profetas, os "pseudepígrafos" com freqüência tornam-se mágicos. Os "pseudepígrafos" ressaltam, sobretudo, um brilhante futuro messiânico, cheio de recompensas para todos quantos vivem em sofrimento e abnegação. Sob a superfície existe, com freqüência, um motivo religioso inocente, porém desencaminhado. Todavia, a infundada reivindicação de autoridade divina, o caráter altamente fantasioso dos acontecimentos e os ensinos questionáveis (e até mesmo heréticos) levaram os pais do judaísmo a considerá-los espúrios. O resultado, pois, é que tais livros foram corretamente rotulados de "pseudepígrafos".

O número dos pseudepígrafos

A coleção modelar de "pseudepígrafos" contém dezessete livros. Acrescente-se o salmo 151, que se encontra na versão do Antigo Testamento feita pelos Setenta. A lista principal é a seguinte:

Lendários	1. O livro do Jubileu 2. Epístola de Aristéias 3. O livro de Adão e Eva 4. O martírio de Isaías
Apocalípticos	1. 1Enoque 2. Testamento dos doze patriarcas 3. O oráculo sibilino 4. Assunção de Moisés 5. 2Enoque, ou O livro dos segredos de Enoque 6. 2Baruque, ou O apocalipse siríaco de Baruque* 7. 3Baruque, ou O apocalipse grego de Baruque
Didáticos	1. 3Macabeus 2. 4Macabeus 3. Pirque Abote 4. A história de Aicar
Poéticos	1. Salmos de Salomão 2. Salmo 151
Históricos	1. Fragmentos de uma obra de Sadoque

*1Baruque está relacionado entre os apócrifos (v. p. 92).

De modo nenhum essa lista é completa. Outros são conhecidos, mesmo alguns muito interessantes que vieram à luz quando da descoberta dos rolos do mar Morto. Dentre esses estão o *Gênesis apócrifo* e *Guerra dos filhos da luz contra os filhos das trevas* etc. (v. cap. 12).

Os livros questionados por alguns —antilegomena

A natureza dos antilegomena

Os livros que originariamente eram aceitos como canônicos, e mesmo mais tarde também assim reconhecidos, tendo sido, porém, objeto de grave controvérsia entre os rabis, durante o processo de canonização, são de grande interesse para nós. No capítulo anterior, vimos como todos os 39 livros do Antigo Testamento foram de início aceitos pelo povo de Deus, vindos dos profetas. Durante os séculos seguintes, surgiu e desenvolveu-se uma escola de pensamento diferente, dentro do judaísmo, que passou a questionar, entre outras coisas, a canonicidade de certos livros do Antigo Testamento que, antes, haviam sido canonizados. Por fim, tais livros foram reconduzidos ao cânon sagrado, por haver prevalecido a categoria de inspirados que lhes havia sido atribuída de início. No entanto, em vista de tais livros terem sido, nesta ou naquela época, difamados por alguns rabis, passaram a chamar-se "antilegomena".

O número dos antilegomena

A canonicidade de cinco livros do Antigo Testamento foi questionada numa ou noutra época por algum mestre do judaísmo: Cântico dos Cânticos, Eclesiastes, Ester, Ezequiel e Provérbios. Cada um deles tornou-se controvertido por razões diferentes; todavia, no fim prevaleceu a autoridade divina de todos os cinco livros.

Cântico dos Cânticos. Alguns estudiosos da escola de Shammai consideravam esse cântico *sensual* em sua essência. Sabidamente numa tentativa de abafar a controvérsia e defender a canonicidade do Cântico dos Cânticos, o rabino Aquiba escreveu o seguinte:

> Livre-nos Deus! Ninguém jamais em Israel criou controvérsia acerca do Cântico dos Cânticos, alegando não tornar imundas as mãos [i.e., não ser canônico]; todas as eras somadas não equivalem ao dia em que o Cântico dos Cânticos foi dado a Israel. Todos os Escritos são santos, mas o Cântico dos Cânticos é o Santo dos Santos.[1]

[1]Herbert DANBY, *The Mishnah*, Oxford, Oxford University Press, 1933, p. 782.

Como bem observaram alguns, o simples fato de surgir uma declaracão desse teor dá mostras de que alguém duvidou da pureza desse livro. Quaisquer que tenham sido as dúvidas voltadas para o alegado caráter sensual do Cântico dos Cânticos, foram mal orientadas. É muito mais provável que a pureza e a nobreza do casamento façam parte do propósito essencial desse livro. Sejam quais forem as questões levantadas a respeito das várias interpretações, não deve prevalecer nenhuma dúvida concernente à inspiração desse livro, desde que seja visto da perspectiva espiritual correta.

Eclesiastes. A objeção que às vezes é atirada contra esse livro é que ele parece *cético*. Alguns até o têm chamado *O cântico do ceticismo*. O rabino Aquiba dizia: "Se há algo em questão, a questão gira em torno só do Eclesiastes [e não do Cântico]".[2] Não resta a menor dúvida a respeito do *tom* às vezes cético do livro: "Vaidade das vaidades [...] tudo é vaidade! [...] nada há novo debaixo do sol [...] na muita sabedoria há muito enfado; o que aumenta o conhecimento aumenta a tristeza" (Ec 1.2,9,18). O que se negligencia quando se acusa o livro de ceticismo é tanto o contexto dessas declarações quanto a conclusão geral do livro. Qualquer pessoa que procure a máxima satisfação "debaixo do sol" com toda certeza há de sentir as mesmas frustrações sofridas por Salomão, visto que a felicidade eterna não se encontra neste mundo temporal. Além do mais, a conclusão e o ensino genérico desse livro todo estão longe de ser céticos. Depois "de tudo o que se tem ouvido", o leitor é admoestado, "a conclusão é: Teme a Deus, e guarda os seus mandamentos, pois isto é todo o dever do homem" (Ec 12.13). Tanto no que se refere ao Eclesiastes, como ao Cântico dos Cânticos, o problema básico é de interpretação do texto, e não de canonização ou inspiração.

Ester. Em vista da ausência do nome de Deus nesse livro, alguns pensaram que ele não fosse inspirado. Perguntavam como podia um livro ser Palavra de Deus se nem ao menos trazia o seu nome. Além disso, a história do livro parece ter natureza puramente secular. O resultado é que se fizeram várias tentativas para explicar o fenômeno da aparente ausência do nome de Deus em Ester. Alguns acreditaram que os judeus persas não estavam na linhagem teocrática, e por isso o nome do Deus da aliança não se relacionava a eles. Outros sustentam que a omissão do nome de Deus é proposital, a fim de proteger o livro da possibilidade do plágio pagão: o nome de Deus ser substituído por um falso deus. Ainda outros conseguem ver o nome de Jeová ou Iavé (YHWH) num acróstico em quatro momentos cruciais na história, o que em si eliminaria a possibili-

[2]Ibid.

dade. Seja qual for a explicação, uma coisa é certa: a ausência do nome de Deus é compensada pela presença de Deus na preservação de seu povo. Ester e as pessoas que a cercavam eram devotas: prescreveu-se um jejum religioso, e Ester exerceu grande fé (Et 4.16). O fato de Deus haver concedido grande livramento, como narra o livro, serve de fundamento e razão da festa judaica do Purim (Et 9.26-28). Basta esse fato para demonstrar a autoridade atribuída ao livro dentro do judaísmo.

Ezequiel. Havia pessoas dentro da escola rabínica que pensavam que o livro de Ezequiel era antimosaico em seu ensino. A escola de Shammai, por exemplo, achava que o livro não estava em harmonia com a lei mosaica, e que os primeiros dez capítulos exibiam uma tendência para o gnosticismo. É claro, então, que, se houvesse contradições no livro, ele não poderia ser canônico. No entanto, não se verificaram contradições reais em relação à *Tora*. Parece que outra vez teria sido mera questão de interpretação, e não de inspiração.

Provérbios. A objeção a Provérbios centra-se no fato de alguns dos ensinos do livro parecerem incompatíveis com outros provérbios. Falando dessa alegada incoerência interna, assim diz o *Talmude*: "Também procuraram esconder o livro de Provérbios, porque suas palavras se contradiziam entre si" ("Shabbath", 30*b*). Uma dessas supostas contradições encontra-se no capítulo 26, em que o leitor é exortado a responder e ao mesmo tempo não responder ao tolo segundo sua tolice: "Responde ao tolo segundo a sua estultícia, para que não seja ele sábio aos seus próprios olhos" (Pv 26.4,5). Todavia, como outros rabis têm observado, o sentido aqui é que há ocasiões em que o tolo deve receber resposta de acordo com sua tolice, e outras ocasiões em que isso não deve ocorrer. Visto que as declarações estão explicitadas em versículos sucessivos, forma legítima da poesia hebraica, quem os redigiu não viu nenhuma contradição. A frase qualificativa que indica se alguém deveria ou não responder a um tolo revela que as situações que exigem reações diferentes também são diferentes. Não existe contradição em Provérbios 26, nenhuma contradição ficou demonstrada em nenhuma outra passagem de Provérbios, e, por isso, nada atravanca o caminho da canonicidade.

Os livros aceitos por alguns —apócrifos

O âmbito mais crucial de desacordo a respeito do cânon do Antigo Testamento entre os cristãos é o debate sobre os chamados livros apócrifos.

Em suma: esses livros são aceitos pelo católicos romanos como canônicos e rejeitados por protestantes e judeus. Na realidade, os sentidos da palavra *apocrypha* refletem o problema que se manifesta nas duas concepções de sua canonicidade. No grego clássico, a palavra *apocrypha* significava "oculto" ou "difícil de entender". Posteriormente, tomou o sentido de *esotérico*, ou algo que só os iniciados podem entender, não os de fora. Pela época de Ireneu e de Jerônimo (séculos III e IV), o termo *apocrypha* veio a ser aplicado aos livros não-canônicos do Antigo Testamento, mesmo aos que foram classificados previamente como "pseudepígrafos". Desde a era da Reforma, essa palavra tem sido usada para denotar os escritos judaicos não-canônicos originários do período intertestamentário. A questão diante de nós é a seguinte: verificar se os livros eram escondidos a fim de ser preservados, porque sua mensagem era profunda e espiritual ou porque eram espúrios e de confiabilidade duvidosa.

Natureza e número dos apócrifos do Antigo Testamento

Há quinze livros chamados apócrifos (catorze se a *Epístola de Jeremias* se unir a *Baruque*, como ocorre nas versões católicas de Douai). Com exceção de 2 *Esdras*, esses livros preenchem a lacuna existente entre Malaquias e Mateus e compreendem especificamente dois ou três séculos antes de Cristo. Na página seguinte se podem ver suas datas e classificação:

Argumentos em prol da aceitação dos apócrifos do Antigo Testamento

Os livros apócrifos do Antigo Testamento têm recebido diferentes graus de aceitação pelos cristãos. A maior parte dos protestantes e dos judeus aceita que tenham valor religioso e mesmo histórico, sem terem, contudo, autoridade canônica. Os católicos romanos desde o Concílio de Trento têm aceito esses livros como canônicos. Mais recentemente, os católicos romanos têm defendido a idéia de uma deuterocanonicidade, mas os livros apócrifos ainda são usados para dar apoio a doutrinas extrabíblicas, tendo sido proclamados como livros de inspiração divina no Concílio de Trento. Outros grupos, como os anglicanos e várias igrejas ortodoxas, nutrem diferentes concepções a respeito dos livros apócrifos. A seguir apresentamos um resumo dos argumentos que em geral são aduzidos para a aceitação desses livros, na crença de que detêm algum tipo de canonicidade:

1. *Alusões no Novo Testamento*. O Novo Testamento reflete o pensamento e registra alguns acontecimentos dos apócrifos. Por exemplo, o livro de Hebreus fala de mulheres que receberam seus mortos pela ressurreição (Hb 11.35), e faz referência a 2 *Macabeus* 7 e 12. Os chamados apócrifos ou

Tabela de livros apócrifos

Gênero do livro	Versão revista padrão	Versão de Douai
Didático	1. *Sabedoria de Salomão* (c. 30 a.C.)	*O livro da sabedoria*
	2. *Eclesiástico (Siraque)* (132 a.C.)	*Eclesiástico*
Religioso	3. *Tobias* (c. 200 a.C.)	*Tobias*
Romance	4. *Judite* (c. 150 a.C.)	*Judite*
Histórico	5. *1Esdras* (c. 150-100 a.C.)	*3Esdras**
	6. *1Macabeus* (c. 110 a.C.)	*1Macabeus*
	7. *2Macabeus* (c. 110-70 a.C.)	*2Macabeus*
Profético	8. *Baruque* (c. 150-50 a.C.)	*Baruque 1—5*
	9. *Epístola de Jeremias* (c. 300-100 a.C.)	*Baruque 6*
	10. *2Esdras* (c. 100 d.C.)	*4Esdras***
Lendário	11. *Adições a Ester* (140-110 a.C.)	*Ester 10:4—16:24*
	12. *Oração de Azarias* (séculos I ou II a.C.) (*Cântico dos três jovens*)	*Daniel 3:24-90***
	13. *Susana* (século I ou II a.C.)	*Daniel 13***
	14. *Bel e o Dragão* (c. 100 a.C.)	*Daniel 14***
	15. *Oração de Manassés* (século I ou II a.C.)	*Oração de Manassés**

*Livros não aceitos como canônicos no Concílio de Trento, em 1546.
**Livros não relacionados no sumário de Douai por estarem apensos a outros livros.

pseudepígrafos são também citados em sua amplitude pelo Novo Testamento (Jd 14,15; 2Tm 3.8).

2. *Emprego que o Novo Testamento faz da versão dos Septuaginta*. A tradução grega do Antigo Testamento hebraico, em Alexandria, é conhecida como *Septuaginta* (LXX). É a versão mais citada pelos autores do Novo Testamento e pelos cristãos primitivos. A LXX continha os livros apócrifos. A presença desses livros na LXX dá apoio ao cânon alexandrino, mais amplo, do Antigo Testamento, em oposição ao cânon palestino, mais reduzido, que os omite.

3. *Os mais antigos manuscritos completos da Bíblia*. Os mais antigos manuscritos gregos da Bíblia contêm os livros apócrifos inseridos entre os livros do Antigo Testamento. Os manuscritos *Aleph* (א), A e B (v. cap. 12) incluem esses livros, revelando que faziam parte da Bíblia cristã original.

4. *A arte cristã primitiva*. Alguns dos registros mais antigos da arte cristã refletem o uso dos apócrifos. As representações nas catacumbas às vezes se baseavam na história dos fiéis registrada no período intertestamentário.

5. *Os primeiros pais da igreja.* Alguns dos mais antigos pais da igreja, de modo particular os do Ocidente, aceitaram e usaram os livros apócrifos em seu ensino e pregação. E até mesmo no Oriente, Clemente de Alexandria reconheceu 2 *Esdras* como inteiramente canônico. Orígenes acrescentou *Macabeus* bem como a *Epístola de Jeremias* à lista de livros bíblicos canônicos. Ireneu mencionava *O livro da sabedoria*, e outros pais da igreja citavam outros livros apócrifos.

6. *A influência de Agostinho.* Agostinho (c. 354-430) elevou a tradição ocidental mais aberta, a respeito dos livros apócrifos, ao seu apogeu, ao atribuir-lhes categoria canônica. Ele influenciou os concílios da igreja, em Hipo (393 d.C.) e em Cartago (397 d.C.), que relacionaram os apócrifos como canônicos. A partir de então, a igreja ocidental passou a usar os apócrifos em seu culto público.

7. *O Concílio de Trento.* Em 1546, o concílio católico romano do pós-Reforma, realizado em Trento, proclamou os livros apócrifos como canônicos, declarando o seguinte:

> O sínodo [...] recebe e venera [...] todos os livros, tanto do Antigo Testamento como do Novo [incluindo-se os apócrifos] —entendendo que um único Deus é o Autor de ambos os testamentos [...] como se houvessem sido ditados pela boca do próprio Cristo, ou pelo Espírito Santo [...] se alguém não receber tais livros como sagrados e canônicos, em todas as suas partes, da forma em que têm sido usados e lidos na Igreja Católica [...] seja anátema.[3]

Desde esse concílio de Trento, os livros apócrifos foram considerados canônicos, detentores de autoridade espiritual para a Igreja Católica Romana.

8. *Uso não-católico.* As Bíblias protestantes desde a Reforma com freqüência continham os livros apócrifos. Na verdade, nas igrejas anglicanas os apócrifos são lidos regularmente nos cultos públicos, ao lado dos demais livros do Antigo e do Novo Testamento. Os apócrifos são também usados pelas igrejas de tradição ortodoxa oriental.

9. *A comunidade do mar Morto.* Os livros apócrifos foram encontrados entre os rolos da comunidade do mar Morto, em Qumran. Alguns havi-

---

[3]Philip SCHAFF, org., *The creeds of Christendom*, 6a. ed. rev., New York, Harper, 1919, p. 81, v. 2.

am sido escritos em hebraico, o que seria indício de terem sido usados por judeus palestinos antes da época de Jesus.

Resumindo todos esses argumentos, essa postura afirma que o amplo emprego dos livros apócrifos por parte dos cristãos, desde os tempos mais primitivos, é evidência de sua aceitação pelo povo de Deus. Essa longa tradição culminou no reconhecimento oficial desses livros, no Concílio de Trento (1546), como se tivessem sido inspirados por Deus. Mesmo não-católicos, até o presente momento, conferem aos livros apócrifos uma categoria de paracanônicos, o que se deduz do lugar que lhes dão em suas Bíblias e em suas igrejas.

Razões por que se rejeita a canonicidade dos apócrifos

Os oponentes dos livros apócrifos têm apresentado muitas razões para excluí-los do rol de livros canônicos. Seus argumentos serão apresentados na mesma ordem dos argumentos levantados pelos que advogam a aceitação de um cânon maior.

1. *A autoridade do Novo Testamento.* O Novo Testamento jamais cita um livro apócrifo indicando-o como inspirado. As alusões a tais livros não lhes emprestam autoridade, assim como as alusões neotestamentárias a poetas pagãos não lhes conferem inspiração divina. Além disso, desde que o Novo Testamento faz citações de quase todos os livros canônicos do Antigo e atesta o conteúdo e os limites desse Testamento (omitindo os apócrifos —v. cap. 7), parece estar claro que o Novo Testamento indubitavelmente exclui os apócrifos do cânon hebraico. Josefo, o historiador judeu, rejeita expressamente os apócrifos, relacionando apenas 22 livros canônicos.

2. *A tradução dos Septuaginta.* A Palestina é que era o lar do cânon judaico, jamais a Alexandria, no Egito. O grande centro grego do saber, no Egito, não tinha autoridade para saber com precisão que livros pertenciam ao Antigo Testamento judaico. Alexandria era o lugar da tradução, não da canonização. O fato de a *Septuaginta* conter os apócrifos apenas comprova que os judeus alexandrinos traduziram os demais livros religiosos judaicos do período intertestamentário ao lado dos livros canônicos. Filo, o judeu alexandrino, rejeitou com toda a clareza a canonicidade dos apócrifos, no tempo de Cristo, assim como o judaísmo oficial em outros lugares e épocas. De fato, as cópias existentes da LXX datam do século IV d.C. e não comprovam que livros haviam sido incluídos na LXX de épocas anteriores.

3. *A Bíblia cristã primitiva.* Os mais antigos manuscritos gregos da Bíblia datam do século IV. Seguem a tradição da LXX, que contém os apócrifos. Como foi observado acima, era uma *tradução* grega, e não o *cânon* hebraico. Jesus e os escritores do Novo Testamento quase sempre fizeram citações da LXX, mas jamais mencionaram um livro sequer dentre os apócrifos. No máximo, a presença dos apócrifos nas Bíblias cristãs do século IV mostra que tais livros eram aceitos até certo ponto por alguns cristãos, naquela época. Isso não significa que os judeus ou os cristãos como um todo aceitaram esses livros como canônicos, isso sem mencionarmos a igreja universal, que nunca os teve na relação de livros canônicos.

4. *A arte cristã primitiva.* As representações artísticas não constituem base para apurar a canonicidade dos apócrifos. As representações pintadas nas catacumbas, extraídas de livros apócrifos, apenas mostram que os crentes daquela era estavam cientes dos acontecimentos do período intertestamentário e os consideravam parte de sua herança religiosa. A arte cristã primitiva não decide nem resolve a questão da canonicidade dos apócrifos.

5. *Os primeiros pais da igreja.* Muitos dos grandes pais da igreja em seu começo, dos quais Melito, Orígenes, Cirilo de Jerusalém e Atanásio, depuseram contra os apócrifos. Nenhum dos primeiros pais de envergadura da igreja, anteriores a Agostinho, aceitou todos os livros apócrifos canonizados em Trento.

6. *O cânon de Agostinho.* O testemunho de Agostinho não é definitivo, nem isento de equívocos. Primeiramente, Agostinho às vezes faz supor que os apócrifos apenas tinham uma deuterocanonicidade (*Cidade de Deus*, 18,36), e não canonicidade absoluta. Além disso, os Concílios de Hipo e de Cartago foram pequenos concílios locais, influenciados por Agostinho e pela tradição da *Septuaginta* grega. Nenhum estudioso hebreu qualificado esteve presente em nenhum desses dois concílios. O especialista hebreu mais qualificado da época, Jerônimo, argumentou fortemente contra Agostinho, ao rejeitar a canocidade dos apócrifos. Jerônimo chegou a recusar-se a traduzir os apócrifos para o latim, ou mesmo incluí-los em suas versões em latim vulgar (*Vulgata latina*). Só depois da morte de Jerônimo e praticamente por cima de seu cadáver, é que os livros apócrifos foram incorporados à *Vulgata latina* (v. cap. 18).

7. *O Concílio de Trento.* A ação do Concílio de Trento foi ao mesmo tempo polêmica e prejudicial. Em debates com Lutero, os católicos roma-

nos haviam citado *Macabeus*, em apoio à oração pelos mortos (v. *2Macabeus* 12.45,46). Lutero e os protestantes que o seguiam desafiaram a canonicidade desse livro, citando o Novo Testamento, os primeiros pais da igreja e os mestres judeus, em apoio. O Concílio de Trento reagiu a Lutero canonizando os livros apócrifos. A ação do Concílio não foi apenas patentemente polêmica, foi também prejudicial, visto que nem todos os catorze (quinze) livros apócrifos foram aceitos pelo Concílio. *Primeiro e Segundo Esdras* (3 e *4Esdras* dos católicos romanos; a versão de Douai denomina *1 e 2Esdras*, respectivamente, os livros canônicos de Esdras e Neemias) e a *Oração de Manassés* foram rejeitados. A rejeição de *2Esdras* é particularmente suspeita, porque contém um versículo muito forte contra a oração pelos mortos (*2Esdras* 7.105). Aliás, algum escriba medieval havia cortado essa seção dos manuscritos latinos de *2Esdras*, sendo conhecida pelos manuscritos árabes, até ser reencontrada outra vez em latim por Robert L. Bentley, em 1874, numa biblioteca de Amiens, na França.

Essa decisão, em Trento, não refletiu uma anuência universal, indisputável, dentro da Igreja Católica e na Reforma. Nessa exata época o cardeal Cajetan, que se opusera a Lutero em Augsburgo, em 1518, publicou *Comentário sobre todos os livros históricos fidedignos do Antigo Testamento*, em 1532, omitindo os apócrifos. Antes ainda desse fato, o cardeal Ximenes havia feito distinção entre os apócrifos e o cânon do Antigo Testamento, em sua obra *Poliglota complutense* (1514-1517). Tendo em mente essa concepção, os protestantes em geral rejeitaram a decisão do Concílio de Trento, que não tivera base sólida.

8. *Uso não-católico*. O uso dos livros apócrifos entre igrejas ortodoxas, anglicanas e protestantes foi desigual e diferenciado. Algumas os usam no culto público. Muitas Bíblias contêm traduções dos livros apócrifos, ainda que colocados numa seção à parte, em geral entre o Antigo e o Novo Testamento. Ainda que não-católicos façam uso dos livros apócrifos, nunca lhes deram a mesma autoridade canônica do resto da Bíblia. Os não-católicos usam os apócrifos em seus devocionais, mais do que na afirmação doutrinária.

9. *Os rolos do mar Morto*. Muitos livros não-canônicos foram descobertos em Qumran, dentre os quais comentários e manuais. Era uma biblioteca que continha numerosos livros não tidos como inspirados pela comunidade. Visto que na biblioteca de Qumran não se descobriram comentários nem citações autorizadas sobre os livros apócrifos, não existem evidências de que eram tidos como inspirados. Podemos presumir, portanto, que aquela comunidade cristã não considerava os apócrifos

canônicos. Ainda que se encontrassem evidências em contrário, o fato de esse grupo ser uma seita que se separara do judaísmo oficial mostraria ser natural que não fosse ortodoxo em todas as suas crenças. Tanto quanto podemos distinguir, contudo, esse grupo era ortodoxo quanto à canonicidade do Antigo Testamento. Em outras palavras, não aceitavam a canonicidade dos livros apócrifos.

Resumo e conclusão

O cânon do Antigo Testamento até a época de Neemias compreendia 22 (ou 24) livros em hebraico, que, nas Bíblias dos cristãos, seriam 39, como já se verificara por volta do século IV a.C. As objeções de menor monta a partir dessa época não mudaram o conteúdo do cânon. Foram os livros chamados apócrifos, escritos depois dessa época, que obtiveram grande circulação entre os cristãos, por causa da influência da tradução grega de Alexandria. Visto que alguns dos primeiros pais da igreja, de modo especial no Ocidente, mencionaram esses livros em seus escritos, a igreja (em grande parte por influência de Agostinho) deu-lhes uso mais amplo e eclesiástico. No entanto, até a época da Reforma esses livros não eram considerados canônicos. A canonização que receberam no Concílio de Trento não recebeu o apoio da história. A decisão desse concílio foi polêmica e eivada de preconceito, como já o demonstramos.

Que os livros apócrifos, seja qual for o valor devocional ou eclesiástico que tiverem, não são canônicos, comprova-se pelos seguintes fatos:

1. A comunidade judaica jamais os aceitou como canônicos.
2. Não foram aceitos por Jesus, nem pelos autores do Novo Testamento.
3. A maior parte dos primeiros grandes pais da igreja rejeitou sua canonicidade.
4. Nenhum concílio da igreja os considerou canônicos senão no final do século IV.
5. Jerônimo, o grande especialista bíblico e tradutor da *Vulgata*, rejeitou fortemente os livros apócrifos.
6. Muitos estudiosos católicos romanos, ainda ao longo da Reforma, rejeitaram os livros apócrifos.
7. Nenhuma igreja ortodoxa grega, anglicana ou protestante, até a presente data, reconheceu os apócrifos como inspirados e canônicos, no sentido integral dessas palavras. À vista desses fatos importantíssimos, torna-se absolutamente necessário que os cristãos de hoje jamais usem os livros apócrifos como se foram Palavra de Deus, nem os citem em apoio autorizado a qualquer doutrina cristã.

Com efeito, quando examinados segundo os critérios elevados de canonicidade, estabelecidos e discutidos no capítulo 6, verificamos que aos livros apócrifos falta o seguinte:

1. Os apócrifos não reivindicam ser proféticos.
2. Não detêm a autoridade de Deus.
3. Contêm erros históricos (v. *Tobias* 1.3-5 e 14.11) e graves heresias teológicas, como a oração pelos mortos (*2Macabeus* 12.45[46]; 4).
4. Embora seu conteúdo tenha algum valor para a edificação nos momentos devocionais, na maior parte se trata de texto repetitivo; são textos que já se encontram nos livros canônicos.
5. Há evidente ausência de profecia, o que não ocorre nos livros canônicos.
6. Os apócrifos nada acrescentam ao nosso conhecimento das verdades messiânicas.
7. O povo de Deus, a quem os apócrifos teriam sido originariamente apresentados, recusou-os terminantemente.

A comunidade judaica nunca mudou de opinião a respeito dos livros apócrifos. Alguns cristãos têm sido menos rígidos e categóricos; mas, seja qual for o valor que se lhes atribui, fica evidente que a igreja como um todo nunca aceitou os livros apócrifos como Escrituras Sagradas.

9
O desenvolvimento do cânon do Novo Testamento

A história do cânon do Novo Testamento difere da do Antigo em vários aspectos. Em primeiro lugar, visto que o cristianismo foi desde o começo religião internacional, não havia comunidade profética fechada que recebesse os livros inspirados e os coligisse em determinado lugar. Faziam-se coleções aqui e ali, que se iam completando, logo no início da igreja; não há notícia, todavia, da existência oficial de uma entidade que controlasse os escritos inspirados. Por isso, o processo mediante o qual todos os escritos apostólicos se tornassem universalmente aceitos levou muitos séculos. Felizmente, dada a disponibilidade de textos, há mais manuscritos do cânon do Novo Testamento que do Antigo.

Outra diferença entre a história do cânon do Antigo Testamento, em comparação com a do Novo, é que a partir do momento em que as discussões resultaram no reconhecimento dos 27 livros canônicos do Novo Testamento, não mais houve movimentos dentro do cristianismo no sentido de acrescentar ou eliminar livros. O cânon do Novo Testamento encontrou acordo geral no seio da igreja universal.

Os estímulos para que se coligissem oficialmente os livros

Várias forças contribuíram para que o mundo cristão da antigüidade providenciasse o reconhecimento oficial dos 27 livros canônicos do Novo

Testamento. Três dessas forças têm significado especial: a eclesiástica, a teológica e a política.

O estímulo eclesiástico à lista dos canônicos

A igreja primitiva tinha necessidades internas e externas que exigiam o reconhecimento dos livros canônicos. Internamente havia a necessidade de saber que livros deveriam ser lidos nas igrejas, de acordo com a prática prescrita pelos apóstolos para a igreja do Novo Testamento (1Ts 5.27). Do lado de fora da igreja estava a necessidade de saber que livros deveriam ser traduzidos para as línguas estrangeiras das pessoas convertidas. Sem uma lista dos livros reconhecidos, aprovados, seria difícil para a igreja primitiva a execução dessa tarefa. A combinação dessas forças exerceu pressão sobre os primeiros pais da igreja para produzirem uma lista oficial dos livros canônicos.

O estímulo teológico à lista dos canônicos

Outro fator dentro do cristianismo primitivo estava exigindo um pronunciamento oficial da igreja a respeito do cânon. Visto que toda a Escritura era proveitosa para a doutrina (2Tm 3.16,17), tornou-se cada vez mais necessário definir os limites do legado doutrinário apostólico. A necessidade de saber que livros deveriam ser usados para ensinar a doutrina com autoridade divina tornou-se questão que exerça pressão cada vez maior, por causa da multiplicidade de livros heréticos que reivindicavam autoridade divina. Quando o herege Marcião publicou uma lista muitíssimo abreviada dos livros canônicos (c. 140), abarcando apenas o evangelho de Lucas e dez das cartas de Paulo (com a omissão de 1 e 2Timóteo e de Tito), tornou-se premente a necessidade de uma lista completa dos livros canônicos. A igreja viu-se presa em meio a uma tensão provocada, de um lado, por quem queria acrescentar livros à lista dos canônicos e, por outro, por quem queria eliminar alguns livros, de modo que o ônus da decisão recaiu sobre os primeiros pais da igreja, para que definissem com precisão os limites do cânon sagrado.

O estímulo político à lista dos canônicos

As forças que pressionavam a canonização culminaram na pressão política que passou a influir na igreja primitiva. As perseguições de Diocleciano (c. 302-305) representaram um forte motivo para a igreja definir de vez a lista dos livros canônicos. De acordo com o historiador cristão Eusébio, houve um edito imperial da parte de Diocleciano, de 303, ordenando que "as Escrituras fossem destruídas pelo fogo". Não deixa de ser irônico que 25 anos antes o imperador Constantino se "convertera" ao cristianismo e dera ordem a Eusébio para que se preparassem e se distribuíssem cinqüenta exemplares da Bíblia. A perseguição motivou um exame sério da questão dos livros canônicos: quais eram realmente canônicos e deveriam ser preservados? O pedido de Constantino também tornou necessária a criação da lista de livros canônicos.

A compilação e o reconhecimento progressivos dos livros canônicos

Há evidências fortes a mostrar que os primeiros cristãos coligiram e preservaram os livros inspirados do Novo Testamento. Tais livros sem dúvida alguma foram copiados e circularam entre as igrejas primitivas. No entanto, em vista de não existir uma lista oficial divulgada, o reconhecimento universal levou vários séculos para ocorrer, até que as pressões ocasionaram a necessidade de tal lista.

Evidências neotestamentárias de um cânon crescente

O Novo Testamento havia sido escrito durante a última metade do século I. A maior parte dos livros havia sido escrita para as igrejas locais (e.g., a maior parte das cartas do apóstolo Paulo), e alguns foram dirigidos a pessoas em particular (e.g., Filemom, 2 e 3João). Outros livros tinham em mira auditórios mais amplos, na Ásia Oriental (1Pedro), na Ásia Ocidental (Apocalipse) e até mesmo na Europa (Romanos). É provável que algumas dessas cartas tivessem origem em Jerusalém (Tiago), e outras viessem de Roma, nos confins do Ocidente (1Pedro). Havendo tão grande diversidade geográfica de origens e destinatários, é compreensível que nem todas as igrejas haveriam de possuir, de imediato, cópias de todos os livros inspirados do Novo Testamento. Acrescentem-se os problemas de comunicação e de transporte, e fica mais fácil ver que seria preciso algum tempo até que houvesse um reconhecimento geral de todos os 27 livros do cânon do Novo Testamento. Apesar de tão grandes dificuldades, a igreja primitiva começou de imediato a coligir todos os escritos apostólicos que pudessem autenticar.

A seleção dos livros fidedignos. Desde o início havia escritos falsos, não-apostólicos e, portanto, não-fidedignos em circulação. Por causa de alguns desses relatos fantasiosos sobre a vida de Cristo, Lucas, o companheiro de Paulo, assumiu o compromisso de escrever seu evangelho, dizendo: "Tendo muitos empreendido uma narração dos fatos que entre nós se cumpriram [...] pareceu-me também conveniente descrevê-los a ti, ó excelente Teófilo, por sua ordem, havendo-me já informado minuciosamente de tudo desde o princípio, para que tenhas plena certeza das coisas em que foste ensinado" (Lc 1.1-4). O que se depreende do prólogo de Lucas é que, em seus dias (c. 60 d.C.), já havia alguns relatos inexatos em circulação a respeito da vida de Cristo.

Sabemos com certeza que os cristãos de Tessalonica foram advertidos quanto a falsas cartas que lhes teriam sido enviadas em nome do apóstolo Paulo. "Rogamo-vos", escreveu o apóstolo, "que não vos demovais do vosso modo de pensar, nem vos perturbeis [...] por epístola, como se procedesse de nós, como se o dia de Cristo já tivesse chegado" (2Ts 2.20). A fim de que os crentes verificassem a confiabilidade de suas cartas, o apóstolo se despedia dizendo: "Eu, Paulo, escrevo esta saudação com meu próprio punho. Este é o sinal em cada epístola. É assim que escrevo" (2Ts 3.17). Além disso, a carta seria enviada por um portador pessoal da parte do apóstolo.

Informa-nos mais o apóstolo João que Jesus fez muitos outros sinais "que não estão escritos neste livro" (Jo 20.30), visto que, se todos fossem escritos, "cuido que nem ainda o mundo todo poderia conter os livros que seriam escritos" (Jo 21.25). A partir da multiplicidade de atos de Jesus que não foram registrados pelos apóstolos, surgiram muitas crendices a respeito da vida de Cristo, que exigiram o exame dos apóstolos. Enquanto as testemunhas oculares da vida e da ressurreição de Cristo estivessem vivas (At 1.21,22), tudo poderia sujeitar-se à autoridade do ensino e da tradição oral dos apóstolos (v. 1Ts 2.13; 1Co 11.2). Há quem acredite que as tradições oculares dos apóstolos formaram o *kērygma* (lit., proclamação), que funcionou como uma espécie de cânon dentro do cânon. Quer o *kērygma* fosse o critério, quer não, fica bem claro que até mesmo a igreja apostólica havia sido convocada para ser seletiva em apurar a confiabilidade das muitas histórias e ensinos a respeito de Cristo. Em seu evangelho, João destruiu uma crendice que circulava no seio da igreja do século I, segundo a qual ele jamais morreria (Jo 21.23,24). Esse mesmo apóstolo também escreveu uma advertência forte aos crentes, dizendo: "Amados, não creiais em todo espírito, mas provai se os espíritos vêm de Deus, porque já muitos falsos profetas têm surgido no mundo" (1Jo 4.1).

Em suma, existem muitas evidências de que no seio da igreja do século I havia um processo seletivo em operação. Toda e qualquer palavra a respeito de Cristo, fosse oral, fosse escrita, era submetida ao ensino apostólico, dotado de toda autoridade. Se tal palavra ou obra não pudesse ser comprovada pelas testemunhas oculares (v. Lc 1.2; At 1.21,22), era rejeitada. Os apóstolos eram pessoas que podiam afirmar: "O que vimos e ouvimos, isso vos anunciamos" (1Jo 1.3); eram o incontestável tribunal de apelação. Assim escreveu outro apóstolo: "Não vos fizemos saber o poder e a vinda de nosso Senhor Jesus Cristo, seguindo fábulas artificialmente compostas, mas nós mesmos vimos a sua majestade" (2Pe 1.16). Essa fonte primordial de autoridade apostólica era o cânon, mediante o qual a primeira igreja escolheu os escritos aos quais obedeceria, pois eram os ensinos dos apóstolos (At 2.42). Assim, o "cânon" vivo das testemunhas oculares tornou-se o critério mediante o qual os escritos canônicos primitivos vieram a ser reconhecidos, e o próprio Deus deu testemunho aos apóstolos (Hb 2.3,4).

A leitura de livros autorizados. Outro sinal de que o processo da canonização do Novo Testamento iniciou-se imediatamente na igreja do século I foi a prática da leitura pública oficial dos livros apostólicos. Paulo havia ordenado aos tessalonicenses: "Pelo Senhor vos conjuro que esta epístola seja lida a todos os santos irmãos" (1Ts 5.27). De modo semelhante, Timóteo foi instruído a apresentar a mensagem de Paulo às igrejas ao lado das Escrituras do Antigo Testamento. "Persiste em ler", escreveu o apóstolo, "exortar e ensinar, até que eu vá" (1Tm 4.13; cf. tb. v. 11). A leitura em público das palavras autorizadas de Deus era um costume antigo. Moisés e Josué o praticaram (Êx 24.7; Js 8.34). Josias pediu que se lesse a Bíblia em seus dias (2Rs 23.2), e o mesmo fizeram Esdras e os levitas: "Leram no livro da lei de Deus, esclarecendo-a e explicando o sentido, de modo que o povo pudesse entender o que se lia" (Ne 8.8). A leitura das cartas apostólicas às igrejas é uma continuação da longa tradição profética.

Há uma passagem significativa a respeito da leitura das cartas apostólicas nas igrejas. Paulo escreveu assim aos colossenses: "Depois que esta epístola tiver sido lida entre vós, fazei que também o seja na igreja dos laodicenses, e a que veio de Laodicéia lede-a vós também" (Cl 4.16). João prometeu uma bênção a quem lesse sua carta em voz alta (Ap 1.3), a qual ele enviara a sete igrejas diferentes. Tudo isso demonstra com clareza que as cartas apostólicas tinham por intuito ser lidas por um grupo muito maior do que uma congregação. Todas as igrejas no tempo e no espaço teriam a obrigação de lê-las, e, à medida que as igrejas iam recebendo, lendo e coligindo essas cartas, cheias de autoridade divina, lançavam os alicerces de uma coleção crescente de documentos inspirados. Em suma, as igrejas estavam envolvidas num processo incipiente de canonização. Essa aceitação original de um livro, o qual era autorizadamente lido nas igrejas, teria importância crucial para o reconhecimento posterior de um livro canônico.

A circulação e a compilação dos livros. Já havia nos tempos do Novo Testamento algo parecido com uma declaração de cânon das Sagradas Escrituras, aprovada tacitamente, circulando pelas igrejas. De início nenhuma igreja detinha todas as cartas apostólicas, mas a coleção foi crescendo à medida que se faziam cópias autenticadas pela assinatura dos apóstolos ou de seus emissários. Não há dúvidas de que as primeiras cópias das Escrituras surgiram dessa prática de fazer que circulassem. À medida que as igrejas foram crescendo, a necessidade de novas cópias foi-se tornando cada vez maior, pois mais e mais congregações desejavam ter sua compilação para as leituras regulares e para os estudos, ao lado das Escrituras do Antigo Testamento.

A passagem de Colossenses previamente citada informa-nos que a circulação das cópias das cartas era costume apostólico. Há outros indícios ainda dessa prática. João havia recebido essa ordem da parte de Deus: "O que vês, escreve-o num livro, e envia-o às sete igrejas que estão na Ásia [Menor]; a Éfeso, a Esmirna, a Pérgamo, a Tiatira, a Sardes, a Filadélfia e a Laodicéia" (Ap 1.11). Por tratar-se de um único livro para muitas igrejas, o livro deveria circular entre elas. É também o caso de muitas das epístolas gerais. Tiago é dirigida às doze tribos da Dispersão (Tg 1.1). Pedro escreveu uma carta aos "estrangeiros da Dispersão, no Ponto, na Galácia, na Capadócia, na Ásia e na Bitínia" (1Pe 1.1). Alguns estudiosos têm pensado que a carta de Paulo aos Efésios tenha sido uma carta-circular genérica, visto que a palavra *efésios* não está presente nos manuscritos mais antigos. A carta é dirigida simplesmente "aos santos que estão em Éfeso, e fiéis em Cristo Jesus" (Ef 1.1).

Todas essas cartas-circulares revelam o início de um processo de canonização. Primeiro, as cartas foram obviamente endereçadas às igrejas em geral. A seguir, cada igreja era obrigada a fazer cópias das cartas, para poder realizar estudos e a elas referir-se. A ordem no Novo Testamento para que se estudem as Escrituras (sem exceção das cartas apostólicas) não significa uma única e mera leitura formal, e nada mais. Os cristãos eram admoestados a ler continuamente as Escrituras (1Tm 4.11,13). A única maneira pela qual se poderia realizar isso no seio de um número crescente de igrejas era fazer cópias, de tal sorte que cada igreja ou grupo de igrejas tivesse sua própria compilação de escritos autorizados.

Todavia, alguém poderia perguntar se há alguma evidência no Novo Testamento de que tais compilações de escritos estavam-se desenvolvendo. Com certeza. Parece que Pedro possuía uma coleção das cartas de Paulo, as quais ele colocava ao lado das "outras Escrituras" (2Pe 3.15,16). Podemos presumir que Pedro possuía uma coletânea das obras de Paulo, visto não haver razão plausível por que Pedro devesse ter a posse das cartas originais de Paulo. Afinal, tais cartas não foram escritas de propósito para Pedro, mas para as igrejas espalhadas por todo o mundo da época. Isso demonstra que haveria outras coletâneas que atenderiam às necessidades das igrejas que iam crescendo. O fato de um escritor citar outro escritor também revela que tais cartas coligidas eram divinamente inspiradas e dotadas de autoridade. Judas menciona Pedro (Jd 17; v. tb. 2Pe 3.2), e Paulo menciona o evangelho de Lucas como Escritura Sagrada (1Tm 5.18; cf. Lc 10.7). Lucas presume que Teófilo estava de posse de um primeiro livro ou tratado (At 1.1).

Assim, o processo de canonização desde o início da igreja estava em andamento. As primeiras igrejas foram exortadas a selecionar apenas os escritos apostólicos fidedignos. Desde que determinado livro fosse examinado e dado por autêntico, fosse pela assinatura, fosse pelo emissário apostólico, era lido na igreja e depois circulava entre os crentes de outras igrejas. As coletâneas desses escritos apostólicos começaram a tomar forma nos tempos dos apóstolos. Pelo final do século I, todos os 27 livros do Novo Testamento haviam sido recebidos e reconhecidos pelas igrejas cristãs. O cânon estava completo, e todos os livros haviam sido reconhecidos pelos crentes de outros lugares. Por causa da multiplicidade dos falsos escritos e da falta de acesso imediato às condições relacionadas ao recebimento inicial de um livro, o debate a respeito do cânon prosseguiu durante vários séculos, até que a igreja universal finalmente reconheceu a canonicidade dos 27 livros do Novo Testamento.

A confirmação da compilação oficial dos livros canônicos

Evidencia-se de várias maneiras a confirmação da canonicidade do Novo Testamento. Logo após a era dos apóstolos, vê-se nos escritos dos primeiros pais da igreja o reconhecimento da inspiração de todos os 27 livros do Novo Testamento. Em apoio ao testemunho dos apóstolos temos as antigas versões, as listas canônicas e os pronunciamentos dos concílios eclesiásticos. Todos juntos constituem elo de reconhecimento desde a concepção do cânon, nos dias dos apóstolos, até a confirmação irrevogável da igreja universal, em fins do século IV.

O testemunho dos pais da igreja sobre o cânon

Logo após a primeira geração, passada a era apostólica, todos os livros do Novo Testamento haviam sido citados como dotados de autoridade por algum pai da igreja. Por sinal, dentro de duzentos anos depois do século I, quase todos os versículos do Novo Testamento haviam sido citados em um ou mais das mais de 36 mil citações dos pais da igreja (v. cap. 13). Visto que os testemunhos patrísticos a favor do Novo Testamento já foram verificados (v. cap. 4), não os repetiremos aqui. O diagrama seguinte mostra com exatidão qual pai da igreja citou qual livro como Escritura nos primeiros séculos. No entanto, o leitor deve ser acautelado sobre o caso de um pai primitivo da igreja não ter feito referência a um livro: isso não deixa necessariamente implícita a rejeição desse livro por ser não-canônico. O argumento do silêncio, nesse caso, como ocorre em geral, é bastante fraco. A não citação pode revelar meramente falta de ocasião por parte do pai da igreja de mencionar determinado livro nos escritos que chegaram até nós. Para ilustrar isso, o próprio leitor poderia perguntar-se quando foi que citou pela última vez a carta a Filemom ou 3João. Nem todos os livros do Novo Testamento são citados por todos os primeiros pais da igreja, mas todos os livros são citados como canônicos por pelo menos um desses pais. A conclusão é que esse fato basta para demonstrar que o livro havia sido reconhecido como apostólico desde o início.

O testemunho das listas primitivas e das traduções do cânon

Outras confirmações do cânon do século I encontram-se nas traduções e nas listas canônicas dos séculos II e III. Não se poderiam fazer a menos que houvesse primeiro o reconhecimento dos livros que deveriam ser incluídos na tradução.

Antiga siríaca. Uma tradução do Novo Testamento circulou na Síria, pelo fim do século IV, representando um texto que datava do século II. Incluía todos os 27 livros do Novo Testamento exceto 2Pedro, 2 e 3João, Judas e Apocalipse. O famoso especialista em Bíblia, B. F. Westcott, observou: "A harmonia geral entre esse [cânon] e o nosso é extraordinária e de grande importância; as omissões são de fácil explicação".[1] Os livros omitidos foram originariamente destinados ao mundo ocidental, e a igreja siríaca ficava no Oriente. A distância e a falta de comunicações com objetivo de verificação atrasaram a aceitação definitiva desses livros no que tange à Bíblia oriental, a qual havia sido publicada antes de essa evidência estar à disposição.

---

[1] Brooke Foss WESTCOTT, *A general survey of the history of the canon of the New Testament*, 7. ed., New York, Macmillan, 1896, p. 249-50.

O desenvolvimento do cânon do Novo Testamento

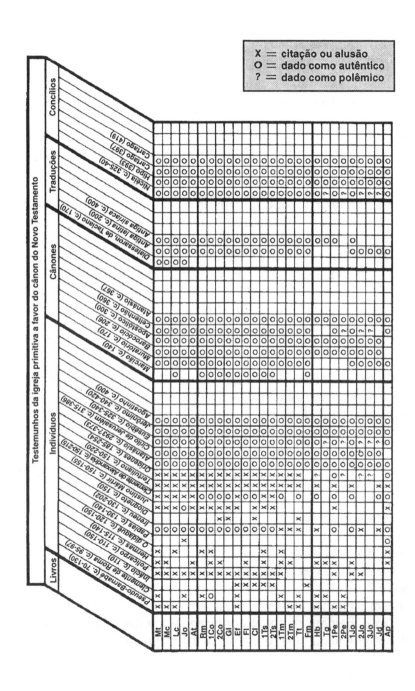

Antiga latina. O Novo Testamento havia sido traduzido para o latim antes do ano 200, tendo servido de Bíblia para a igreja ocidental, da mesma forma que a *Siríaca* tinha servido para a igreja oriental. A *Antiga latina* continha todos os livros do Novo Testamento com exceção de Hebreus, de Tiago e de 1 e 2Pedro. Essas omissões são o reverso das que se notam na Bíblia siríaca. Hebreus, 1Pedro e provavelmente Tiago foram escritas para igrejas no Oriente e no mundo mediterrâneo. Daí ter demorado muito tempo para que suas credenciais fossem reconhecidas no Ocidente. A segunda carta de Pedro apresentou um problema especial que será discutido no capítulo 10. O que interessa é que, entre as duas primeiras Bíblias da igreja, houve reconhecimento da canonicidade de todos os 27 livros do Novo Testamento.

Cânon muratório (170 d.C.). Além do cânon obviamente abreviado do herege Marcião (140 d.C.), a lista canônica mais antiga encontra-se no fragmento muratório. A lista de livros do Novo Testamento corresponde exatamente à da *Antiga latina*, omitindo-se apenas Hebreus, Tiago e 1 e 2Pedro. Westcott sustenta que provavelmente houve uma falha nos manuscritos com a possível inclusão de tais livros em alguma época.[2] É um tanto inusitado que Hebreus e 1Pedro estivessem ausentes, ao passo que os livros menos freqüentemente citados, Filemom e 3João, estivessem incluídos.

Códice barocócio (206). Outro testemunho de apoio do primitivo cânon do Novo Testamento vem de um códice intitulado *Os sessenta livros*. Mediante exame cuidadoso, esses sessenta livros incluíam 64 dos 66 livros canônicos da Bíblia. Só faltava Ester, do Antigo Testamento, e Apocalipse, do Novo. A canonicidade de Apocalipse está bem atestada em outras passagens de outros autores, tendo o apoio de Justino Mártir, de Ireneu, de Clemente de Alexandria, de Tertuliano e da lista do *Cânon muratório*.

Eusébio de Cesaréia (c. 340). A situação do cânon do Novo Testamento no Ocidente no início do século IV foi bem resumida pelo historiador Eusébio, em sua obra *História eclesiástica* (3,25). Ele relacionou como totalmente aceitáveis os 27 livros do Novo Testamento, exceto Tiago, Judas, 2Pedro e 2 e 3João. Esses, ele relacionou como questionados por alguns; ele mesmo rejeitava de vez o Apocalipse. Assim, todos, menos o Apocalipse, haviam recebido aceitação, ainda que algumas das cartas gerais sofressem alguma forma de questionamento.

[2]Ibid., p. 223.

Atanásio de Alexandria (c. 373). Quaisquer dúvidas existentes no Ocidente a respeito das cartas gerais e do Apocalipse foram removidas nos cinqüenta anos que se seguiram à obra de Eusébio. Atanásio, o Pai da Ortodoxia, relaciona com clareza todos os 27 livros do Novo Testamento como canônicos (*Cartas*, 3,267,5). Dentro de uma geração, tanto Jerônimo quanto Agostinho teriam confirmado a mesma lista de livros, de modo que os 27 livros permaneceram no cânon aceito do Novo Testamento (v. AGOSTINHO, *Da doutrina cristã*, 2.8.13).

Os Concílios de Hipo (393) e de Cartago (397). O testemunho de apoio ao cânon do Novo Testamento não se limitou a vozes individuais. Dois concílios locais ratificaram os 27 livros canônicos do Novo Testamento. A variação no cânon do Antigo Testamento aceita por esses concílios já foi discutida no capítulo 8. Também existe uma lista proveniente do Sínodo de Laodicéia (343-381), que inclui todos os livros, menos o Apocalipse; mas onze estudio- sos têm questionado a genuinidade dessa lista.

Desde o século V a igreja tem aceito esses 27 livros como o cânon do Novo Testamento. Embora mais tarde houvesse objeções ao cânon do Antigo Testamento, a igreja em todos os seus principais ramos continua, até hoje, a reconhecer apenas esses 27 livros do Novo Testamento como apostólicos.

Para resumir: o processo de coligir os escritos apostólicos confiáveis iniciou-se nos tempos do Novo Testamento. No século II houve exame desses escritos mediante a citação da autoridade divina de cada um desses 27 livros do Novo Testamento. No século III, as dúvidas e as objeções a respeito de determinados livros prosseguiram, culminando nas decisões dos pais da igreja e dos concílios influentes do século IV. A partir de então, ao longo dos séculos, a igreja vem sustentando a canonicidade desses 27 livros.

10
A extensão do cânon do Novo Testamento

Quais teriam sido, precisamente, os livros do cânon do Novo Testamento que foram objetados na igreja primitiva? Com base em que obtiveram sua aceitação definitiva? Quais foram os livros apócrifos do Novo Testamento que giraram ao redor do cânon? Essas perguntas são o ponto de partida de nosso debate neste capítulo.

Os livros aceitos por todos
—*homologoumena*

Como o Antigo Testamento, a maioria dos livros do Novo foi aceita pela igreja logo de início, sem objeções. Tais livros foram chamados *homologoumena*, porque todos os pais da igreja se pronunciaram favoravelmente pela sua canonicidade. Os *homologoumena* aparecem em quase todas as principais traduções e cânones da igreja primitiva. Em geral, 20 dos 27 livros do Novo Testamento são *homologoumena*. Incluem-se todos menos Hebreus, Tiago, 2Pedro, 2 e 3João, Judas e Apocalipse. Outros três livros, Filemom, 1Pedro e 1João, às vezes ficam fora do reconhecimento. No entanto, é melhor dizer que foram omitidos, não questionados. Como os livros chamados *homologoumena* foram aceitos por todos, voltaremos nossa atenção para outros grupos de livros.

Os livros rejeitados por todos
—*pseudepígrafos*

Durante os séculos II e III, numerosos livros espúrios e heréticos surgiram e receberam o nome de *pseudepígrafos*, ou escritos falsos. Eusébio os chamau livros "totalmente absurdos e ímpios".

A natureza dos pseudepígrafos

Praticamente nenhum pai da igreja, nenhum cânon ou concílio declarou que um desses livros seria canônico. No que concerne aos cristãos, esses livros têm principalmente interesse histórico. O conteúdo deles resume-se em ensinos heréticos, eivados de erros gnósticos, docéticos e ascéticos. Os *gnósticos* eram uma seita filosófica que arrogava para si conhecimento especial dos mistérios divinos. Ensinavam que a matéria é má e negavam a encarnação de Cristo. Os *docetas* ensinavam a divindade de Cristo, mas negavam sua humanidade; diziam que ele só tinha a aparência de ser humano. Os *monofisistas* ascéticos ensinavam que Cristo tinha uma única natureza, uma fusão do divino com o humano.

Quando muito, tais livros eram acatados por alguma seita herética ou recebiam outra citação por parte de um dos pais ortodoxos da igreja. A corrente principal do cristianismo seguia Eusébio e jamais os considerou nada, a não ser espúrios e ímpios. À semelhança dos pseudepígrafos do Antigo Testamento, tais livros revelavam desmedida fantasia religiosa. Evidenciavam uma curiosidade incurável para descobrir mistérios não-revelados nos livros canônicos (e.g., acerca da infância de Jesus), e exibem uma tendência doentia, mórbida de dar apoio a idiossincrasias doutrinárias, mediante fraudes aparentemente piedosas. Haveria, talvez, um resquício de verdade por dentro das fantasias apresentadas; todavia, os pseudepígrafos precisam ser totalmente "demitizados", a fim de que se descubra essa verdade.

O número dos pseudepígrafos

O número exato desses livros é difícil de apurar. Por volta do século XIX, Fótio havia relacionado cerca de 280 obras. A partir de então muitas outras apareceram. Relacionamos abaixo alguns dos pseudepígrafos mais importantes e das tradições a eles relacionadas:

EVANGELHOS

1. O *Evangelho de Tomé* (século I) é uma visão gnóstica dos supostos milagres da infância de Jesus.
2. O *Evangelho dos ebionitas* (século II) é uma tentativa gnóstico-cristã de perpetuar as práticas do Antigo Testamento.
3. O *Evangelho de Pedro* (século II) é uma falsificação docética e gnóstica.
4. O *Proto-Evangelho de Tiago* (século II) é uma narração que Maria faz do massacre dos meninos pelo rei Herodes.
5. O *Evangelho dos egípcios* (século II) é um ensino ascético contra o casamento, contra a carne e contra o vinho.
6. O *Evangelho arábico da infância* (?) registra os milagres que Jesus

teria praticado na infância, no Egito, e a visita dos magos de Zoroastro.
7. O *Evangelho de Nicodemos* (séculos II ou V) contém os *Atos de Pilatos* e a *Descida de Jesus*.
8. O *Evangelho do carpinteiro José* (século IV) é o escrito de uma seita monofisista que glorificava a José.
9. A *História do carpinteiro José* (século V) é a versão monofisista da vida de José.
10. O *passamento de Maria* (século IV) relata a assunção corporal de Maria e mostra os estágios progressivos da adoração de Maria.
11. O *Evangelho da natividade de Maria* (século VI) promove a adoração de Maria e forma a base da *Lenda de ouro*, livro popular do século XIII sobre a vida dos santos.
12. O *Evangelho de um Pseudo-Mateus* (século V) contém uma narrativa sobre a visita que Jesus fez ao Egito e sobre alguns dos milagres do final de sua infância.
13-21.*Evangelho dos doze, de Barnabé, de Bartolomeu, dos hebreus* (v. "Apócrifos"), *de Marcião, de André, de Matias, de Pedro, de Filipe*.

Atos
1. Os *Atos de Pedro* (século II) contêm a lenda segundo a qual Pedro teria sido crucificado de cabeça para baixo.
2. Os *Atos de João* (século II) mostram a influência dos ensinos gnósticos e docéticos.
3. Os *Atos de André* (?) são uma história gnóstica da prisão e da morte de André.
4. Os *Atos de Tomé* (?) apresentam a missão e o martírio de Tomé na Índia.
5. Os *Atos de Paulo* apresentam um Paulo de pequena estatura, de nariz grande, de pernas arqueadas e calvo.
6-8. *Atos de Matias, de Filipe, de Tadeu*.

Epístolas
1. A *Carta atribuída a nosso Senhor* é um suposto registro da resposta dada por Jesus ao pedido de cura de alguém, apresentado pelo rei da Mesopotâmia. Diz o texto que o Senhor enviaria alguém depois de sua ressurreição.
2. A *Carta perdida aos coríntios* (séculos II, III) é falsificação baseada em 1Coríntios 5.9, que se encontrou numa Bíblia armênia do século V.
3. As *(Seis) Cartas de Paulo a Sêneca* (século IV) é falsificação que recomenda o cristianismo para os discípulos de Sêneca.
4. A *Carta de Paulo aos laodicenses* é falsificação baseada em Colossenses 4.16. (Também relacionamos essa carta sob o título "Apócrifos", p. 120-1).

APOCALIPSES
1. *Apocalipse de Pedro* (também relacionado em "Apócrifos").
2. *Apocalipse de Paulo.*
3. *Apocalipse de Tomé.*
4. *Apocalipse de Estêvão.*
5. *Segundo apocalipse de Tiago.*
6. *Apocalipse de Messos.*
7. *Apocalipse de Dositeu.*

Os três últimos são obras coptas do século III de cunho gnóstico, descobertas em 1946, em Nag-Hammadi, no Egito.*

OUTRAS OBRAS
1. *Livro secreto de João*
2. *Tradições de Matias*
3. *Diálogo do Salvador*

Esses três também são de Nag-Hammadi, e permaneceram desconhecidos até 1946.

Visto que os grandes mestres e concílios da igreja foram praticamente unânimes na rejeição desses livros, em razão da total falta de confiabilidade ou em virtude das heresias, são adequadamente chamados pseudepígrafos. Seja qual for o fragmento de verdade que porventura preservem, torna-se obscurecido tanto pela fantasia religiosa como pelas tendências heréticas. Tais livros não só deixam de ser canônicos como nenhum valor apresentam no que concerne aos fins devocionais. O principal valor que têm é histórico, pois revelam as crenças de seus autores.

Os livros questionados por alguns —antilegomena

De acordo com o historiador Eusébio, houve sete livros cuja autenticidade foi questionada por alguns dos pais da igreja, e por isso ainda não haviam obtido reconhecimento universal por volta do século IV. Os livros objeto de controvérsia foram Hebreus, Tiago, 2Pedro, 2 e 3João, Judas e Apocalipse.

---

*Uma introdução aos apocalipses, você pode encontrar no primeiro volume da coleção *New Testament apocrypha*, org. por Edgar Hennecke e Wilhelm Schmeemelcher (Philadelphia, Westminster, 1963).

A natureza dos antilegomena

O fato de esses livros não terem obtido reconhecimento universal até o início do século IV não significa que não haviam tido aceitação inicial por parte das comunidades apostólicas e subapostólicas. Ao contrário, esses livros foram citados como inspirados por vários estudiosos primitivos (v. caps. 3 e 9). Tampouco o fato de terem sido questionados, em certa época, por alguns estudiosos, é indício de que sua presença no cânon atual seja menos firme do que a dos demais livros. Ao contrário, o problema básico a respeito da aceitação da maioria desses livros não era sua inspiração, ou falta de inspiração, mas a falta de comunicação entre o Oriente e o Ocidente a respeito de sua autoridade divina. A partir do momento em que os fatos se tornaram conhecidos por parte dos pais da igreja, a aceitação final, total, dos 27 livros do Novo Testamento foi imediata.

O número dos antilegomena

Cada livro sofreu questionamento por razões particulares. Nesta altura de nossa pesquisa, cabe uma breve exposição sobre os porquês das objeções que cercaram cada livro e sua aceitação definitiva.

Hebreus. Foi basicamente a anonimidade do autor que suscitou dúvidas sobre Hebreus. Visto que o autor não se identifica e não afirma ter sido um dos apóstolos (Hb 2.3), o livro permaneceu sob suspeição entre os cristãos do Oriente, que não sabiam que os crentes do Ocidente o haviam aceito como autorizado e dotado de inspiração. Além disso, o fato de os montanistas heréticos terem recorrido a Hebreus em apoio a algumas de suas concepções errôneas fez demorar sua aceitação nos círculos ortodoxos. Ao redor do século IV, no entanto, sob a influência de Jerônimo e de Agostinho, a carta aos Hebreus encontrou seu lugar permanente no cânon.

O fato de o autor da carta aos Hebreus ser anônimo deixou aberta a questão de sua autoridade apostólica. Com o passar do tempo, a igreja ocidental veio a aceitar que Hebreus era oriundo da pena de Paulo, o que evidentemente resolveu a questão. Uma vez que o Ocidente estava convencido do cunho apostólico desse livro, nenhum obstáculo permaneceu no caminho de sua aceitação plena e irrevogável no cânon. O teor do livro é claramente confiável, tanto quanto sua reivindicação de deter autoridade divina (cf. 1.1; 2.3,4; 13.22).

Tiago. A veracidade do livro de Tiago foi desafiada, tanto quanto sua autoria. Como no caso da carta aos Hebreus, o autor da carta atribuída a Tiago não afirma ser apóstolo. Os primeiros leitores e os que se lhes seguiram puderam atestar que esse era o Tiago do círculo apostólico, o irmão de Jesus (cf. At 15 e Gl 1). Todavia, a igreja ocidental não teve acesso a essa informação original. Também havia o problema do ensino a respeito da justificação e das obras, conforme Tiago o apresenta. O aparente conflito entre seu ensino e o de Paulo, sobre a justificação pela fé, representou um peso contra a carta de Tiago. Até Martinho Lutero chegou a chamar Tiago de "carta de palha", colocando-a no fim do Novo Testamento. No entanto, em decorrência dos esforços de Orígenes, de Eusébio (que pessoalmente recomendava a aceitação de Tiago), de Jerônimo e de Agostinho, a veracidade e a apostolicidade dessa carta vieram a ser reconhecidas pela igreja ocidental. Dessa época até o presente, Tiago vem ocupando sua posição canônica no cristianismo. É claro que sua aceitação baseia-se na compreensão de sua compatibilidade essencial com os ensinos paulinos a respeito da justificação do crente pela fé.

Segunda carta de Pedro. Nenhuma outra carta do Novo Testamento ocasionou maiores dúvidas quanto à sua autenticidade do que 2Pedro. Parece que Jerônimo entendeu o problema; ele afirmou que a hesitação em aceitá-la como obra autêntica do apóstolo Pedro deveu-se à dessemelhança de estilo com a primeira carta do apóstolo. Há algumas diferenças notáveis de estilo entre as duas cartas de Pedro, mas, não obstante os problemas lingüísticos e históricos, há mais do que amplas razões para que aceitemos 2Pedro como livro canônico.

William F. Albright, chamando a atenção para as similaridades com a literatura do Qumran, data 2Pedro anteriormente a 80 d.C. Isso significa que essa carta não é fraude forjada no século II, mas carta que se originou no período apostólico. O *Papiro Bodmer* (P^{72}), recentemente descoberto, contém uma cópia de 2Pedro oriunda do Egito, do século III. Essa descoberta também revela que 2Pedro estava sendo usada com grande respeito pelos cristãos coptas, em época bem primitiva. Clemente de Roma, bem como a obra *Pseudo-Barnabé*, dos séculos I e II respectivamente, citam 2Pedro. Temos além disso os testemunhos de Orígenes, de Eusébio, de Jerônimo e de Agostinho, do século III ao V. Aliás, há mais comprovações de 2Pedro que de alguns clássicos do mundo antigo, como as obras de Heródoto e de Tucídides. Finalmente, há evidências internas a favor da confiabilidade de 2Pedro. Há na carta características e interesses doutrinários notadamente petrinos. As diferenças de estilo podem ser explicadas facilmente, por causa do emprego de um escriba em 1Pedro, o que não ocorreu em 2Pedro (v. 1Pe 5.12).

Primeira e segunda cartas de João. As duas cartas mais curtas de João também foram alvo de questionamento quanto à autenticidade. O escritor se identifica apenas como "o presbítero"; por causa dessa anonimidade e de sua circulação limitada, as cartas não gozaram de ampla aceitação, ainda que fossem mais amplamente aceitas do que 2Pedro. Policarpo e Ireneu haviam aceito 2João como confiável. O *Cânon muratório* e a *Antiga latina* continham ambas. A semelhança em estilo e em mensagem com 1João, que havia sido amplamente aceita, mostrou ser óbvio que as outras duas vieram do apóstolo João também (cf. 1Jo 1.1-4). Quem mais seria tão íntimo dos primitivos crentes asiáticos, de tal modo que pudesse escrever com autoridade sob o título afetuoso de "o presbítero"? O termo *presbítero* (ancião) era usado como título pelos demais apóstolos (v. 1Pe 5.1), pelo fato de denotar o cargo que ocupavam (v. At 1.20), enquanto apostolado designava o dom que haviam recebido (cf. Ef 4.11).

Judas. A confiabilidade desse livro foi questionada por alguns. A maioria da contestação centrava-se nas referências ao livro pseudepigráfico de Enoque (Jd 14,15) e numa possível referência ao livro *Assunção de Moisés* (Jd 9). Orígenes faz ligeira menção desse problema (*Comentário sobre Mateus*, 18,30), e Jerônimo declara especificamente ser esse o problema (Jerônimo, *Vidas de homens ilustres*, cap. 4). No entanto, Judas foi suficientemente reconhecida pelos primeiros pais da igreja. Ireneu, Clemente de Alexandria e Tertuliano aceitaram a confiabilidade desse livro, como o fez o *Cânon muratório*. As citações pseudepigráficas têm uma explicação, a qual se valoriza muito pelo fato de tais citações não serem essencialmente diferentes das citações feitas por Paulo de poetas não-cristãos (v. At 17.28; 1Co 15.33; Tt 1.12). Em nenhum desses casos os livros são citados como se tivessem autoridade divina, tampouco as citações representam aprovação integral de tudo que os livros pagãos ensinam; os autores das cartas bíblicas meramente citam um fragmento de verdade encravada naqueles livros. O *Papiro Bodmer* (P^{72}), recentemente descoberto, confirma o uso de Judas, ao lado de 2Pedro, na igreja copta do século III.

Apocalipse. Esse livro havia sido considerado parte dos *antilegomena* no início do século IV, pelo fato de alguns haverem levantado dúvidas quanto à sua confiabilidade. A doutrina do quiliasmo (milenarismo), achada em Apocalipse 20, foi o ponto central da controvérsia. O debate em torno do Apocalipse provavelmente durou mais que qualquer outro debate sobre outros livros neotestamentários. A controvérsia chegou até fins do século IV. É de estranhar, contudo, que o Apocalipse tenha sido um dos primeiros livros a ser reconhecidos entre os escritos dos primeiros pais da igreja. Havia sido aceito pelos autores d*O didaquê* e d*O pastor*, por Papias e por Ireneu, bem como pelo *Cânon muratório*. Todavia, quando os montanistas agregaram seus ensinos heréticos ao livro de Apocalipse, no século III, a aceitação definitiva desse livro acabou sofrendo uma demora mais longa. Dionísio, o bispo de Alexandria, levantou sua voz influente contra o livro de Apocalipse, em meados do século III. Mas essa influência se desvaneceu quando Atanásio, Jerônimo e Agostinho ergueram-se em defesa do Apocalipse. A partir do momento em que se tornou evidente que o livro de Apocalipse estava sendo mal usado pelas seitas heréticas, embora houvesse saído da pena do apóstolo João (Ap 1.4; v. 22.8,9), e não dentre os hereges, assegurou-se o lugar definitivo desse livro no cânon sagrado.

Em resumo: alguns pais da igreja haviam-se posicionado contra os *antilegomena*. Isso ocorrera por causa da falta de comunicação, ou por causa de más interpretações que se fizeram desses livros. A partir do momento em que a verdade passou a ser do conhecimento de todos, tais livros foram aceitos plena e definitivamente, passando para o cânon sagrado, da forma exata como haviam sido reconhecidos pelos cristãos primitivos desde o início.

Os livros aceitos por alguns —apócrifos

A distinção que se faz entre os apócrifos do Novo Testamento e os livros pseudepigráficos não é autorizada. Estes, na maior parte, não haviam sido aceitos pelos pais primitivos e ortodoxos da igreja, nem pelas igrejas, não sendo, portanto, considerados canônicos; mas os livros apócrifos gozavam de grande estima pelo menos da parte de um pai da igreja.

A natureza dos apócrifos do Novo Testamento

Os apócrifos do Novo Testamento quando muito tiveram o que Alexander Souter chamou "canonicidade temporal e local".[1] Haviam sido aceitos por um número limitado de cristãos, durante um tempo limitado, mas nunca receberam um reconhecimento amplo ou permanente. O fato de esses livros possuírem mais valor do que os "pseudepígrafos"

---

[1] *The text and canon of the New Testament*, Londres, Duckworth, 1913, p. 178-81.

sem dúvida explica a mais elevada estima de que gozavam entre os cristãos. Há diversas razões por que são importantes, e faziam parte das bibliotecas devocionais e homiléticas das igrejas primitivas: 1) revelam os ensinos da igreja do século II, 2) fornecem documentação da aceitação dos 27 livros canônicos do Novo Testamento e 3) fornecem outras informações históricas a respeito da igreja primitiva, no que concerne à sua doutrina e liturgia.

O número dos apócrifos do Novo Testamento

Enumerar os livros apócrifos do Novo Testamento é tarefa difícil, porque depende da distinção que se faz entre apócrifos e pseudepígrafos. Se o critério for a aceitação por pelo menos um dos pais ortodoxos ou as listas dos primeiros cinco séculos,** está armado o debate.

Epístola do Pseudo-Barnabé (c. 70-79). Essa carta, que teve ampla circulação no século I, encontra-se no *Códice sinaítico* (ℵ), sendo mencionada no sumário do *Códice Beza* (D), nos remotos anos de 550. Foi mencionada como Escritura tanto por Clemente de Alexandria como por Orígenes. Seu estilo é semelhante ao de Hebreus, mas seu conteúdo é mais alegórico. Alguns têm questionado se esse documento realmente é do século I. Mas, como disse Brooke Foss Westcott: "A antiguidade da carta está firmemente comprovada, mas sua confiabilidade é mais do que questionável".[2] O autor da carta é um leigo que não reivindica autoridade divina (cap. 1), e obviamente não é o Barnabé que se nomeia entre os apóstolos do Novo Testamento (At 14.14).

Epístola aos coríntios (c. 96). De acordo com Dionísio, de Corinto, essa carta de Clemente de Roma havia sido lida publicamente em Corinto e em outros lugares. Também se encontra do *Códice alexandrino* (A), por volta de 450, e Eusébio nos informa que essa carta havia sido lida em muitas igrejas (*História eclesiástica*, 3,16). Provavelmente o autor teria sido o Clemente mencionado em Filipenses 4.3, mas a carta não reivindica inspiração divina. Nota-se o emprego um tanto fantasioso de declarações do Antigo Testamento, e o apócrifo *Livro da sabedoria* é citado como Escritura no cap. 27. O tom da carta é evangélico, mas seu espírito é indubitavelmente subapostólico. Nunca houve ampla aceitação desse livro, e a igreja jamais o reconheceu como canônico.

**"Ortodoxo" denota que o livro está de acordo com os ensinos dos credos e dos concílios dos primeiros cinco séculos, como o *Credo dos apóstolos*, o *Credo niceno* etc.
[2]*A general survey of the history of the canon of the New Testament*, p. 41.

Homilia antiga. A chamada *Segunda epístola de Clemente* (c. 120-140) havia sido erroneamente atribuída a Clemente de Roma. Foi conhecida e usada no século II. No *Códice alexandrino* (A) consta no fim do Novo Testamento, ao lado de *1Clemente* e de *Salmos de Salomão*. Não existem evidências de que esse livro em certa época haja sido considerado canônico. Se isso aconteceu, certamente teria sido em pequena escala. O cânon do Novo Testamento o exclui até hoje.

O pastor, de Hermas *(c. 15-140)*. Foi o livro não-canônico mais popular da igreja primitiva. Encontrava-se no *Códice sinaítico* (א), no sumário de *Beza* (D), em algumas Bíblias latinas, sendo citado como inspirado por Ireneu e por Orígenes. Eusébio relata que esse livro era lido publicamente nas igrejas e usado para instrução na fé. *O pastor*, de Hermas, é grande alegoria cristã e, à semelhança d*O peregrino*, de John Bunyan, posteriormente ficou em segundo lugar em relação aos livros canônicos em circulação na igreja primitiva. Como outro livro, *Sabedoria de Siraque (Eclesiástico)*, dentre os apócrifos do Antigo Testamento, *O pastor* tem valor ético e devocional, mas nunca foi reconhecido pela igreja como canônico. A nota no *Fragmento muratório* sintetiza a classificação *do pastor* na igreja primitiva: "Deve ser lido; todavia, não pode ser lido na igreja para o povo, nem como se estivesse entre os profetas, visto que o número destes já está completo, tampouco entre os apóstolos, até o fim dos tempos".[3]

O didaquê, ou *Ensino dos doze apóstolos (c. 100-120)*. Essa obra primitiva também gozou de grande prestígio na igreja primitiva. Clemente de Alexandria a mencionava como Escritura, e Atanásio afirma ser ela usada na instrução ou catequese. No entanto, Eusébio a colocou entre os "escritos rejeitados", como o fariam os primitivos pais mais importantes, depois dele, e a igreja em geral. Todavia, o livro tem grande importância histórica, como elo entre os apóstolos e os pais primitivos, com suas muitas referências aos evangelhos, às cartas de Paulo e até ao Apocalipse. No entanto, jamais foi reconhecido como canônico em nenhuma das traduções oficiais e listas produzidas pela igreja primitiva.

Apocalipse de Pedro (c. 150). Trata-se de um dos mais velhos dos apocalipses não-canônicos do Novo Testamento, tendo circulado em larga escala na igreja primitiva. É mencionado no *Fragmento muratório*, no sumário de *Beza* (D) e por Clemente da Alexandria. Suas imagens vívidas

[3]Henry BETTENSON, *Documents of the Christian Church*, Oxford, Oxford University Press, 1947, p. 41.

do mundo espiritual exerceram forte influência no pensamento medieval, de que derivou o *Inferno*, de Dante. O *Fragmento muratório* foi questionado a respeito de sua confiabilidade, havendo quem reclamasse do fato de o livro não ser lido publicamente nas igrejas. A igreja universal nunca o reconheceu como canônico.

Atos de Paulo e de Tecla (170). É livro mencionado por Orígenes, estando no sumário do *Códice Beza* (D). Se despido de seus elementos mitológicos, trata-se da história de Tecla, senhora proveniente de Icônio, supostamente convertida pelo ministério de Paulo segundo consta em Atos 14.1-7. Muitos estudiosos acreditam que esse livro traga uma tradição genuína, mas a maioria inclina-se a concordar com Adolf von Harnack em que o livro contém "forte dose de ficção e pouquíssima verdade". Essa obra jamais chegou perto de obter reconhecimento canônico.

Carta aos laodicenses (século IV?). É obra forjada já conhecida por Jerônimo, a qual aparece em muitas Bíblias do século VI ao XV. Assim observou J. B. Lightfoot: "Essa carta é um punhado de frases paulinas costuradas entre si sem nenhum elemento conector definido, e sem objetivo claro".[4] Não apresenta peculiaridades doutrinárias, sendo tão inócua quanto pode ser uma obra falsificada. Esses elementos combinam-se com o fato de haver um livro com o mesmo título, mencionado em Colossenses 4.16, resultando em tal obra vir a aparecer muito tarde nos círculos cristãos. Ainda que o Concílio de Nicéia II (787) tenha advertido a igreja contra esse livro, chamando-o "carta forjada", ele reaparece na época da Reforma, em língua alemã e também nas Bíblias inglesas. Apesar disso, jamais obteve reconhecimento canônico.

O *Fragmento muratório* menciona um livro com esse mesmo título, mas alguns estudiosos julgam tratar-se de uma referência à Carta aos Efésios ou a Filemom, que Paulo chamava "carta de Laodicéia". Tal confusão explica a persistente reaparição desse livro não-canônico, que, sem sombra de dúvidas, não é de fato canônico.

Evangelho segundo os hebreus (65-100). Provavelmente esse é o evangelho não-canônico mais antigo que exista, o qual sobreviveu apenas em fragmentos encontrados nas citações feitas por vários pais primitivos da igreja. De acordo com Jerônimo, alguns o chamavam verdadeiro evangelho, mas isso é questionável, tendo em vista o fato de a obra apresentar

---

[4] *Saint Paul's epistles to the Colossians and to Philemon*, Grand Rapids, Zondervan, 1965, p. 285.

pouquíssima semelhança com o Mateus canônico; é livro em muitos aspectos de natureza mais pseudepigráfica que apócrifa. Os primitivos pais da igreja provavelmente o usavam mais como fonte homilética, não tendo jamais obtido categoria de livro bíblico canônico.

Epístola de Policarpo aos filipenses (c. 108). Policarpo, discípulo do apóstolo João e mestre de Ireneu, constitui elo importante com os apóstolos do século I. Policarpo não advogou inspiração divina para sua obra; disse que apenas ensinava as coisas que havia aprendido com os apóstolos. Há pouca originalidade nessa epístola, visto que tanto o conteúdo como o estilo foram tomados por empréstimo do Novo Testamento, de modo especial da carta de Paulo aos filipenses. Embora a carta de Policarpo não seja canônica, é fonte valiosa de informações a respeito de outros livros do Novo Testamento que ele próprio cita como canônicos.

Sete epístolas de Inácio (c. 110). Essas cartas revelam familiaridade incontestável com os ensinos do Novo Testamento, de modo especial com as cartas de Paulo. No entanto, o estilo das cartas é mais joanino. Ireneu cita a carta escrita aos efésios, e Orígenes cita tanto a *Epístola aos romanos* como a enviada aos efésios. Inácio, que segundo a tradição teria sido discípulo de João, não reivindica para si a virtude de falar com autoridade divina. Aos efésios, por exemplo, ele escreve: "Não dou ordens a vós, como se eu fora personagem importante [...] Falo-vos como co-discípulo que sou de vós" (cap. 3). Sem dúvida as cartas são autênticas, não, porém, apostólicas e, por isso, não canônicas. Esse tem sido o consenso da igreja ao longo dos séculos. Os escritos genuínos do período subapostólico são os mais úteis, sob o aspecto histórico, visto que revelam o estado da igreja e o reconhecimento dos livros canônicos do Novo Testamento.

Podemos resumir tudo isso dizendo que a grande maioria dos livros do Novo Testamento jamais sofreu polêmicas quanto à inspiração, desde o início. Todos os livros originariamente reconhecidos como inspirados por Deus, que mais tarde sofreriam algum questionamento, chegaram a gozar plena e definitiva aceitação por parte da igreja no mundo inteiro. Certos livros não-canônicos, que gozavam de grande prestígio, que eram muito usados e que tinham sido incluídos em listas provisórias de livros inspirados, foram tidos como valiosos para emprego devocional e homilético, mas nunca obtiveram reconhecimento canônico por parte da igreja. Só os 27 livros do Novo Testamento são tidos e aceitos como genuinamente apostólicos. Só esses 27 encontraram lugar permanente no cânon do Novo Testamento.

11
As línguas e os materiais da Bíblia

Até este momento nosso estudo tem-se centrado ao redor dos dois primeiros elos da cadeia vinda de Deus para nós. O primeiro elo é a inspiração, que envolvia a outorga e o registro da revelação de Deus para o homem, mediante os profetas. O segundo elo é a canonização, que envolvia o reconhecimento e a compilação dos registros proféticos pelo povo de Deus. A fim de compartilhar esses registros com os novos crentes e com as gerações futuras, era necessário que se copiassem, traduzissem, recopiassem e retraduzissem esses livros. Esse processo constitui o terceiro elo da corrente de comunicação, conhecido como transmissão da Bíblia.

Visto que a Bíblia vem passando por quase dois mil anos de transmissão (não computando o Antigo Testamento), é razoável que se pergunte se a Bíblia em português, de que dispomos hoje, no final do século xx, constitui reprodução exata dos textos hebraicos e gregos. Em suma, até que ponto a Bíblia sofreu danos no processo de transmissão? A fim de responder a essa pergunta e tratar bem desse assunto, será necessário que examinemos a ciência da crítica textual (v. caps. 14 e 15), que compreende as línguas e os materiais da Bíblia, bem como as evidências documentais dos próprios manuscritos (v. caps. 12 e 13).

A importância das línguas escritas

Meios alternativos de transmissão

Várias alternativas estavam abertas diante de Deus, quando decidiu escolher um meio de transmitir sua verdade aos homens (Hb 1.1). Ele poderia ter usado um ou mais dos veículos empregados em várias ocasiões, ao longo dos tempos bíblicos. Por exemplo, Deus usou anjos nos tempos da Bíblia (v. Gn 18,19; Ap 22.8-21). O lançar sorte, além do Urim e do Tumim, também foi empregado, a fim de procurar saber a vontade de Deus (Êx 28.30; Pv 16.33), da mesma forma que se ouvia a voz da consciência (Rm 2.15) e da criação (Sl 19.1-6). Além disso, Deus usou vozes audíveis (1Sm 3) e milagres diretos (Jz 6.36-40).

Todos esses veículos sofriam algum tipo de limitação ou deficiência. Enviar um anjo para que entregasse cada mensagem de Deus, a cada ser humano, em cada situação, ou empregar vozes audíveis e milagres diretos, tudo isso seria difícil de administrar e repetitivo. Lançar sorte ou a simples resposta positiva ou negativa advinda do Urim e do Tumim eram limitados demais, em comparação com outros veículos de comunicação de massa com maior amplitude e melhores recursos, sendo capazes de prover descrições minuciosas. Outros meios de comunicação, como visões, sonhos e as vozes da consciência ou da criação, em certas ocasiões sofriam a influência do subjetivismo, da distorção cultural e até da corrupção. Era o que se verificava sobretudo ao compará-los com alguns meios mais objetivos de comunicação, os quais faziam uso da linguagem escrita.

A língua escrita em geral

Seria incorreto dizer que todos aqueles meios de comunicação, sem exceção, não eram bons, uma vez que de fato foram meios que Deus usou para comunicar-se com os profetas. No entanto, havia um "caminho mais excelente", mediante o qual o Senhor se comunicaria com os seres humanos de todas as eras por meio dos profetas. Deus decidiu fazer que sua mensagem se tornasse algo permanente e se imortalizasse por meio de um registro escrito entregue aos homens. Tal registro seria mais preciso, mais permanente, mais objetivo e mais facilmente disseminável do que qualquer outro meio.

Precisão. Uma das vantagens da linguagem escrita sobre os demais veículos de comunicação é a precisão. Para que um pensamento seja captado e expresso por escrito, é preciso que tenha sido claramente entendido pelo autor. O leitor, por sua vez, pode entender com mais precisão um pensamento que lhe tenha sido comunicado mediante a palavra escrita. Visto que os conhecimentos entesourados pelo ser humano, até o presente, têm sido preservados na forma de registros escritos e de livros, pode-se compreender por que Deus escolheu esse processo a fim de comunicar-nos sua verdade.

Permanência. Outra vantagem da linguagem escrita é sua permanência. Constitui meio pelo qual se pode preservar o pensamento ou a expressão, sem que os percamos por lapso da memória, por vacilação mental ou por intrusão em outras áreas. Além disso, o registro escrito estimula a memória do leitor e instiga sua imaginação, de modo que passa a incluir inúmeras implicações latentes nas palavras e nos símbolos do registro. As palavras são maleáveis e permitem o enriquecimento pessoal do leitor.

Objetividade. A transmissão de uma mensagem por escrito também tende a torná-la mais objetiva. A expressão escrita carrega consigo uma marca de irrevocabilidade extrínseca a outras formas de comunicação. Esse caráter definitivo transcende a subjetividade de cada leitor, o que complementa a precisão e a permanência da mensagem transmitida. E mais: a palavra escrita combate a má interpretação e a má transmissão da mensagem.

Disseminação. Outra vantagem da linguagem escrita sobre os demais meios de comunicação é sua capacidade de propagação, ou disseminação. Independentemente do cuidado com que se processa uma comunicação oral, sempre existe uma probabilidade maior de corrupção e de alteração das palavras utilizadas em relação à comunicação escrita. Em resumo, a tradição oral tende a sofrer corrupção, em vez de preservar uma mensagem. Na disseminação de sua revelação à humanidade, de modo especial às gerações futuras, Deus escolheu um modo exato de transmitir sua Palavra.

As línguas bíblicas em particular

As línguas utilizadas no registro da revelação de Deus, a Bíblia, vieram das famílias de línguas semíticas e indo-européias. Da família semítica se originaram as línguas básicas do Antigo Testamento, qual sejam o hebraico e o aramaico (siríaco). Além dessas línguas, o latim e o grego representam a família indo-européia. De modo indireto, os fenícios exerceram um papel importante na transmissão da Bíblia, ao criar o veículo básico que fez que a linguagem escrita fosse menos complicada do que havia sido até então: inventaram o alfabeto.

As línguas do Antigo Testamento. O aramaico era a língua dos sírios, tendo sido usada em todo o período do Antigo Testamento. Durante o século VI a.C., o aramaico se tornou língua geral de todo o Oriente Próximo. Seu uso generalizado se refletiu nos nomes geográficos e nos textos bíblicos de Esdras 4.7—6.18; 7.12-26 e Daniel 2.4—7.28.

O hebraico é a língua principal do Antigo Testamento, especialmente adequada para a tarefa de criar uma ligação entre a biografia do povo de Deus e o relacionamento do Senhor com esse povo. O hebraico encaixou-se bem nessa tarefa porque é uma língua *pictórica*. Expressa-se mediante metáforas vívidas e audaciosas, capazes de desafiar e dramatizar a narrativa dos acontecimentos. Além disso, o hebraico é uma língua *pessoal*. Apela diretamente ao coração e às emoções, e não apenas à mente e à razão. É uma língua em que a mensagem é mais sentida que meramente pensada.

As línguas do Novo Testamento. As línguas semíticas também foram usadas na redação do Novo Testamento. Na verdade, Jesus e seus discípulos falavam o aramaico, sua língua materna, tendo sido essa a língua falada por toda a Palestina na época. Enquanto agonizava na cruz, Jesus clamou em aramaico: "... *Eli, Eli, lemá sabactâni*, que quer dizer: Deus meu, Deus meu, por que me desamparaste?" (Mt 27.46). O hebraico fez sentir mais sua influência mediante expressões idiomáticas que mediante declarações dessa natureza. Uma dessas expressões idiomáticas do hebraico traduzidas em português de diversas maneiras é "e sucedeu que". Outro exemplo da influência hebraica no texto grego, vemos no emprego de um segundo substantivo, em vez de um adjetivo, a fim de atribuir uma qualidade a algo ou a alguém. Como exemplo citamos as expressões: "obra da vossa fé; do vosso trabalho de amor, e da vossa firmeza de esperança" (1Ts 1:3).

Além das línguas semíticas a influenciar o Novo Testamento, temos as indo-européias, o latim e o grego. O latim influenciou ao emprestar muitas palavras, como "centurião", "tributo" e "legião", e pela inscrição trilíngüe na cruz (em latim, em hebraico e em grego).

No entanto, a língua em que se escreveu o Novo Testamento foi o grego. Até fins do século XIX, cria-se que o grego do Novo Testamento era a "língua especial" do Espírito Santo, mas a partir de então essa língua tem sido identificada como um dos cinco estágios do desenvolvimento da língua grega. Esse grego *coiné* era a língua mais amplamente conhecida em todo o mundo do século I. O alfabeto havia sido tomado dos fenícios. Seus valores culturais e vocabulário cobriam vasta expansão geográfica, vindo a tornar-se a língua oficial dos reinados em que se dividiu o grande império de Alexandre, o Grande. O aparecimento providencial dessa língua, ao lado de outros desenvolvimentos culturais, políticos, sociais e religiosos, durante o século I a.C., fica implícito na declaração de Paulo: "Mas vindo a plenitude dos tempos, Deus enviou seu Filho, nascido de mulher, nascido sob a lei" (Gl 4.4).

O grego do Novo Testamento adaptou-se de modo adequado à finalidade de interpretar a revelação de Cristo em linguagem teológica. Tinha recursos lingüísticos especiais para essa tarefa por ser um idioma *intelectual*. Era um idioma da mente, mais que do coração, e os filósofos atestam isso amplamente. O grego tem precisão técnica de expressão não encontrada no hebraico. Além disso, o grego era uma língua quase *universal*. A verdade do Antigo Testamento a respeito de Deus foi revelada inicialmente a uma nação, Israel, em sua própria língua, o hebraico. A revelação completa, dada por Cristo, no Novo Testamento, não veio de forma tão restrita. Em vez disso, a mensagem de Cristo deveria ser anunciada no mundo todo: "... em seu nome se pregará o arrependimento e a remissão dos pecados, em todas as nações, começando por Jerusalém" (Lc 24.47).

O desenvolvimento das línguas escritas

Os avanços na escrita

Ainda que o Antigo Testamento nada diga a respeito do desenvolvimento da escrita, podemos discernir três estágios desse desenvolvimento. No primeiro estágio acham-se os *pictogramas*, ou representações rudes que antecederam a escrita atual. Eram figuras que representavam seres humanos ou animais, como o boi, o leão e a águia. Com o passar do tempo, os pictogramas foram perdendo sua posição dominante como meio de comunicação escrita. Foram substituídos por *ideogramas*, figuras que representavam idéias, em vez de pessoas e objetos. Um objeto como o sol representava o calor; um homem de idade representava a velhice; a águia, o poder; o boi, a força e o leão, a realeza etc., de modo que tais ideogramas gradualmente foram substituindo os pictogramas. Outra expansão dos pictogramas foram os *fonogramas*, ou traços que representavam sons, em vez de objetos ou idéias. Uma boca poderia representar o verbo falar; o ouvido, o verbo ouvir; uma perna, o verbo andar; uma cabeça de leão poderia significar um estrondo; a cabeça de um pássaro, um som delicado; uma harpa, a música e assim por diante. Deu-se um passo gigantesco no desenvolvimento da escrita, depois de longo tempo, quando os fenícios desenvolveram sua maior inovação na história da comunicação escrita: o *alfabeto*.

A era da escrita

As evidências da escrita na antigüidade de modo algum são abundantes, mas as existentes pelo menos bastam como expressão elevada do desenvolvimento cultural. Parece que a escrita se desenvolveu durante o

IV milênio a.C. No II milênio a.C. várias experiências conduziram ao desenvolvimento do alfabeto e de documentos escritos por parte dos fenícios. Tudo isso se completou antes da época de Moisés, que escreveu não antes de mais ou menos 1450 a.C.

Já em c. 3500 a.C. os sumérios usavam tabuinhas de barro para a escrita cuneiforme, e registravam acontecimentos de sua história na Mesopotâmia. Como exemplo desse tipo de escrita, temos a descrição sumeriana do dilúvio, que teria sido gravada em 2100 a.C. Havia no Egito (c. 3100 a.C.) alguns documentos escritos em hieróglifos (pictografia). Dentre esses escritos egípcios primitivos estavam *Os ensinos de Kagemni* e *O ensino de Ptah-Hetep*, que datam de c. 2700 a.C. A partir de c. 2500 a.C. usavam-se textos pictográficos em Biblos (Gebal) e na Síria. Em Cnosso e em Atchana, grandes centros comerciais, apareceram registros gravados anteriores à época de Moisés. Outros elementos correspondentes de meados a fins do II milênio a.C. acrescentam mais evidências de que a escrita já se havia desenvolvido bem antes da época de Moisés. Em suma, Moisés e os demais autores da Bíblia escreveram numa época em que a humanidade estava "alfabetizada", ou, melhor dizendo, já podia comunicar seus pensamentos por escrito.

Os materiais e os instrumentos de escrita

Os materiais de escrita

Os autores das Escrituras empregaram os mesmos materiais em uso no mundo antigo. Por exemplo, as *tabuinhas de barro* eram usadas não só na antiga Suméria, já em 3500 a.C., como também por Jeremias (17.13) e por Ezequiel (4.1). As *pedras* também eram usadas para fazer inscrições na Mesopotâmia, no Egito e na Palestina, para gravação, por exemplo, do *Código de Hamurábi*, dos textos da pedra de Roseta e da pedra moabita. Foram empregadas também na região do rio do Cão, no Líbano, e em Behistun, na Pérsia (Irã), como também por escritores bíblicos (v. Êx 24.12; 32.15,16; Dt 27.2,3; Js 8.31,32).

O *papiro* foi usado na antiga Gebal (Biblos) e no Egito por volta de 2100 a.C. Eram folhas de uma planta, que se prensavam e colavam para formar um rolo. Foi o material que o apóstolo João usou para escrever o Apocalipse (5.1) e suas cartas (2Jo 12). *Velino, pergaminho* e *couro* são palavras que designam os vários estágios de produção de um material de escrita feito de peles de animais. O velino era desconhecido até 200 a.C., pelo que Jeremias teria tido (36.23) em mente o couro. Paulo se refere a pergaminhos em 2Timóteo 4.13. Outros materiais para escrita eram o *metal* (Êx 28.36; Jó 19.24; Mt 22.19,20), a *cera* (Is 8.1; 30.8; Hb 2.2; Lc 1.63), as *pedras preciosas* (Êx 39.6-14) e os *cacos de louça* (óstracos), como mostra Jó 2.8. O *linho* era usado no Egito, na Grécia e na Itália, embora não tenhamos indícios de que tenha sido usado no registro da Bíblia.

Os instrumentos de escrita

Vários instrumentos básicos foram empregados para que se produzissem os registros escritos nos materiais mencionados acima. Dentre eles estava o *estilo*, instrumento em formato de pontalete triangular com cabeçote chanfrado, com que se escrevia. Era usado de modo especial para fazer entalhes em tabuinhas de barro ou de cera, sendo às vezes denominado pena pelos escritores bíblicos (v. Jr 17.1). O *cinzel* era usado para fazer inscrições em pedra, como em Josué 8.31,32. Jó refere-se ao cinzel denominando-o "pena de ferro" (19.24), com a qual se poderiam fazer gravações na rocha. A *pena* era usada para escrever em papiro, em couro, em velino e em pergaminho (3Jo 13).

Outros instrumentos eram usados pelo escriba para desempenhar as tarefas escriturárias. Jeremias refere-se a um *canivete* que alguém usou a fim de destruir um rolo (Jr 36.23). Seu uso mostra que o rolo teria sido feito de um material mais forte que o papiro, que podia ser rasgado. O canivete também era usado quando o escritor desejava afiar a pena, quando esta começasse a ficar rombuda ou gasta pelo uso. A *tinta* era o material que acompanhava a pena e ficava no *tinteiro*. A tinta era usada para escrever em papiro, em couro, em pergaminho ou em velino. Vê-se, desse modo, que todos os materiais e instrumentos disponíveis aos escritores no mundo antigo também estavam à disposição dos escritores da Bíblia.

A preparação e a preservação dos manuscritos

Os escritos originais, autênticos, saídos da mão de um profeta ou apóstolo, ou de um secretário ou amanuense, sempre sob a direção do homem de Deus, eram chamados *autógrafos*. Esses não existem mais. Por essa razão, precisaram ser reconstituídos a partir de manuscritos e versões primitivas do texto da Bíblia. Tais manuscritos oferecem evidências tangíveis e importantes da transmissão da Bíblia para nós por parte de Deus.

A preparação dos manuscritos

Antigo Testamento. Ainda que a escrita hebraica tenha-se iniciado antes da época de Moisés, é impossível precisar seu surgimento. Não existem manuscritos que teriam sido produzidos antes do cativeiro babilônico

(586 a.C.), mas houve uma verdadeira avalancha de cópias das Escrituras que datam da era do *Talmude* (c. 300 a.C.-500 d.C.). Durante esse período surgiram dois tipos genéricos de cópias manuscritas: os *rolos das sinagogas* e as *cópias particulares*.

Os rolos das sinagogas eram considerados "cópias sagradas" do texto do Antigo Testamento, por causa das regras rigorosas que cercavam sua execução. Tais cópias eram usadas em cultos, em reuniões públicas e nas festas anuais. Um rolo separado continha a *Tora* (Lei); parte dos *Nebhiim* (Profetas) vinha em outro rolo; os *Kethubhim* (Escritos), em outros dois rolos e os *Megilloth* ("Cinco rolos"), em cinco rolos separados. Os *Megilloth* sem dúvida eram escritos em rolos separados a fim de facilitar a leitura nas festas anuais.

As cópias particulares eram consideradas cópias comuns do texto do Antigo Testamento, não usadas em reuniões públicas. Esses rolos eram preparados com grande cuidado, ainda que não fossem controlados pelas rigorosas regras que regiam a confecção de cópias das sinagogas. Os desejos do comprador determinavam a qualidade de cada cópia. Raramente a pessoa obtinha uma coleção de rolos que contivesse o Antigo Testamento em sua integralidade.

Novo Testamento. Os autógrafos do Novo Testamento desapareceram há muito tempo, mas existem ainda muitas evidências que garantem a suposição de que tais documentos teriam sido escritos em rolos e em livros feitos de papiro. Paulo mostrou que o Antigo Testamento havia sido copiado em livros e em pergaminhos (2 Tm 4:13), mas é provável que o Novo Testamento tenha sido escrito em rolos de papiro, entre os anos 50 e 100 d.C. Por volta do começo do século II, introduziram-se códices de papiro, mas estes também eram perecíveis. Com a chegada das perseguições dentro do Império Romano, as Escrituras passaram a correr perigo de extinção e já não foram copiadas sistematicamente até a época de Constantino. Com a carta de Constantino a Eusébio de Cesaréia, as cópias sistemáticas do Novo Testamento se iniciaram no Ocidente. A partir de então, o velino e o pergaminho também foram empregados nas cópias manuscritas do Novo Testamento. Só na era da Reforma é que as primeiras cópias impressas da Bíblia tornaram-se disponíveis.

A preservação (e a idade) dos manuscritos

Como não houvesse um processo de impressão na época em que as cópias eram manuscritas, a idade e a preservação dessas cópias devem ser apuradas por outros meios que não a data da publicação impressa nas páginas iniciais. Os meios empregados na apuração da idade de um manuscrito incluíam os *materiais* empregados, o *tamanho da letra*, seu formato e pontuação, as divisões do texto e outros fatores diversos.

Os *materiais* constituem pista importante. Para propósitos atuais, só se consideram os materiais usáveis no preparo de rolos ou de livros. Os materiais mais antigos são as peles, embora seu uso acarretasse rolos pesados e volumosos do Antigo Testamento. No tempo do Novo Testamento usavam-se rolos de papiro, por ser baratos, em comparação com o velino e com o pergaminho. Os códices de papiro foram introduzidos para que os rolos individuais fossem unificados num só volume, por volta do começo do século II d.C. O velino e o pergaminho foram usados para o Antigo Testamento na época do Novo Testamento (2Tm 4.13), e para o Novo Testamento após o período de perseguições no século IV. Era comum restaurar pergaminhos, recopiando-se os manuscritos quando os escritos iam ficando apagados.

Às vezes os pergaminhos eram totalmente apagados para receber novos textos, como aconteceu no caso do *Códice efraimita* (C). Esse tipo de manuscrito também era chamado *palimpsesto* (gr., "raspado de novo") ou *reescrito* (termo oriundo da forma latina). O papel foi inventado na China no século II d.C. e introduzido no Turquestão Oriental no começo do século IV; depois passando a ser manufaturado na Arábia, no século VIII, introduzido na Europa no século X, ali manufaturado no século XII e usado comumente no século XIII. Surgiram outros desenvolvimentos na manufatura do papel que podem ajudar a apurar a idade de um manuscrito, a partir da análise do material de escrita.

O *tamanho da letra* e seu formato também constituem evidências que possibilitam apurar a data de um manuscrito. O formato mais antigo das letras hebraicas faz lembrar o formato de garfo das letras fenícias. Esse estilo prevaleceu até a época de Neemias (c. 444 a.C.). Depois disso, passou-se a usar a escrita aramaica, visto ter-se tornado a língua falada em Israel durante o século V a.C. Depois do ano 200 a.C., o Antigo Testamento era copiado com letras quadradas, em estilo aramaico. A descoberta dos rolos do mar Morto, em Qumran, em 1947, lançou mais luzes no estudo da paleografia hebraica. Esses manuscritos revelaram a existência de três tipos diferentes de texto, bem como diferenças de grafia, de regras de gramática e, até certo ponto, diferenças de vocabulário em relação ao texto massorético. Na época dos massoretas, os escribas judeus que padronizaram o texto hebraico do Antigo Testamento (c. 500-1000 d.C.), os princípios do fim do período talmúdico tornaram-se um tanto estereotipados.

Os manuscritos gregos do período do Novo Testamento em geral eram produzidos em dois estilos: literário e não-literário. Sem dúvida alguma o Novo Testamento era escrito no estilo não-literário. Durante os primeiros três séculos, o Novo Testamento provavelmente circulava por fora dos canais regulamentares do comércio de livros em geral, por causa do caráter político do cristianismo. Durante os três primeiros séculos em que se formaram a igreja e o cânon do Novo Testamento, várias tradições orais e escritas seguiram as idiossincrasias de intérpretes e das modas da época, criadas pelos escribas. Só a partir do século IV é que se fizeram esforços sérios para revisar os manuscritos.

O estilo das letras usadas nessas revisões e nos manuscritos primitivos é chamado *uncial* (maiúsculo). As letras eram copiadas separadamente, sem espaço entre palavras e frases. Esse processo lento de copiar um manuscrito foi usado até o século X. Por essa época a procura de manuscritos era tão grande, que se desenvolveu um estilo de escrita mais rápido. Esse estilo *cursivo* empregava letras menores, ligadas entre si, com espaços entre as palavras e as frases. A esses manuscritos se atribuiu o nome de *minúsculos*, estilo que se tornou dominante na era de ouro da cópia manuscritora, do século XI ao XV.

A *pontuação* acrescenta mais luz à pesquisa da idade de um manuscrito. De início as palavras eram ligadas umas às outras, e usava-se pouca pontuação. Durante o século VI os escribas começaram a fazer emprego mais profuso da pontuação. Ao redor do século VIII começaram a usar não só espaço, mas ponto-final, vírgula, ponto-e-vírgula, acentos e, mais tarde, o ponto-de-interrogação. Esse lento processo completou-se em torno do século X, sendo empregado na escrita cursiva da idade de ouro da cópia de manuscritos.

As *divisões do texto*. Começaram a ser usadas nos autógrafos do Antigo Testamento, em alguns livros, como o de Lamentações, e em certos trechos, como o salmo 119. Foram criadas seções adicionais no *Pentateuco*, antes do cativeiro babilônico, chamadas *sedarim*. Durante o cativeiro babilônico, a *Tora* foi dividida em 54 seções chamadas *parashiyyoth*, que posteriormente seriam outra vez subdivididas. As seções de *Macabeus* foram criadas durante o século II a.C. Eram divisões dos profetas, chamadas *haphtaroth*, correspondentes às *seradim* da lei. Durante a época da Reforma, o Antigo Testamento hebraico começou a seguir a divisão em capítulos feita pelos protestantes. Todavia, algumas divisões em capítulos já haviam sido colocadas nas margens, em 1330. Os massoretas acrescentaram sinais vocálicos, posteriormente chamados massoréticos, às palavras hebraicas. Mas só depois de 900 d.C. é que a divisão em versículos do Antigo Testamento começou a tornar-se padronizada. Em 1571, Ário Montano publicou o primeiro Antigo Testamento hebraico com marcações de versículos nas margens, bem como divisões em capítulos.

Antes do Concílio de Nicéia (325 d.C.), o Novo Testamento era dividido em seções. Tais seções eram chamadas *kephalaia* (grego), diferentes das modernas divisões em capítulos. O *Códice vaticano* (B) adotava outro sistema, no século IV, e Eusébio de Cesaréia usava ainda outro. Em tais divisões, os versículos eram maiores do que os atuais, mas os capítulos eram menores. Essas divisões sofreram modificações graduais a partir do século XIII. O trabalho de modificar foi efetuado por Estêvão Langton, professor da Universidade de Paris e mais tarde arcebispo da Cantuária, embora muitos estudiosos atribuam o crédito ao cardeal Hugo de St. Cher (m. 1263). A Bíblia de Wycliffe (1382) seguiu esse padrão. Esse sistema acabou padronizado, visto que seria de base para as versões e traduções posteriores. Os versículos modernos ainda não haviam surgido, embora fossem utilizados no Novo Testamento grego publicado por Roberto Estéfano, em 1551, e introduzidos na Bíblia Inglesa em 1557. Em 1555 foram colocados numa edição da Bíblia em latim, a *Vulgata*, publicada por Estéfano. A primeira Bíblia inglesa que empregou a divisão atual de capítulos e versículos foi a *Bíblia de Genebra* (1560).

Fatores diversos. Outros fatores estão presentes no processo de datação de um manuscrito: o tamanho e o formato das letras, a ornamentação do manuscrito, a grafia das palavras, a cor da tinta, a textura e a cor do pergaminho. A ornamentação dos manuscritos foi-se tornando cada vez mais elaborada nos manuscritos unciais, do século IV ao IX. A partir de então o ornamento entrou em declínio, pois as letras unciais passaram a ser copiadas com menor cuidado. Esses fatores variados influenciaram também os manuscritos chamados "minúsculos", desde essa época até a introdução das edições e traduções impressas da Bíblia, no século XVI. De início, só se usava tinta preta na produção de um manuscrito. Mais tarde seriam empregadas outras cores: o verde, o vermelho e outras. Da mesma forma que a língua falada vai mudando ao longo dos séculos, assim também mudam os componentes físicos dos manuscritos. Desse modo, a qualidade cambiante da textura dos materiais influi no processo de envelhecimento dos manuscritos, e constitui elemento importante na apuração de sua idade.

Resultados

Uma pesquisa superficial das evidências disponíveis, concernentes à idade e à preservação dos manuscritos, oferece-nos algumas informações importantes a respeito do valor de determinado manuscrito em relação à transmissão da Bíblia.

Os *manuscritos do Antigo Testamento* geralmente vêm de dois amplos períodos de produção. O período talmúdico (300 a.C.-500 d.C.) produziu manuscritos usados nas sinagogas e outros em estudos particulares. Em comparação com o período massorético posterior (500-1000 d.C.), aquelas cópias de manuscritos primitivos são em número menor; todavia, são cópias consideradas "oficiais", cuidadosamente transmitidas. Durante o período massorético, o processo de copiar o Antigo Testamento sofreu completa revisão em suas regras; o resultado foi uma renovação sistemática das técnicas de transmissão.

Os *manuscritos do Novo Testamento* podem ser classificados em quatro períodos genéricos de transmissão:

1. Durante os três primeiros séculos a integridade do Novo Testamento resulta do testemunho combinado de fontes, por causa do caráter de ilegalidade do cristianismo. Não se encontram muitos manuscritos completos desse período, mas os existentes são significativos.

2. A partir dos séculos IV e V, após a legalização do cristianismo, houve a multiplicação de manuscritos do Novo Testamento. Eram produzidos em velino e em pergaminho, em vez de papiro.

3. A partir do século VI, os manuscritos passaram a ser copiados por monges que os coligiam e deles cuidavam em mosteiros. Foi um período de reprodução não respaldada pela crítica, de aumento de produção, mas de decréscimo da qualidade do texto.

4. Após a introdução dos manuscritos chamados "minúsculos" no século X, as cópias dos manuscritos multiplicaram-se rapidamente, e prosseguiu o declínio de qualidade na transmissão textual.

12
Os principais manuscritos da Bíblia

Os escritos clássicos da Grécia e de Roma ilustram de modo extraordinário o caráter da preservação dos manuscritos bíblicos. Em contraposição ao número total de mais de 5 mil manuscritos do Novo Testamento conhecidos hoje, outros livros históricos e religiosos do mundo antigo praticamente desaparecem. Só 643 exemplares da *Ilíada* de Homero sobreviveram em forma de manuscrito. Da *História de Roma*, de Tito Lívio, restaram apenas 20 exemplares, e a obra *Guerras gálicas*, de César, só se conhece mediante 9 ou 10 manuscritos. Da obra de Tucídides, *Guerra do Peloponeso*, dispomos em apenas 8 manuscritos; as *Obras* de Tácito só podem ser encontradas em 2 manuscritos. Uma pesquisa das evidências em manuscritos do Antigo Testamento, embora não sejam tão numerosas como as do Novo, revela a natureza e a comprovação documentária dos textos originais da Bíblia hebraica.

Os manuscritos do Antigo Testamento

Em comparação com o Novo Testamento, há relativamente poucos manuscritos antigos do texto do Antigo Testamento. Era o que se verificava sobretudo antes da descoberta, em 1947, dos rolos do mar Morto. Mas esse acontecimento proporcionou ensejo para nosso estudo das tradições do *Texto massorético* e dos *rolos do mar Morto*.

O Texto massorético

Até recentemente, só uns poucos manuscritos hebraicos do Antigo Testamento eram conhecidos. Aliás, antes da descoberta dos manuscritos *Cairo Geneza*, em 1890, só 731 manuscritos hebraicos haviam sido publicados. É por isso que a edição corrente da *Bíblia hebraica*, de Kittel, baseia-se em apenas quatro principais manuscritos, mas sobretudo em um deles (o *Códice do Leningrado*). Nessa tradição, os principais textos foram copiados durante o período massorético, como comprovam as seguintes amostras. O manuscrito *Códice do Cairo* ou *Códice cairota* (c) (895 d.C.) talvez seja o manuscrito massorético mais antigo dos profetas, e contém tanto os profetas antigos como os posteriores, mais recentes. O *Códice de Leningrado dos profetas* ou *Códice babilônico dos profetas posteriores* (MX B 3), também conhecido como *Códice de [São] Petersburgo* (916 d.C.), contém apenas os últimos profetas (Isaías, Jeremias, Ezequiel e os Doze), tendo sido escrito com vocalização babilônica. O *Códice Aleppo* (930 d.C.) do Antigo Testamento já não está mais completo. Deve ser a principal autoridade em Bíblia hebraica a ser publicada em Jerusalém, tendo sido corrigida e vocalizada por Aaron ben Asher, em 930 d.C. O *Códice do Museu Britânico* (Oriental 4445) data de 950 d.C.; trata-se de um manuscrito incompleto do *Pentateuco*. Contém apenas de Gênesis 39.20 a Deuteronômio 1.33. O *Códice de Leningrado* (B 19 A ou L) (1008 d.C.) é o maior manuscrito do Antigo Testamento, o mais completo. Foi escrito em velino, com três colunas de 21 linhas por página. Os sinais vocálicos e os acentos seguem o padrão babilônico, colocados acima da linha. O *Códice Reuchlin* (MS Ad. 21161) dos profetas (1105 d.C.) contém um texto revisto que atesta a fidelidade do *Códice de Leningrado*. Os fragmentos de *Cairo Geneza* (500-800 d.C.), descobertos em 1890, no Cairo, estão espalhados por diversas bibliotecas. Ernst Wurthwein afirma existirem cerca de 10 mil manuscritos bíblicos e fragmentos de manuscritos desse depósito.

O número relativamente reduzido de antigos manuscritos do Antigo Testamento, com exceção do *Cairo Geneza*, pode ser atribuído a vários fatores. O primeiro e mais óbvio é a própria antigüidade dos manuscritos, combinada com sua inerente destrutibilidade; esses dois fatores concorrem para o desaparecimento dos manuscritos. Outro fator que militou contra a sobrevivência dos manuscritos foi a deportação dos israelitas à Babilônia e ao domínio estrangeiro após o retorno à Palestina. Jerusalém foi conquistada 47 vezes, em sua história, só no período de 1800 a 1948 d.C. Isso também explica por que os textos massoréticos foram descobertos fora da Palestina. Outro fator que influi na escassez de manuscritos do Antigo Testamento diz respeito às leis sagradas dos escribas, que exigiam que os manuscritos gastos pelo uso ou com erros fossem enterrados. Segundo uma tradição talmúdica, todo manuscrito que contivesse erro ou falha e todo aquele que estivesse demasiado gasto pelo uso eram sistemática e religiosamente destruídos. Tais práticas sem dúvida alguma fizeram diminuir o número de manuscritos que se poderiam encontrar algures. Por fim, durante os séculos V e VI d.C., quando os massoretas (escribas judeus) padronizaram o texto hebraico, acredita-se que de modo sistemático e completo destruíram todos os manuscritos que discordassem do sistema de vocalização (adição de letras vocálicas) e de padronização do texto das Escrituras. Muitas evidências arqueológicas e a ausência de manuscritos mais antigos tendem a dar apoio a esse julgamento. O resultado é que o texto massorético impresso do Antigo Testamento, como o temos hoje, baseia-se nuns poucos manuscritos, nenhum dos quais com origem anterior ao século X d.C.

Ainda que haja relativamente poucos manuscritos massoréticos primitivos, a qualidade dos manuscritos disponíveis é muito boa. Isso também se deve atribuir a vários fatores. Em primeiro lugar, há pouquíssimas variantes nos textos disponíveis, visto serem todos descendentes de um tipo de texto estabelecido por volta de 100 d.C. Diferentemente do Novo Testamento, que baseia sua fidelidade textual na multiplicidade de cópias de manuscritos, o texto do Antigo Testamento deve sua exatidão à habilidade e à confiabilidade dos escribas que o transmitiram. Com todo o respeito às Escrituras judaicas, só a exatidão dos escribas, no entanto, não basta para garantir o produto genuíno. Antes, a reverência quase supersticiosa que dedicavam às Escrituras é de primordial importância. Segundo o *Talmude*, só determinados tipos de peles podiam ser utilizados, o tamanho das colunas era controlado por regras rigorosas, o mesmo acontecendo com respeito ao ritual que o escriba deveria seguir ao copiar um manuscrito. Se se descobrisse que determinado manuscrito continha um único erro, a peça era descartada e destruída. Tão severo formalismo dos escribas foi responsável, pelo menos em parte, pelo extremo cuidado aplicado no processo de copiar as Escrituras Sagradas.

Outra categoria de evidências quanto à integridade do texto massorético encontra-se na comparação de passagens duplas do próprio texto massorético do Antigo Testamento. O salmo 14, por exemplo, reaparece de novo como salmo 53; grande parte de Isaías 36—39 reaparece em 2Reis 18.20; Isaías 2.2-4 corresponde a Miquéias 4.1-3, e grande parte de Crônicas se encontra de novo em Samuel e em Reis. Um exame dessas passagens, bem como de outras, revela não só substancial acordo textual, mas também, em certos casos, igualdade quase absoluta, palavra por palavra. Resulta disso a conclusão de que os textos do Antigo Testamento não sofreram revisões radicais, ainda que as passagens paralelas tenham origem em fontes idênticas.

Outra prova substancial quanto à exatidão do texto massorético procede da arqueologia. Robert Dick Wilson e William F. Albright, por exemplo, fizeram numerosas descobertas que confirmam a exatidão histórica dos documentos bíblicos, até mesmo no que concerne aos nomes obsoletos de reis estrangeiros. A obra de Wilson, *A scientific investigation of the Old Testament* [Investigação científica do Antigo Testamento], e a de Albright, *From the Stone Age to Christianity* [Da Idade da Pedra ao cristianismo], podem ser consultadas em busca de apoio para essa concepção.

Talvez o melhor tipo de evidências em apoio à integridade do texto massorético é encontrada na tradução grega do Antigo Testamento, conhecida como *Septuaginta* ou LXX. Esse trabalho foi executado durante os séculos II e III a.C., em Alexandria, no Egito. Na maior parte, é praticamente uma reprodução livro por livro, capítulo por capítulo do texto massorético e contém diferenças estilísticas e idiomáticas comuns. Além disso, a *Septuaginta* foi a Bíblia que Jesus e os apóstolos usaram, e a maior parte das citações no Novo Testamento foram tiradas diretamente dessa tradução. No todo, a *Septuaginta* constitui-se correspondente do texto massorético e tende a confirmar a fidelidade do texto hebraico do século X d.C. Se não houvesse nenhuma outra evidência, a comprovação da fidelidade ao texto massorético poderia ser aceita com confiança, em razão das evidências aqui apresentadas.

Os rolos do mar Morto

Essa grande descoberta ocorreu em março de 1947, quando um jovenzinho árabe (Muhammad adh-Dhib) estava perseguindo uma cabra perdida nas grutas, a doze quilômetros ao sul de Jericó e um e meio quilômetro a oeste do mar Morto. Numa das grutas ele descobriu umas jarras que continham vários rolos de couro. Entre esse dia e fevereiro de 1956, onze grutas que continham rolos e fragmentos de rolos foram escavadas próximo a Qumran. Nessas grutas, os essênios, seita religiosa judaica que existiu por volta da época de Cristo, haviam guardado sua biblioteca. Somando tudo, os milhares de fragmentos de manuscritos constituíam os restos de seiscentos manuscritos.

Os manuscritos que trazem o texto do Antigo Testamento são os de maior interesse para nós. A Gruta 1 é a que havia sido descoberta pelo jovem árabe, a qual continha sete rolos mais ou menos completos e alguns fragmentos, dentre os quais o mais antigo livro que se conhece da Bíblia (*Isaías A*), um *Manual de disciplina*, um *Comentário de Habacuque*, um *Apócrifo de Gênesis*, um texto incompleto de Isaías (*Isaías B*), a *Regra da guerra* e cerca de trinta *Hinos de ação de graça*. Na Gruta 2 foram encontrados outros manuscritos; essa gruta havia sido descoberta por beduínos que roubaram alguns artigos. Descobriram-se ali fragmentos de cerca de cem manuscritos; nenhum desses achados, porém, foi tão espetacular como o que se descobriu nas demais grutas. Na Gruta 3 foram achadas duas metades de um rolo de cobre que dava instruções sobre como achar sessenta ou mais lugares que continham tesouros escondidos, a maior parte dos quais em Jerusalém ou em seus arredores.

A Gruta 4 (a Gruta da Perdiz) também havia sido pilhada por beduínos, antes de ser escavada em setembro de 1952. No entanto, verificou-se que haveria de ser a gruta mais produtiva de todas, visto que literalmente milhares de fragmentos foram recuperados e reconstituídos, quer mediante compra dos beduínos, quer em decorrência da peneiração arqueológica da poeira do solo da gruta. Um fragmento de Samuel que se encontrou aqui é tido como o mais antigo trecho de hebraico bíblico conhecido, pois data do século IV a.C. Na Gruta 5 acharam-se alguns livros bíblicos e outros apócrifos em avançado estado de deterioração. A Gruta 6 revelou a existência de mais fragmentos de papiro que de couro. As Grutas de 7 a 10 forneceram dados de interesse para o arqueólogo profissional, nada, porém, de interesse relevante ao estudo que estamos empreendendo. A Gruta 11 foi a última a ser escavada e explorada, em começos de 1956. Ali se encontrou uma cópia do texto de alguns salmos, incluindo-se o salmo apócrifo 151, que até essa data só era conhecido em textos gregos. Encontrou-se, ainda, um rolo muito fino que continha parte de Levítico e um *Targum* (paráfrase) aramaico de Jó.

Estimulados por essas descobertas originais, os beduínos insistiram nas buscas e descobriram outras grutas a sudoeste de Belém. Aqui, em Murabba'at, descobriram alguns manuscritos que traziam a data e alguns documentos da segunda revolta judaica (132-135 d.C.). Esses documentos ajudaram a confirmar a antiguidade dos rolos do mar Morto. Descobriu-se também outro rolo dos profetas menores (de Joel a Ageu), cujo texto se aproxima muito do texto massorético. Além disso, descobriu-se ali um palimpsesto, o papiro semítico (o primeiro texto havia sido raspado) mais antigo de que se tem notícia. O segundo texto nele gravado era em hebraico antigo, dos séculos VII e VIII a.C.

Vários tipos de evidências tendem a dar apoio às datas dos rolos do mar Morto. Em primeiro lugar está o processo do carbono 14, que dá a esses documentos a idade de 1917 anos, com margem de variação de 200 anos (10%). Isso significa que tais documentos datam de 168 a.C. a 233 d.C. A paleografia (estudo da escrita antiga e de seus materiais) e a ortografia (redação correta das palavras) marcam a data de alguns desses manuscritos anterior a 100 a.C. A arqueologia trouxe mais algumas evidências paralelas, mediante o estudo da cerâmica encontrada nas grutas: descobriu-se que era da baixa Era Helenística (150-163 a.C.) e da alta Era Romana (63 a.C.-100 d.C.). Por fim, as descobertas de Murabba'at corroboraram as descobertas de Qumran.

A natureza e o número dessas descobertas do mar Morto produziram as seguintes conclusões gerais a respeito da integridade do texto massorético. Os rolos fornecem espantosa confirmação da fidelidade do texto massorético. Millar Burrows, em sua obra *The Dead Sea scrolls* [Os rolos do mar Morto], mostra que existiram pouquíssimas alterações do texto, num período aproximado de mil anos. R. Laird Harris, em sua obra *Inspiration and canonicity of the Bible* [A inspiração e a canonicidade da Bíblia], sustenta que existem menos diferenças nessas duas tradições, em mil anos, do que em duas famílias de manuscritos do Novo Testamento. Gleason Archer, autor de *A survey of Old Testament introduction* [Pesquisa para introdução ao Antigo Testamento] apóia a integridade do texto massorético ao declarar que tal texto concorda com o manuscrito de Isaías encontrado na Gruta 1 em 95% de seu conteúdo. Os restantes 5% compreendem lapsos óbvios da pena e variações de grafia que ocorreram naquele ínterim.

Manuscritos do Novo Testamento

A integridade do Antigo Testamento foi confirmada em primeiro lugar pela fidelidade do processo de transmissão, posteriormente confirmada pelos rolos do mar Morto. Por outro lado, a fidelidade do texto do Novo Testamento baseia-se na multiplicidade de manuscritos existentes. É fato que do Antigo Testamento restaram apenas alguns manuscritos completos, todos muito bons; mas do Novo possuímos muito mais cópias, em geral de qualidade mais precária. Chama-se manuscrito um documento escrito a mão, em contraste com uma cópia ou exemplar impresso. Como dissemos no capítulo anterior, o Novo Testamento foi escrito em letras de imprensa, conhecidas pelo nome de unciais (ou maiúsculas). A partir do século VI esse estilo caiu em desuso, sendo gradualmente substituído pelos manuscritos chamados minúsculos. Estes predominaram no período que vai do século IX ao XV.

Outros testemunhos sobre a fidelidade do texto do Novo Testamento procedem de outras fontes básicas: manuscritos gregos, antigas versões e citações patrísticas. Os manuscritos gregos são a fonte mais importante, e podem ser divididos em três categorias. Essas categorias de manuscritos comumente recebem o nome de papiros, unciais e minúsculos, em vista de suas características diferenciadas.

Os papiros

Os manuscritos classificados como papiros datam dos séculos II e III, quando o cristianismo ainda era ilegal, e as Escrituras Sagradas eram copiadas nos materiais mais baratos possíveis. Existem cerca de 26 manuscritos do Novo Testamento em papiro. O testemunho comprobatório que esses manuscritos proporcionam ao texto é valiosíssimo, visto que surgiram a partir do alvorecer do século II, apenas uma geração depois dos autógrafos originais, e contêm a maior parte do Novo Testamento.

Vamos comentar aqui os representantes mais importantes dos manuscritos de papiro. O p^{52} ou *Fragmento de John Rylands* (117-138) é o mais antigo e genuíno que se conhece traz um trecho do Novo Testamento. Foi escrito de ambos os lados e traz partes de cinco versículos do evangelho de João (18.31-33,37,38). O p^{45}, o p^{46} e o p^{47}, os *Papiros Chester Beatty* (250), consistem de três códices que abrangem a maior parte do Novo Testamento. O p^{45} compreende trinta folhas de um códice de papiro que contêm os evangelhos e Atos. O p^{46} traz a maior parte das cartas de Paulo, bem como Hebreus, faltando, porém, algumas partes de Romanos, 1Tessalonicenses e toda 2Tessalonicenses. O p^{47} contém partes do Apocalipse. O p^{66}, o p^{72} e o p^{75}, os *Papiros Bodmer* (175-225), compreendem a mais importante descoberta de papiros do Novo Testamento, desde o *Papiro Chester Beatty*. O p^{66} data de 200 d.C.; contém algumas porções do evangelho de João. O p^{72} é a mais antiga cópia de Judas e de 1 e 2Pedro que se conhece; data do século III e contém vários livros, alguns canônicos, outros apócrifos. O p^{75} contém Lucas e João em unciais cuidadosamente impressos, com toda a clareza; data de 175 a 225. Por isso, é a mais antiga cópia de Lucas de que se tem notícia.

Os unciais

Os mais importantes manuscritos do Novo Testamento como um todo são considerados em geral os grandes unciais, escritos em velino e em pergaminho, nos século IV e V. Existem cerca de 297 desses manuscritos unciais. Descreveremos a seguir alguns dos mais importantes desses manuscritos. Os mais importantes deles, o ℵ, o B, o A e o C, não estiveram à disposição dos tradutores da Bíblia do rei Tiago. Na verdade, só o D esteve à disposição desses tradutores, que o utilizaram pouco. Bastaria esse fato para que se exigisse uma nova tradução da Bíblia, depois que esses grandes documentos unciais foram descobertos.

O *Códice vaticano* (B) talvez seja o mais antigo uncial em velino ou em pergaminho (325-350), sendo uma das mais importantes testemunhas do texto do Novo Testamento. Foi desconhecido dos estudiosos bíblicos até depois de 1475, quando foi catalogado na Biblioteca do Vaticano. Foi publicado pela primeira vez em 1889-1890 em fac-símile fotográfico. Contém a maior parte do Antigo Testamento grego (LXX), o Novo Testamento grego e os livros apócrifos, com algumas omissões. Faltam também nesse códice Gênesis 1.1—46.28; 2Reis 2.5-7,10-13; Salmos 106.27—138.6, bem como Hebreus 9.14 até o fim do Novo Testamento. Marcos 16.9-20 e João 7.58—8.11 foram omitidos do texto de propósito; o texto todo foi escrito em unciais pequenos e delicados, sobre velino fino.

O *Códice sinaítico* (א, Álefe) é o manuscrito grego do século IV considerado em geral a testemunha mais importante do texto, por causa de sua antigüidade, exatidão e inexistência de omissões. A história de sua descoberta é das mais fascinantes e românticas da história do texto bíblico. O manuscrito foi descoberto por Tischendorf, conde alemão, no Mosteiro de Santa Catarina, no monte Sinai. Em 1844 ele descobriu 43 folhas de velino que continham porções da *Septuaginta* (1Crônicas, Jeremias, Neemias e Ester), num cesto cheio de fragmentos usados pelos monges com o fim de acender fogueiras. O conde apanhou esses fragmentos e os levou para Leipzig, na Alemanha, onde até hoje permanecem com o nome de *Códice Frederico-Augustanus*. Numa segunda visita, em 1853, o conde Tischendorf nada encontrou de novidade, mas em 1859 partiu para sua terceira visita, sob a direção do czar Alexandre II. Quando ele estava prestes a partir, voltando para casa, o mordomo do mosteiro mostrou-lhe uma cópia quase completa das Escrituras e mais alguns livros. Todas as peças foram subseqüentemente entregues ao czar como "presente condicional". Esse manuscrito é conhecido hoje como *Códice sinaítico* (א); contém mais da metade do Antigo Testamento (LXX) e todo o Novo (com exceção de Mc 16.9-20 e Jo 7.58—8.11), todos os livros apócrifos do Antigo Testamento, a *Epístola de Barnabé* e *O pastor*, de Hermas. O texto foi escrito em excelente velino, feito de peles de antílopes. O manuscrito sofreu várias "correções" de escribas, as quais se denominam א. Em Cesaréia, no século VI ou VII, um grupo de escribas introduziu outras alterações textuais conhecidas como א^{ca} ou א^{cb}. Em 1933 o governo inglês comprou o *Códice sinaítico* por cem mil libras esterlinas. E depois foi publicado num volume intitulado *Scribes and correctors of Codex Sinaiticus* [Escribas e corretores do *Códice sinaítico*] em 1938.

O *Códice alexandrino* (A) é um manuscrito do século V, muito bem conservado, que se posiciona logo depois de B e de Álefe, como representante do texto do Novo Testamento. Embora alguns tenham datado esse códice em fins do século IV, provavelmente é o resultado do trabalho de um escriba de Alexandria, no Egito, por volta de 45 d.C. Em 1078 esse códice foi dado de presente ao patriarca de Alexandria, que lhe deu a designação que ostenta até hoje. Em 1621 foi levado a Constantinopla, antes de ser entregue a *sir* Thomas Roe, embaixador inglês na Turquia, em 1624, para apresentação ao rei Tiago I. Ele morreu antes de o manuscrito chegar à Inglaterra, pelo que foi entregue ao rei Carlos I, em 1627. A ausência do manuscrito nesses anos todos impediu que o documento fosse consultado pelos tradutores da Bíblia do rei Tiago, em 1611, embora todos soubessem de sua existência na época. Em 1757, Jorge II ofertou o manuscrito à Biblioteca Nacional do Museu Britânico. Contém integralmente o Antigo Testamento, exceto algumas partes que sofreram mutilações (Gn 14.14-17; 15.1-5,16-19; 16.6-9; 1Rs [1Sm] 12.18—14.9; Sl 49.19—79.100 e a maior parte do Novo Testamento, faltando apenas Mt 1.1—25.6; Jo 6.50—8.52 e 2Co 4.13—12.6). O códice contém *1 e 2Clemente* e *Salmos de Salomão*, com a ausência de algumas partes. Suas grandes letras quadradas, unciais, estão escritas em velino muito fino; o texto é dividido em seções mediante o emprego de letras maiores. O texto é de qualidade variável.

O *Códice efraimita* (C) provavelmente se originou na Alexandria, no Egito, por volta de 345. Foi levado à Itália ao redor de 1500 por John Lascaris e depois vendido a Pietro Strozzi. Catarina de Médici, italiana, mãe e esposa de reis franceses, o comprou em 1533. Após sua morte, o manuscrito foi colocado na Biblioteca Nacional de Paris, onde permanece até hoje. Falta a esse códice a maior parte do Antigo Testamento, constando dele partes de Jó, Provérbios, Eclesiastes, Cânticos dos Cânticos e dois livros apócrifos —*Sabedoria de Salomão* e *Eclesiástico*. Ao Novo Testamento faltam 2Tessalonicenses, 2João e parte de outros livros. O manuscrito é um *palimpsesto* (raspado, apagado) *reescrito* em que originariamente estavam gravados o Antigo e o Novo Testamento. O texto sagrado foi apagado para que nesses pergaminhos se escrevessem sermões de Efraim, pai da igreja do século IV. Mediante reativação química, o conde Tischendorf foi capaz de decifrar as escritas quase invisíveis dos pergaminhos. Esse manuscrito está guardado na Biblioteca Nacional de Paris, e deixa à mostra sinais e evidências de duas fases de correções: a primeira, C^2 ou C^b, foi realizada na Palestina, no século VI, e a segunda, C^3 ou C^c, foi acrescentada no século IX, em Constantinopla.

O *Códice Beza* (D), também chamado *Códice de Cambridge*, foi transcrito em 450 ou 550. É o manuscrito bilíngüe mais antigo que se conhece do Novo Testamento, escrito em grego e em latim, na região geral do sul da Gália (França) ou do norte da Itália. Foi descoberto em 1562 por Teodoro Beza, teólogo francês, no Mosteiro de Santo Ireneu, em Lião, na França. Em 1581 Beza deu-o à Universidade de Cambridge. Contém os quatro evangelhos, Atos e 3João 11—15, com variações tiradas de outros manuscritos, nele indicadas. Há muitas omissões no texto, tendo permanecido apenas o texto latino de 3João 11—15.

O *Códice claromontano* (D^2 ou D^{p2}) é um complemento do século VI do códice D, datado de 550. Contém grande parte do Novo Testamento que está faltando em D. D^2 aparentemente originou-se na Itália, ou na Sardenha, tendo recebido seu nome de um mosteiro de Clermont, na França, onde foi descoberto por Beza. Após a morte de Beza, o códice ficou na posse de vários indivíduos, até ser comprado pelo rei Luís XIV, para integrar a Biblioteca Nacional de Paris, em 1656. Foi publicado integralmente pelo conde Tischendorf em 1852. Esse códice contém todas as cartas de Paulo e Hebreus, embora estejam faltando Romanos 1.1-7,27-30 e 1Coríntios 14.13-22, em grego, e 1Coríntios 14.8-18 e Hebreus 13.21-23, em latim. Esse manuscrito bilíngüe foi escrito de modo artístico, em velino finíssimo, de alta qualidade. O grego é bom, mas a gramática latina em alguns trechos é inferior.

O *Códice washingtoniano* I (W) data do século IV ou início do V. Charles F. Freer, de Detroit, em 1906, o havia adquirido de um negociante do Cairo, no Egito. Entre 1910 e 1918 foi editado pelo professor H. A. Sanders, da Universidade de Michigan, estando hoje na Instituição Smithsoniana, em Washington, DC. Esse manuscrito contém os quatro evangelhos, porções das epístolas de Paulo (exceto Romanos), Hebreus, Deuteronômio, Josué e Salmos. A ordem dos evangelhos é: Mateus, João, Lucas e Marcos. Marcos contém o final mais longo (Mc 16.9-20); entretanto, acrescenta uma inserção após o versículo 14. É um códice volumoso, feito de velino, cujos tipos de letras são misturados de modo curioso.

Os minúsculos

As datas dos manuscritos minúsculos (do século IX ao XV) mostram que em geral são de qualidade inferior, se comparados aos manuscritos em papiros ou unciais. A importância desses manuscritos está no relevo dispensado às famílias textuais e não à sua quantidade. Somam 4 643, dos quais 2 646 são manuscritos e 1 997, lecionários (livros antigos que a igreja usava no culto). Alguns desses manuscritos minúsculos mais importantes estão identificados abaixo.

Os minúsculos da família alexandrina são representados pelo ms. 33, "rei dos cursivos", datado do século IX ou X. Contém todo o Novo Testamento, menos o Apocalipse. É propriedade da Biblioteca Nacional de Paris.

O texto cesareense emprega um tipo que sobreviveu na Família 1, dentre os manuscritos minúsculos. Essa família contém os manuscritos 1,

118, 131 e 209, e todos datam do século XII até o XIV.

A subfamília italiana do tipo cesareense é representada por cerca de doze manuscritos conhecidos por Família 13. Tais manuscritos haviam sido copiados entre os séculos XI e XV. Incluem os manuscritos 13, 69, 124, 230, 346, 543, 788, 826, 828, 983, 1689 e 1709. Julgava-se de início que alguns desses manuscritos tinham texto de tipo sírio.

Muitos dos demais manuscritos minúsculos podem ser colocados em uma ou outra das várias famílias textuais, mas sustentam-se por seus próprios méritos e não por pertencerem a uma das famílias de manuscritos mencionadas acima. Entretanto, no todo, foram copiados de manuscritos minúsculos ou manuscritos unciais primitivos, e poucas evidências novas acrescentam ao Novo Testamento. Proporcionam uma linha contínua de transmissão do texto bíblico, enquanto os manuscritos de outras obras clássicas apresentam brechas de novecentos a mil anos entre os autógrafos e suas cópias manuscritas, como se pode ver nos exemplos das *Guerras gálicas*, de César, e das *Obras*, de Tácito.

13
Outros testemunhos de apoio ao texto bíblico

A transmissão do texto bíblico pode ser rastreada com certa clareza a partir de fins do século II e início do III até os tempos modernos por meio dos grandes manuscritos. Os elos que ligam esses manuscritos ao século I, no entanto, são uns poucos fragmentos de papiros e algumas citações dos pais apostólicos. Além dessas evidências, há materiais oriundos de descobertas arqueológicas, como os papiros não-bíblicos, os papiros bíblicos ou relacionados à Bíblia, os óstracos e as inscrições.

Os papiros não-bíblicos

A descoberta de papiros, óstracos e inscrições modificou algumas crenças básicas a respeito da própria natureza do Novo Testamento. Até o surgimento das obras de Moulton e de Milligan, *Vocabulary of the Greek New Testament, illustrated from the papyri and other non-literary sources* [Vocabulário do grego do Novo Testamento, com exemplos de papiros e de outras fontes não-literárias] (1914), de A. T. Robertson, *A grammar of the Greek New Testament in light of historical research* [Gramática do grego do Novo Testamento à luz das pesquisas históricas] (1914), e de Adolf Deissman, *Light from the Ancient East* [Luz oriunda do antigo Oriente] (trad. de 1923), o Novo Testamento era considerado livro escrito de modo misterioso, entregue aos seres humanos numa língua que se supunha ser a do Espírito Santo. As obras desses homens, combinadas com os esforços de outros, demonstraram indisputavelmente que o Novo Testamento era um exemplo lúcido de linguagem coloquial do século I, o grego *coiné*. Descobriram que o Novo Testamento não havia sido escrito numa "linguagem perfeita", como alguns pais latinos da igreja haviam presumido, mas que em seu vocabulário, sintaxe e estilo, o Novo Testamento realmente é um registro do grego coloquial do século I.

Além disso, descobriram entre os papiros não-bíblicos o pano de fundo que constituía os antecedentes religiosos e culturais do século I. Examinando as semelhanças culturais entre esses papiros e o Novo Testamento, verificaram que também havia umas seitas concorrentes, ou religiões que faziam trabalho missionário. O mundo antigo tornou-se um livro aberto que refletia os mesmos padrões de vida e de interesses refletidos na Bíblia. A fraseologia do Novo Testamento era semelhante à do ambiente em que se inseria; aliás, a linguagem da religião popular, da lei e da adoração ao imperador era semelhante à do Novo Testamento.

O fato de uma língua comum ser usada no Novo Testamento e no ambiente ao redor não implica que o Novo Testamento e o ambiente que o cercava tinham o mesmo sentido um do outro. Em outras palavras, os mesmos termos usados por diferentes religiões no máximo poderiam apresentar sentidos paralelos, jamais, porém, os mesmos: o sentido do cristianismo era muito diferente do sentido mundano ao redor. No entanto, algumas conclusões são inevitáveis, como mostram os papiros não-bíblicos. Dentre essas, salienta-se o fato de que o Novo Testamento não foi escrito numa por assim dizer língua do Espírito Santo. Em vez disso, havia sido escrito no grego comum (coiné), comercial, do mundo romano, a língua do povo e dos mercados mundiais. Além disso, os estilos da sintaxe e o vocabulário de Paulo, bem como os estilos de outros autores eram amplamente utilizados no século I. Esses fatos nos levam a crer que, se o grego do Novo Testamento era a língua comum do século I, segue-se que o Novo Testamento deve ter sido escrito no século I.

Papiros bíblicos, óstracos e inscrições

Os papiros bíblicos

Além dos materiais de escrita sobre que versamos no capítulo 12, outros papiros suplementares trazem mais esclarecimento ao texto do Novo Testamento. Um grupo de livros não-canônicos, *Logia de Jesus* (*Dizeres de Jesus*), foi descoberto entre os papiros. Uma comparação de seu conteúdo com o texto canônico revela sua natureza apócrifa. Pouca dúvida deve existir de que tais *Dizeres* apresentam um apelo local, possivelmente herético; no entanto, deram origem a várias coleções de "dizeres" que refletem a experiência religiosa popular dos séculos I e II.

Os óstracos

Os óstracos são cacos de cerâmica freqüentemente utilizados como material de escrita entre as classes mais pobres da antigüidade. Exemplo do uso desse meio de escrita é uma cópia dos evangelhos registrados em vinte peças de óstracos. Seriam o que se poderia chamar "a Bíblia do pobre". Essas peças de cerâmica (v. Is 45.9) permaneceram negligenciadas pelos estudiosos durante muito tempo, mas haveriam de lançar mais luz ao texto bíblico. Allen P. Wikgren relacionou cerca de 1 624 amostras desses humildes registros da história, em sua obra intitulada *Greek ostraca* [Óstracos gregos].

As inscrições

A larga distribuição e a grande variedade de inscrições antigas não só atestam a existência dos textos bíblicos na época, mas também a importância deles. Há abundantes gravações em paredes, pilares, moedas, monumentos e outros lugares que têm sido preservadas como testemunhas do texto do Novo Testamento. Essas testemunhas, no entanto, são mero apoio, não tendo grande importância na corroboração do texto genuíno do Novo Testamento.

Os lecionários

Outra testemunha do texto do Novo Testamento que em geral tem sido subvalorizada são os numerosos lecionários (livros usados no culto da igreja), que continham textos selecionados para leitura, tirados da própria Bíblia. Esses lecionários serviam de manuais, sendo usados nos cultos ao longo de um ano. A maior parte desses manuais teria surgido talvez entre os séculos VII e XII, e deles sobreviveram dezenas de folhas e fragmentos de folhas, datados dos séculos IV e VI. Só cinco ou seis lecionários sobreviveram intactos, copiados em papiro, com letras unciais, ainda que essas houvessem sido substituídas pelo tipo de grafia denominado minúsculo.

Embora Caspar René Gregory houvesse relacionado cerca de 1 545 lecionários gregos, em seu *Canon and text of the New Testament* [Cânon e texto do Novo Testamento] (1912), cerca de 2 000 foram utilizados na obra crítica da United Bible Societies [Sociedades Bíblicas Unidas], *The Greek New Testament* (1966). A grande maioria dos lecionários consiste de textos para leitura tomados dos evangelhos. Os demais consistem de textos de Atos, às vezes ao lado de trechos das cartas. Ainda que fossem ornamentados com muita elaboração, e às vezes até contivessem notações musicais, é preciso que se admita que os lecionários têm apenas valor secundário no estabelecimento do texto genuíno do Novo Testamento. No entanto, desempenham papel importante na compreensão de passagens específicas das Escrituras, como João 7.53—8.11 e Marcos 16.9-20.

As remissões patrísticas ao texto bíblico

Além dos manuscritos e da variedade de elementos que dão testemunho do texto do Novo Testamento, o estudioso da crítica textual dispõe de citações patrísticas das Escrituras que o ajudam na busca do verdadeiro texto. Os pais que fizeram tais remissões e citações viveram nos primeiros séculos da igreja. O fato de terem estado ao lado dos apóstolos e terem usado os textos fornece informações a respeito da área, da data e do tipo exatos do texto largamente utilizado pela igreja primitiva.

A época dos pais da igreja

Visto que o cânon do Antigo Testamento foi encerrado e reconhecido antes da época de Cristo, a atitude dos pais da igreja primitiva (do século I ao IV) pode ser sintetizada da seguinte maneira, nas palavras de B. F. Westcott:

> Continuam a considerar o Antigo Testamento um registro completo e duradouro da revelação de Deus. Num ponto notável eles levaram essa crença mais longe do que antes. Com eles, a individualidade de vários escritores entra em segundo plano. Praticamente consideravam o livro todo uma declaração divina só.[1]

Quando se considera o uso do Novo Testamento, o quadro é mais diversificado, e o papel dos pais da igreja muito mais significativo, uma vez que o cânon do Novo Testamento não havia ainda sido definitiva e completamente reconhecido até o século IV. Em virtude dessa situação, seria útil traçar de novo, com brevidade, a história do reconhecimento do cânon, a fim de ajustar o foco da posição assumida pelos pais primitivos da igreja.

A segunda metade do século I viu o processo de seleção, de escolha (Lc 1.1-4; 1Ts 2.13), de leitura (1Ts 5.27), de circulação (Cl 4.16), de compilação (2Pe 3.15,16) e de citação (1Tm 5.18) da literatura apostólica. Todos os 27 livros do Novo Testamento foram escritos e copiados, começando a ser distribuídos entre as igrejas antes de encerrar-se o século I. Na primeira metade do século II, os escritos apostólicos tornaram-se conhecidos mais genericamente e circulavam com maior amplitude. Por essa

---

[1] *The Bible in the Church*, 2. ed., New York, MacMillan, 1887, p. 83-4.

altura todos os livros do Novo Testamento eram citados como Escrituras Sagradas. Os escritos dos pais também circulavam amplamente e eram lidos nas igrejas; o fato de mencionarem os livros do Novo Testamento como autorizados, em suas lutas contra os grupos heréticos, em seus diálogos com os incrédulos e em suas exortações contra as imperfeições revela muita coisa a respeito da história, da doutrina e das práticas da igreja primitiva.

Na segunda metade do século II, os livros do Novo Testamento eram amplamente reconhecidos como Escrituras Sagradas, da mesma forma que o foram os do Antigo Testamento. Foi o período das atividades missionárias, quando as Escrituras foram traduzidas para outras línguas, à medida que a igreja se espalhava para fora das fronteiras do Império Romano. Foi também durante esses anos que alguns comentários começaram a aparecer, como a obra de Papias, *Interpretação dos dircursos do Senhor*, o *Comentário sobre os evangelhos*, de Herácleon, e *Comentário sobre o Apocalipse*. O *Diatessaron* de Taciano também veio a lume. Os escritos dos pais da igreja eram abundantes, com citações do Novo Testamento como Escrituras autorizadas; todos os livros, menos cinco, foram citados sob essa designação no *Fragmento muratório* (c. 170).

Durante o século III, os livros do Novo Testamento foram coligidos para formar um catálogo único de "livros reconhecidos", mas separados dos escritos cristãos de outra natureza. Foi durante esse século que ocorreu um impulso tremendo nos escritos cristãos dentro da igreja, como atestam os *Héxapla*, de Orígenes (Bíblia em seis colunas), e outros. Já não havia apenas duas classes de escritos cristãos (as Escrituras e os escritos dos pais primitivos), visto que surgiu um *corpus* de escritos apócrifos e outro de escritos pseudepigráficos. O surgimento desses diferentes tipos de escritos deu força ao processo de selecionar e de escolher bem toda a literatura religiosa da igreja. Esses testes e outros induziram por fim ao reconhecimento do Novo Testamento canônico e à dirimência das dúvidas a respeito dos livros ainda sob objeção quanto à inspiração divina e à canonicidade.

Quando raiou o século IV, o cânon do Novo Testamento já estava confirmado e reconhecido. Os escritos dos pais primitivos apresentam o consenso dos cristãos acerca do cânon do Novo Testamento, conforme já mostramos nos capítulos 9 e 10.

Que fizeram os primeiros pais da igreja

É verdade que o testemunho dos pais primitivos ocorreu bem cedo; aliás, esse testemunho é mais antigo que os melhores códices; todavia, não é confiável sempre. Determinado pai da igreja poderia ter citado um texto variante, registrado num manuscrito errado e, dessa forma, perpetuaria o erro. Além disso, o escrito de outro pai da igreja poderia ter sido alterado, ou estado sujeito a corrupção no processo de comunicação, da mesma forma que o texto grego do Novo Testamento corria tal risco. Um terceiro fator seria o próprio método da citação feita pelo pai da igreja. Poderia ter sido citação ao pé da letra, citação livre, parafraseada ou talvez mera alusão. Ainda que a citação fosse exata, ao pé da letra, seria importante discernir se foi feita de memória ou lida de um texto escrito. Ainda que o texto estivesse sendo lido, seria importante que se apurasse outro elemento: se o leitor era membro de algum grupo herético. Se um pai da igreja citasse determinada passagem mais de uma vez, seria necessário comparar os textos mencionados, a fim de verificar se são idênticos ou diferentes. Finalmente, se foi usado um amanuense, talvez esse secretário tivesse tomado notas e procurasse a passagem mais tarde.

Não obstante todas essas dificuldades, as evidências dos autores patrísticos é de tão grande importância que o trabalho de purificar o ouro, separando-o da ganga vale todo o esforço. A importância desse trabalho pode ser resumida em quatro vantagens obtidas: mostram a história do texto do Novo Testamento, apresentam as melhores evidências quanto ao cânon do Novo Testamento, fornecem um meio de datar os manuscritos do Novo Testamento e ajudam a precisar a época em que as traduções, as versões e as revisões do Novo Testamento ocorreram.

Quem foram os principais pais da igreja

Durante algum tempo, antes do Concílio de Nicéia (325), havia três amplas classes de escritores patrísticos: os pais apostólicos (70-150), os pais antenicenos (150-300), os pais nicenos e os pai pós-nicenos (300-430). Seus escritos deram tremendo apoio ao surgimento do cânon do Novo Testamento, de duas maneiras. Primeiramente, citaram como autorizado cada livro do Novo Testamento. Em segundo lugar, citaram com autoridade praticamente todos os versículos dos 27 livros do Novo Testamento.

Citação dos livros do Novo Testamento pelos pais da igreja

O quadro "Testemunhos da igreja primitiva sobre o cânon do Novo Testamento" (cap. 9) precisa ser revisto neste momento. Ao redor do final do século I, cerca de 14 livros do Novo Testamento haviam sido citados. Por volta de 110 d.C. já havia dezenove livros reconhecidos por citação. Dentro de mais quarenta anos (150 d.C.), cerca de 24 livros do Novo Testamento haviam sido reconhecidos. Antes do término do século II, i.e., cerca de cem anos depois de o Novo Testamento ter sido escrito, 26 livros haviam sido citados. Só 3João, talvez por causa de seu tamanho diminuto e insignificância doutrinária, ficou sem corroboração. Todavia, dentro de cerca de uma geração, Orígenes haveria de confirmar a existência de 3João, como o fizeram tanto o *Cânon muratório* quanto a *Antiga latina*, mais ou menos na mesma época. A maior parte dos 27 livros foi reconhecida muitas vezes por vários pais da igreja, ainda no século I.

Citações de versículos do Novo Testamento pelos pais da igreja

Não só os pais primitivos da igreja citaram os 27 livros do Novo Testamento, mas citaram quase todos os versículos de todos os 27 livros. Cinco pais, de Ireneu a Eusébio, fizeram quase 36 000 citações do Novo Testamento.[2] *Sir* David Dalrymple dizia ter encontrado entre as citações dos séculos II e III "todo o Novo Testamento, exceto onze versículos". Não sabemos da existência de outro livro do mundo antigo que exista *in toto* dessa forma: espalhados por milhares de citações individualizadas e selecionadas. O fato espantoso é que o Novo Testamento poderia ser reconstituído simplesmente a partir das citações feitas ao longo de duzentos anos após ter sido redigido.

O testemunho oriundo dos antigos escritos apócrifos

A despeito de sua natureza herética e das fantasias de ordem religiosa, os escritos apócrifos dos séculos II e III d.C. fornecem um testemunho corroborativo da existência dos livros do cânon do Novo Testamento. Eles o fazem de várias maneiras. Primeiramente, os nomes desses livros apócrifos, com seus alegados autores apostólicos, são uma imitação muito visível dos livros genuínos, escritos pelos apóstolos do Novo Testamento (v. cap. 10). Em segundo lugar, existe com freqüência uma dependência literária e doutrinária dos livros canônicos, refletida nos falsos escritos. Em terceiro lugar, o estilo e o gênero literário imitam os livros do século I. Em quarto lugar, alguns desses livros (e.g., a *Epístola aos laodicenses*, supostamente do século IV) são semelhantes em conteúdo aos livros bíblicos (de modo específico Efésios e Colossenses). Em quinto lugar, alguns dos livros gnósticos do século III, de Nag-Hammadi, no Egito (descobertos em 1946), citam vários livros do Novo Testamento. O *Evan-*

---

[2]Norman L. GEISLER & William E. NIX, *A general introduction to the Bible*, Chicago, Moody, 1968, p. 357.

gelho da verdade cita a maior parte do Novo Testamento, incluindo-se Hebreus e Apocalipse. A *Espístola de Regino* cita 1 e 2Coríntios, Romanos, Efésios, Filipenses, Colossenses e a narrativa da transfiguração, tirada dos evangelhos, usando linguagem joanina em certos lugares.

Resumo e conclusão

Além dos três mil manuscritos gregos, existem ainda cerca de dois mil manuscritos de lecionários que apóiam o texto do Novo Testamento. Além do apoio literário de documentos não-bíblicos que se encontra nos papiros, há numerosos documentos sob a forma de óstracos e de inscrições com citações bíblicas. Bastariam as citações bíblicas feitas pelos pais primitivos da igreja para que praticamente todo o Novo Testamento estivesse preservado. Afora todas essas testemunhas, existem inúmeras alusões e citações dos séculos II e III, encravadas nos livros apócrifos, as quais dão testemunho direto da existência da maioria dos 27 livros do Novo Testamento. No todo, temos aqui um testemunho altamente significativo do texto bíblico.

14
O desenvolvimento da crítica textual

Uma vez reunidos todos os manuscritos e as demais evidências que dão testemunho quanto ao texto das Escrituras, o estudante da crítica textual torna-se herdeiro de uma tradição grandiosa. Ele passa a ter à sua disposição grande parte dos documentos que devem ser usados a fim de apurar a verdadeira redação do texto bíblico. Este capítulo trata do desenvolvimento histórico da ciência da crítica textual.

Distinção entre a alta crítica a baixa crítica

Levantou-se muita confusão e controvérsia em torno da questão da "alta" crítica (crítica histórica) e da "baixa" crítica (crítica textual) da Bíblia. Parte dessa controvérsia resultou da má compreensão do termo *crítica* aplicado às Escrituras. Em seu sentido gramatical esse termo diz respeito meramente ao exercício do julgamento. Quando se aplica à Bíblia, é usado no sentido de exercício do julgamento da própria Bíblia. Todavia, existem dois tipos básicos de crítica, e duas atitudes básicas diante de cada tipo. Os títulos atribuídos a esses dois tipos de crítica nada têm que ver com sua importância, conforme ilustra o debate que se segue.

A alta crítica (histórica)

Quando se aplica o julgamento dos estudiosos à autenticidade do texto bíblico, esse julgamento se chama alta crítica ou crítica histórica. O assunto desse tipo de julgamento dos especialistas diz respeito à data do texto, seu estilo literário, sua estrutura, sua historicidade e sua autoria. O resultado é que a alta crítica na verdade não é parte fundamental da matéria Introdução Geral ao Estudo da Bíblia. Antes, a alta crítica é a própria essência da Introdução Especial. Os resultados dos estudos da alta crítica, feitos pelos herdeiros da teologia herética dos fins do século XVIII, não passam de um tipo de fruto altamente destrutivo.

O Antigo Testamento. A última data atribuída aos documentos do Antigo Testamento induziu alguns estudiosos a atribuir seus elementos sobrenaturais a lendas ou mitos. Isso resultou na negação da historicidade e da autenticidade de grande parte do Antigo Testamento por parte dos estudiosos céticos. Na tentativa de mediar entre o tradicionalismo e o ceticismo, Julius Wellhausen e seus seguidores desenvolveram a teoria documental, a qual propõe datar os livros do Antigo Testamento de modo menos sobrenaturalista. O resultado foi que desenvolveram a teoria JEDP sobre o Antigo Testamento.

Tal teoria baseia-se em grande parte no argumento de que Israel não possuía escrita, antes da monarquia, e que um Código Eloísta (E) e um Código Javista (J) baseavam-se em duas tradições orais a respeito de Deus ("E" indicava o nome de Eloim e "J" o nome de Jeová [Yahweh]). A esses foi acrescentado o Código Deuteronômico (D) (documentos atribuídos ao tempo de Josias) e o chamado Sacerdotal (*"Priestly"* em inglês, de onde se origina o "P") do judaísmo pós-exílico. Essas opiniões não agradaram aos estudiosos ortodoxos, pelo que se levantou uma onda de oposição. Essa oposição surgiu só depois de longo tempo, de modo que o mundo dos estudiosos na maior parte seguiu a teoria de Wellhausen, de W. Robertson Smith e de Samuel R. Driver. Quando, finalmente, a oposição levantou sua voz contra a "crítica destrutiva", esta foi considerada insignificante, desprezada e arquivada. Entre os opositores estavam os proponentes de uma "crítica construtiva", como William Henry Green, A. H. Sayce, Franz Delitzch, James Orr, Wilhelm Moller, Eduard Naville e Robert Dick Wilson.

O Novo Testamento. A aplicação de princípios semelhantes aos escritos do Novo Testamento surgiu na escola de teologia de Tübingen, por orientação de Heinrich Paulus, de Wilhelm de Wette e de outros. Esses homens desenvolveram princípios que desafiavam a autoria, a estrutura, o estilo e a data dos livros do Novo Testamento. A crítica destrutiva do modernismo induziu à crítica da forma, aplicada aos evangelhos, à negação da autoria de Paulo da maior parte das cartas a ele atribuídas até então. Chegou-se à conclusão de que só se poderia reconhecer como *autenticamente* paulinas as "Quatro Grandes" (Romanos, Gálatas, 1 e

2Coríntios). Por volta do final do século XIX, estudiosos ortodoxos competentes começaram a desafiar a crítica destrutiva da escola da alta crítica. Dentre esses estudiosos ortodoxos estavam George Salmon, Theodor von Zahn e R. H. Lightfoot. A obra desses homens quanto à alta crítica deve certamente ser considerada crítica construtiva. Grande parte do trabalho recente feito no campo da alta crítica revelou sua natureza racionalista na teologia, ainda que reivindicasse estar fundamentada na doutrina cristã ortodoxa. Esse racionalismo mais recente manifesta-se mais abertamente quando versa sobre certos assuntos como os milagres, o nascimento virginal de Jesus e sua ressurreição física.

A baixa crítica (textual)

Quando o julgamento dos estudiosos se aplica à *confiabilidade do texto bíblico*, ela é classificada como baixa crítica ou crítica textual. A baixa crítica aplica-se à forma ou ao texto da Bíblia, numa tentativa de restaurar o texto original. Não deve ser confundida com a alta crítica, visto que a baixa crítica, ou crítica textual, estuda a forma das palavras de um documento, e não seu valor documental. Muitos exemplos de baixa crítica podem ser encontrados na história da transmissão do texto bíblico. Alguns desses exemplos foram produzidos por leais defensores do cristianismo ortodoxo, mas outros provieram de seus mais veementes opositores. Os estudiosos que se interessam por obter o original de um texto, mediante a aplicação de certos critérios ou padrões de qualidade, são críticos textuais. Em geral, o trabalho desses homens é construtivo, e sua atitude básica, positiva. Alguns deles seguem o exemplo de B. F. Westcott, *sir* Frederick G. Kenyon, Bruce M. Metzger e outros. Os que usam esses critérios para tentar destruir o texto são "descobridores de defeitos", apenas se interessam por encontrar falhas, e seu trabalho é basicamente negativo e destrutivo.

Visto que muitos dos que abraçaram a alta crítica investiram muito tempo e energia no estudo da crítica textual, tem havido uma tendência para que se classifiquem todos os críticos textuais com o termo "modernistas", críticos destrutivos ou críticos apegados à "alta crítica". Ao fazerem isso, alguns cristãos virtualmente "atiraram o bebê no ralo junto com a água do banho". Desaprovar a crítica textual meramente por que certos críticos da "alta crítica" empregaram esse método em seu trabalho dificilmente representa uma posição justificável, digna de ser defendida. A questão mais importante não é se a crítica é alta ou baixa, mas se é sadia, ortodoxa. Trata-se de assunto de evidências e de argumentações, não de pressuposições apriorísticas.

O desenvolvimento histórico da crítica textual

A história do texto da Bíblia na igreja pode ser dividida em vários períodos básicos, de modo especial com referência ao Novo Testamento: 1) o período de reduplicação (até 325), 2) o período de padronização do texto (325-1500), 3) o período de cristalização (1500-1648) e 4) o período de crítica e de revisão (1648 até o presente). Neste período de crítica e de revisão, tem havido uma luta entre os proponentes do "texto recebido" e os que advogam o "texto criticado". Nesse debate o texto criticado tem ocupado a posição de predominância. Ainda que não haja muitos estudiosos hoje que defendam seriamente a superioridade do texto recebido, deve-se observar que não existem diferenças substanciais entre o texto recebido e o texto criticado. As diferenças porventura existentes entre ambos são meramente de ordem técnica e não doutrinária, visto que as variantes não acarretam implicações doutrinárias. Apesar disso, tais estudos "críticos" com freqüência são úteis para interpretar a Bíblia, e para todos os propósitos práticos as duas tradições textuais comunicam o *conteúdo* dos autógrafos, ainda que estejam separadamente guarnecidas de pequenas diferenças escribais e técnicas.

O período de reduplicação (até 325)

A partir do século III a.C., os estudiosos de Alexandria tentaram restaurar os textos dos poetas e proseadores gregos. Foi nesse centro cultural que a versão do Antigo Testamento chamada *Septuaginta* (LXX) veio à luz, entre cerca de 280 e 150 a.C. Alexandria também era um centro de cristianismo durante os primeiros séculos da igreja, posição que conservou até o surgimento do islamismo, no século VII. Entende-se que essa cidade seria o centro de atividade intelectual, na tentativa de restaurar o texto da Bíblia antes de 325. Todavia, não houve basicamente nenhuma crítica textual verdadeira do Novo Testamento durante esses séculos. Foi, antes, um período de reduplicação de manuscritos, em vez de avaliação de textos. No entanto, em contraposição a Alexandria, na Palestina, de 70-100 d.C., estudiosos rabínicos efetuaram diligente trabalho textual no Antigo Testamento.

As *cópias dos autógrafos* (até 150). Durante a segunda metade do século I, os livros do Novo Testamento eram escritos sob a direção do Espírito Santo, sendo, portanto, inerrantes. Não há dúvida, porém, de que as cópias desses autógrafos, feitas em papiro, vieram a perder-se com o tempo. Mas antes de perecer foram providencialmente recopiadas, e circularam pelas igrejas. As primeiras cópias foram feitas ao redor de 95 d.C., logo depois de os originais terem sido produzidos. Tais cópias também eram feitas em rolos de papiro; mais tarde, haveriam de ser recopiadas em códices de papiro; mais tarde, seriam usados velinos e pergaminhos. Poucas dessas cópias chegaram até nós, se é que realmente chegaram.

Conquanto houvesse muitas cópias dos autógrafos, no início nem todas tinham a mesma boa qualidade, visto que, tão logo começaram a ser feitas, erros e lapsos de escrita foram-se imiscuindo. A qualidade de uma cópia dependia da capacidade do escriba. As cópias de grande exatidão eram muito caras, por serem trabalho de escribas profissionais. Alguns escribas menos categorizados faziam cópias inferiores, ainda que o baixo custo permitisse uma distribuição mais ampla. Algumas cópias tinha péssima qualidade, por serem feitas por pessoas sem qualificação profissional, para uso de indivíduos ou grupos especiais.

As *cópias das cópias* (150-325). Quando o período apostólico estava chegando ao fim, as perseguições contra a igreja foram-se tornando cada vez mais generalizadas. Perseguições esporádicas culminaram em duas perseguições imperiais sob o comando dos imperadores Décio e Diocleciano. Os cristãos, além de terem de enfrentar intensa perseguição, sofrendo até mesmo a morte, freqüentemente viam suas Escrituras Sagradas confiscadas e destruídas. Em decorrência dessa destruição, havia o perigo de as Escrituras se perderem, ficando a igreja sem seu Livro Sagrado. Por isso, os cristãos costumavam fazer cópias de quaisquer manuscritos que possuíssem, com a maior rapidez possível. Visto que os escribas corriam o perigo de ser perseguidos, caso fossem apanhados, as Escrituras freqüentemente eram copiadas por "amadores", e não por "profissionais", i.e., pelos próprios membros da igreja. Numa situação como essa, era mais fácil os erros penetrarem no texto.

Enquanto isso, nesses mesmos anos, a igreja de Alexandria iniciara um trabalho pioneiro em sua área geográfica: comparava textos e os publicava. Isso, por volta de 200-250. O exemplo de iniciativa dessa igreja foi seguido em outras partes do Império, de modo que se criou um trabalho básico de crítica textual, quando se deu a perseguição do imperador Décio (249-251). Orígenes em Alexandria trabalhou em sua obra *Héxapla*, embora jamais viesse a ser publicada integralmente. Além desse trabalho a respeito do Antigo Testamento, ele escreveu comentários sobre o Novo Testamento, tornando-se uma espécie de crítico textual. Entre outros exemplos de trabalhos primitivos na área da crítica textual está *Lucian recension*, a obra de Julius Africanus sobre *Susanna*, e a de Teodoro de Mopsuéstia, *Cântico dos cânticos*, na região ao redor de Cesaréia. Esses críticos primitivos executaram uma espécie de seleção elementar e revisão dos documentos, mas suas obras não conseguiram deter a onda de criação casual, não-sistemática e em grande parte sem objetivo de textos paralelos, ou variantes do texto do Novo Testamento.

O período de padronização (325-1500)

Depois de a igreja ter-se libertado da ameaça de perseguição, logo após a promulgação do Édito de Milão (313), sua influência se fez sentir no processo de cópia dos manuscritos da Bíblia. Esse período ficou marcado pela introdução de códices de velino e de pergaminho e, no final do período, de livros feitos de papel. Durante esse período, os unciais gregos cederam lugar aos manuscritos minúsculos, i.e., obras impressas foram substituídas por outras escritas num tipo modificado de escrita cursiva. Ao longo desse período, as revisões críticas dos textos eram relativamente raras, exceto pelos esforços de estudiosos como Jerônimo (c. 340-420) e Alcuíno de Iorque (735-804). Todavia, o período especial entre 500 e 1000 testemunhou a obra massorética no texto do Antigo Testamento, de que resultou o *Texto massorético*.

Quando o imperador Constantino escreveu a Eusébio de Cesaréia, dando-lhe instruções para que providenciasse 50 exemplares das Escrituras Cristãs, iniciou-se um novo tempo na história do Novo Testamento. Foi o período da padronização do texto, quando o Novo Testamento começou a ser copiado com todo o cuidado e fidelidade, a partir dos manuscritos existentes. O texto de uma região particular era copiado por copistas dessa região. Quando Constantino transferiu a sede do Império para a cidade que levou seu próprio nome (Constantinopla), seria bem razoável supor que tal cidade haveria de dominar o mundo de fala grega, e que seus textos escriturísticos haveriam de tornar-se os textos predominantes para a igreja. Foi o que ocorreu, sobretudo tendo em mente o patrocínio do imperador, que mandou produzir cópias cuidadosas do texto do Novo Testamento.

Em decorrência do precedente criado por Constantino, grande número de manuscritos copiados com todo o cuidado foram produzidos ao longo da Idade Média; todavia, revisões oficiais, planejadas com o máximo cuidado, eram relativamente raras. Visto que assim se desenvolveu a padronização do texto, houve pouca necessidade de classificar, avaliar e criticar os primeiros manuscritos do Novo Testamento. O resultado foi que o texto bíblico permaneceu relativamente intocado por todo o período. Mais ou menos no fim dessa época tornou-se possível a total padronização do texto, havendo ilimitado número de exemplares mais ou menos idênticos, mediante a introdução de papel barato e da imprensa. Os exemplares da Bíblia impressos em papel tornaram-se mais abundantes depois do século XII. Por volta de 1454, Johann Gutenberg desenvolveu o sistema de tipos móveis para a imprensa, e assim abriu a porta para os esforços favoráveis a uma crítica mais cuidadosa do texto, durante a era da Reforma.

O período de cristalização (1500-1648)

No período da Reforma, o texto bíblico entrou no período de cristalização, assumindo a forma impressa em lugar da manuscrita. Envidaram-se esforços no sentido de se publicarem textos impressos da Bíblia com a maior precisão possível. Com freqüência esses textos eram publicados em vários línguas simultaneamente, incluindo títulos como a *Poliglota complutense* (1514-17), a *Poliglota de Antuérpia* (1569-72), a *Poliglota de Paris* (1629-45) e a *Poliglota de Londres* (1657-69). Publicou-se também nesse período (c. 1525) uma edição modelar do *Texto massorético*, sob a direção editorial de Jacob ben Chayyim, judeu-cristão; o texto se baseava em manuscritos que datavam do século XIV. O texto é essencialmente uma revisão do massoreta Ben Asher (fl. c. 920), tendo-se tornado a base de todas as cópias subseqüentes da *Bíblia hebraica*, tanto em forma de manuscrito como impressa. O trabalho que se fez no Novo Testamento foi mais variado e abrangente, em seu alcance, em conseqüência da invenção de Gutenberg.

O *cardeal Francisco Ximenes de Cisneros* (1437-1517), da Espanha, planejou a primeira edição impressa do Novo Testamento grego, que haveria de sair do prelo em 1502. Deveria constituir parte da *Poliglota complutense*, consistindo em textos em aramaico, em hebraico, em grego e em latim, publicada na cidade universitária de Alcalá (*Complutum*, em latim), depois do que a edição receberia esse nome, ao ser publicada ali em 1514 e em 1517. Conquanto fosse o primeiro Novo Testamento impresso, não foi o primeiro a ser colocado no mercado. O papa Leão X não emitiu o imprimátur senão em março de 1520. Nunca se conseguiu apurar satisfatoriamente quais teriam sido os manuscritos gregos em que se baseou a obra de Ximenes; e surgiram algumas questões a respeito das declarações de Ximenes na dedicação.

Desidério Erasmo (c. 1466-1536), de Roterdã, estudioso e humanista holandês, teve a honra de editar o primeiro Novo Testamento grego que veio a público. Já em 1514, Erasmo havia tratado dessa obra com o impressor Johann Froben, da Basiléia. Erasmo viajou para a Basiléia em julho de 1515, a fim de procurar alguns manuscritos em grego, para que ficassem ao lado de sua própria tradução latina. Embora os manuscritos que ele encontrou precisassem de revisão, Erasmo prosseguiu em seu trabalho. Trabalhava depressa; sua primeira edição, publicada em março de 1516, continha numerosos erros, tanto de natureza tipográfica como mecânica. Bruce M. Metzger afirma em sua obra *The text of the New Testament* [O texto do Novo Testamento], que o texto de Erasmo, o qual posteriormente se tornaria a base do chamado *Textus receptus*, não se baseou em manuscritos primitivos, mas em textos que não passaram por uma revisão confiável; conseqüentemente, seus textos básicos não eram dignos de confiança.[1] A própria receptividade dada à edição de Erasmo do Novo Testamento em grego teve natureza mista. Apesar disso, ao redor de 1519 tornou-se necessária nova edição. Essa segunda edição tornou-se a base da tradução que Lutero fez da Bíblia para o alemão, embora ele usasse apenas mais um manuscrito em seu trabalho. Outras edições surgiram em 1522, em 1527 e em 1535. Todas essas edições basearam-se no texto bizantino, continham trechos de manuscritos bem recentes e incluíam porções espúrias como 1João 5.7,8, bem como a tradução feita por Erasmo para o grego, a partir do texto latino, de alguns versículos do Apocalipse.

Roberto Estéfano, impressor da corte real em Paris, publicou o Novo Testamento grego em 1546, em 1549, em 1550 e em 1551. A terceira edição (1550) foi a primeira edição que continha um aparato crítico, ainda que fossem meros quinze manuscritos. Essa edição baseou-se na quarta edição de Erasmo, e foi a base do *Textus receptus*. Sendo publicada, essa terceira edição haveria de tornar-se o principal texto da Inglaterra. Em sua quarta edição, Estéfano divulgou sua conversão ao protestantismo e implantou a divisão do texto em versículos.

Teodoro Beza (1519-1605) foi o sucessor de João Calvino em Genebra. Beza publicou nove edições do Novo Testamento, após a morte de seu famoso predecessor, em 1564, e uma edição póstuma, a décima, veio a lume em 1611. A mais saliente edição publicada por Beza surgiu em 1582, em que ele incluiu alguns textos do *Códice Beza* (D) e do *Códice claromontano* (D^2). O fato de ele usar pouquíssimo esses manuscritos pode-se atribuir a que diferiam muito radicalmente dos textos de Erasmo e da *Complutense*. Isso resultou em que as edições do Novo Testamento grego de Beza estavam de acordo, em geral, com a edição de Estéfano, de 1550. Sua influência está no fato de que tendia a popularizar e estereotipar o *Textus receptus*.

---

[1] Bruce M. METZGER, *The text of the New Testament*, New York, Oxford University Press, 1964, p. 99-100.

Os tradutores da versão do rei Tiago usaram a edição de Beza de 1588 a 1589.

Boaventura e Abraão Elzevir (1583-1652 e 1592-1652) produziram o texto recebido (*Textus receptus*). O texto de Estéfano divulgou-se por toda a Inglaterra, mas o de Boaventura e de Abraão tornou-se o mais popular do continente europeu. Tanto o tio quanto o sobrinho eram grandes empreendedores na área de publicações; a empresa deles em Leiden publicou sete edições do Novo Testamento entre 1624 e 1787. A edição de 1624 usou basicamente o texto da edição de Beza de 1565, e a segunda edição (1633) é a fonte do título dado a seu texto, como informa o prefácio: "Textum ergo habes, nunc ab omnibus receptum: in quo nihil immutatum aut corruptum damus". Assim foi que do texto publicitário do editor tirou-se um termo atraente (*textus receptus* significa "texto recebido, aceito") para designar o texto grego que haviam captado das edições de Beza, de Ximenes e de Estéfano. Esse texto é quase idêntico ao de Estéfano, que serviu de base para a tradução do rei Tiago. No entanto, o texto básico era de origem muito recente, e tirado de um punhado de manuscritos; além disso, várias passagens foram inseridas que nenhum apoio tinham nos textos antigos. Só as novas descobertas de manuscritos confiáveis, nova classificação e comparação poderiam remediar a situação.

O período de crítica e de revisão (1648 até o presente)

No encerramento da era da Reforma, a Bíblia passou por um período de crítica e de revisão que, na verdade, se compõe de três períodos curtos. Cada subperíodo caracteriza-se por uma fase importante de crítica e de revisão, a saber, foram períodos de preparação, de progresso e de purificação. É importante que nos lembremos de que todas essas fases de crítica foram mais construtivas que destrutivas.

O período de preparação (1648-1831) caracterizou-se pela reunião e pela classificação de textos bíblicos. Quando Brian Walton (1600-1661) editou a *Poliglota de Londres*, incluiu os textos paralelos da edição de Estéfano, de 1550. Essa obra poliglota continha o Novo Testamento em grego, em latim, em sírio, em etíope, em árabe e em persa (os evangelhos). Nas anotações apareceram os vários textos paralelos recentemente descobertos do *Códice alexandrino* (A) e um aparato crítico feito pelo arcebispo Usher. Em 1675 John Fell (1625-1686) publicou uma edição anônima do Novo Testamento grego em Oxford que trazia evidências, pela primeira vez, das *Versões gótica* e *boaírica*. Então, em 1707, John Mill (1645-1707) reimprimiu o texto de Estéfano, de 1550, e acrescentou cerca de 30 000 variantes tiradas de quase cem manuscritos. Essa obra foi uma contribuição monumental para os estudiosos subseqüentes, porque lhes proporcionou uma base ampla de evidências textuais confiáveis.

Richard Bentley (1662-1742) foi um importante estudioso clássico que emitiu um boletim em que anunciava um texto do Novo Testamento que ele jamais concluiu. No entanto, ele conseguiu que outras pessoas juntassem textos e traduções disponíveis para um exame intensivo. Entre esses estudiosos estavam Johann Albrecht Bengel (1687-1752), que estabeleceu um dos cânones básicos da crítica textual: deve-se preferir o texto difícil ao fácil. Um dos estudiosos que examinavam documentos ao lado de Bentley e havia demonstrado disposição desde o início para a crítica textual foi Johann Jakob Wettstein (1693-1754); foi ele quem publicou o primeiro aparato que identificava os manuscritos unciais com letras maiúsculas romanas e os manuscritos minúsculos com numerais arábicos. Ele também defendia o princípio sadio segundo o qual os manuscritos devem ser avaliados pelo seu peso autorizado, e não por seu número. O fruto de seus esforços ao longo de quarenta anos foi publicado em 1751-1752, em Amsterdã.

A reimpressão da obra *Prolegomena*, de Wettstein, se fez em 1764, por Johann Salomo Semler (1725-1791), conhecido como o "pai do racionalismo alemão". Ele seguiu o padrão estabelecido por Bengel de classificar os manuscritos por grupos, mas levou esse processo a um desenvolvimento maior. Semler foi o primeiro estudioso a aplicar o termo *recensão* a grupos de testemunhas do Novo Testamento. Ele identificou três dessas recensões: a alexandrina, a oriental e a ocidental. Todos os textos posteriores foram considerados por Semler como misturas desses textos básicos.

A pessoa que na verdade desenvolveu de modo completo os princípios de Bengel e de Semler foi Johann Jakob Griesbach (1745-1812). Ele classificou os manuscritos do Novo Testamento em três grupos (alexandrinos, ocidentais e bizantinos), e lançou os alicerces de todo o trabalho subseqüente do Novo Testamento grego. Em sua obra, Griesbach estabeleceu quinze cânones de crítica textual. Logo depois de publicar a primeira edição do seu Novo Testamento (1775-1777), vários outros estudiosos publicaram colações que aumentaram enormemente a disponibilidade de evidências textuais oriundas dos pais da igreja, das primeiras versões e do texto grego.

Christian Friedrich Matthaei (1744-1811) publicou um aparato crítico valioso em seu Novo Testamento grego e latino, pois acrescentou novas evidências com base em traduções eslavas. Frary Karl Alter (1749-1804), estudioso jesuíta de Viena, acrescentou mais evidências com base em manuscritos eslavos e em mais vinte manuscritos gregos, além de outros manuscritos. De 1788 a 1801 um grupo de estudiosos dinamarqueses publicou quatro volumes de uma obra textual sob a direção de Andrew Birch (1758-1829). Nesses volumes os textos do *Códice vaticano* (B) apareceram em tipo impresso pela primeira vez.

Enquanto isso, dois estudiosos católicos romanos trabalhavam intensamente num texto. Eram Johann Leonhard Hug (1765-1846) e seu discípulo Johannes Martin Augustinus Scholz (1794-1852), que desenvolveram a teoria segundo a qual uma "edição comum" (*koine ekdosis*) apareceu após a degeneração do texto do Novo Testamento, no século III. Scholz acrescentou 616 novos manuscritos ao crescente corpo de textos disponíveis, e salientaou, pela primeira vez, a importância de atribuir proveniência geográfica, que estaria representada por diversos manuscritos. Este último ponto foi ampliado por B. H. Streeter em 1924, como parte de sua teoria de "textos locais". Depois de algum tempo, Scholz adotou a classificação de manuscritos elaborada por Bengel e publicou um Novo Testamento em 1830-1836, que mostrava uma regressão para o *Textus receptus*, visto que ela seguia o texto bizantino, em vez do alexandrino. Somente em 1845 Scholz mudou seu parecer, favorecendo então os textos alexandrinos.

O período de progresso (1831-1881) é aquele em que surgiu a crítica construtiva, que se salientou no agrupamento de textos. O rompimento com o texto recebido se fez mediante homens como Karl Lachmann (1793-1851), que publicou o primeiro Novo Testamento grego inteiramente baseado num texto crítico e na avaliação de textos paralelos, ou variantes textuais; Lobegott Friedrich Constantin von Tischendorf (1815-1874), que procurou, descobriu e publicou manuscritos e textos críticos; Samuel Prideaux Tregelles (1813-1875), que serviu de instrumento para afastar a Inglaterra do texto recebido; e Henry Alford (1810-1871), que escreveu numerosos comentários e deitou por terra a reverência pedantesca e indevida ao texto recebido.

É preciso que se mencionem vários outros grandes estudiosos, nessa altura da história, visto que esses também desempenharam papéis-chave no desenvolvimento da crítica textual. Caspar Rene Gregory completou a última edição do Novo Testamento grego de Tischendorf, com um prolegômeno (1894). Essa obra foi fonte principal de textos, da qual os estudiosos ainda dependem, bem como a base do catálogo universalmente aceito de manuscritos. Dois estudiosos de Cambridge, Brooke Foss Westcott (1825-1901) e Fenton John Anthony Hort (1828-1892), ficaram à altura de Tischendorf, pois fizeram contribuições impressionantes ao estudo do texto do Novo Testamento. Publicaram a obra *The New Testament in the original Greek* [O Novo Testamento no original grego] (1881-82), em dois volumes. O texto dessa obra ficou à disposição de uma comissão de revisão que produziu o *English revised New Testament* [Novo Testamento inglês revisado], em 1881. Suas concepções não eram originais, mas baseavam-se nas obras de Lachmann, de Tregelles, de Griesbach, de Tischendorf e de outros estudiosos. O emprego de seu texto para a *English revised version* [Versão inglesa revisada], e a explicação completa que apresentaram de suas opiniões, na introdução, fizeram crescer o índice de aceitação de seu texto crítico.

No entanto, alguns estudiosos defensores do texto recebido não pouparam esforços na argumentação contra o texto de Westcott e de Hort. Três desses foram John W. Burgon (1813-1888), que denunciou com toda a veemência o texto crítico, F. H. A. Scrivener (1813-1891), que foi bem mais suave em sua crítica, e George Salmon (1819-1904), que lamentou a falta de peso atribuída aos textos "ocidentais" por parte de Westcott e de Hort.

A "teoria genealógica" de Westcott e de Hort dividiu os textos em quatro tipos: siríacos, ocidentais, neutros e alexandrinos. O tipo siríaco de texto inclui os textos siríacos propriamente ditos, os antioquinos e os bizantinos, como A, E, F, G, H, S, V, Z e a maior parte dos minúsculos. O tipo ocidental de texto para Westcott e para Hort tinha raízes na igreja síria, mas havia sido levado mais longe, na direção do Ocidente, como se observa na *Delta* (Δ), na *Antiga latina*, na *Siríaca*ᶜ e no texto da família *Theta* (θ), tanto quanto se sabia. O tipo neutro de texto supostamente tinha origem no Egito e incluía os códices B e *Aleph* (א). O quarto tipo era alexandrino e compreendia um número menor de testemunhos do Egito, que não eram do tipo neutro. Essa família compunha os textos C, L, a família 33, o *Saídico* e o *Boaírico*. De acordo com Westcott e Hort, houve um ancestral comum (x) na raiz do texto neutro e do alexandrino, que teria sido primitivo e muito puro. O gráfico abaixo mostra o relacionamento de cada uma dessas famílias de textos do Novo Testamento:

O período de purificação (1881 até o presente) testemunhou a reação contra a teoria de Westcott e de Hort, que nada fizeram senão destronar o texto recebido e mais ainda: eliminar a possibilidade de surgimento de outros textos que seriam utilizáveis na crítica textual. Os principais oponentes do texto crítico foram Burgon e Scrivener, estando entre seus maiores defensores Bernhard Weiss (1827-1918), Alexander Souter (1873-1949) e outros. Os argumentos contra o texto crítico podem ser resumidos da seguinte forma: 1) o texto tradicional utilizado pela igreja durante 1 500

O DESENVOLVIMENTO DA CRÍTICA TEXTUAL · 167

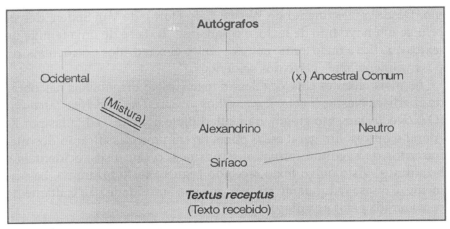

anos deve ser correto por causa de sua durabilidade; 2) o texto tradicional possuía centenas de manuscritos que lhe eram favoráveis, enquanto o texto crítico só possuía uns poucos dos primitivos e 3) o texto tradicional é melhor porque é mais antigo. Após a morte de Burgon e de Scrivener, a oposição ao texto crítico foi encarada com menos seriedade pelos estudiosos.

Outro crítico da posição Westcott-Hort foi Hermann Freiherr von Soden (1852-1914). Esse estudioso iniciou sua obra numa base diferente da de Westcott e de Hort, mas confirmou em sua obra (Novo Testamento) muitas das descobertas daqueles dois. Embora contasse com volumosos recursos financeiros para seu trabalho, o empreendimento de Von Soden tem sido considerado um grande fracasso. No entanto, ele concordou com outros oponentes, ao afirmar que Westcott e Hort tinham uma magnífica noção da revisão siríaca, bem como do texto siríaco.

A situação encaminhou-se para a reinvestigação dos textos usados por Westcott e por Hort. Os resultados dessa crítica especializada, sumamente construtiva, podem ser vistos no *status* atual da teoria Westcott-Hort. Os tipos de textos foram reclassificados por causa das críticas de Von Soden e de outros estudiosos. A família siríaca recebeu novo nome: bizantina, ou antioquina, em vista da possibilidade de confundir-se com a *Antiga siríaca*. No momento existe um reconhecimento geral de que houve grande mistura entre os tipos de textos alexandrinos e neutros, e que ambos os tipos na verdade são variações ligeiras de tipos de textos da mesma família. É por isso que a designação de texto alexandrino inclui agora o texto neutro. Numa reavaliação do tipo de texto ocidental, os estudiosos apuraram a existência, na verdade, de três subgrupos —*Códice* D, *Antiga latina* e *Antiga siríaca*— pois os estudiosos concordam em que o texto em geral não é confiável, quando examinado em si mesmo. Desde o falecimento de Westcott, de Hort e de Von Soden, descobriu-se um novo tipo de texto: o cesareense. Trata-se de uma família de textos que fica a meio termo entre os textos alexandrinos e ocidentais, ou possivelmente mais perto dos ocidentais.

As mais recentes colações desses textos estão disponíveis nas obras de Eberhard Nestle, *Novum Testamentum graece* e *The Greek New Testament* [O Novo Testamento grego], da United Bible Societies, editadas por K. Aland e outros. Em geral essas obras fazem uma classificação dos manuscritos da seguinte forma: alexandrinos, cesareenses, ocidentais e bizantinos. Visto que o texto recebido segue o texto bizantino, basicamente, é quase redundante afirmar que sua autoridade não é altamente considerada pelos estudiosos.

	Evangelhos	Atos	Epístolas Gerais	Paulo, Hebreus	Apocalipse
Alexandrino	P1 P3 P4 P5 P7 P22 P34 P39 (P46) P75 א B C L Q T (W-Lucas 1—João 8:12) Z Δ Ξ Ψ 054 059 060 0162 220 33 164 215 376 579 718 850 892 1241 (1342 Marcos) Boa (Saí) At Cir-Alex (Or)	P8 (P50) א B C Ψ 048 076 096 6 33 81 104 326 1175 Boa (Saí) At Cir-Alex Clem-Alex? (Or)	P20 P23 P72 א A B C P Ψ 048 056 0142 0156 33 81 104 323 326 424c 1175 1739 2298 Boa (Saí) At Cir-Alex Clem-Alex? (Or)	P10 P13 P15 P16 P27 P32 P40 P65 א A B C H I M P Psi 048 081 088 0220 6 33 81 104 326 424c 1175 1739 1908 Boa (Saí)	P18 P2 P47 א A C P 0207 0169 61 59 94 241 254 1006 1175 1611 1841 1852 2040 2053 2344 2351
Cesareense	P37 P45 Θ (W-Marcos 5ss.) N O Σ Φ Fam 1 Fam 13 28 565 700 7071 1604 Geo Arm Pal-Sir Eus Cir-Jer (Or)	P45? I? I? Cir-Jer?	(Tipo de texto não identificado no restante do Novo Testamento.)		
Ocidental	P25 D (W-Marcos 1—5?) 0171 It, esp. k e Sir-Sin Cur-Sir Tert Ir Clem-Alex Cip (Ag)	P38 P41 P48 D E 066 257 440 614 913 1108 1245 1518 1611 1739 2138 2298 It Hark-Sir mg El	P38 D E It Hark-Sir mg Ir Tert Cip Ag	D E F G 88 181 915 917 1836 1898 1912 It	F? It?
Bizantino	A E F G H K M S U V (W-Mateus, Lucas 8:12ss.) Y Γ Λ Π Ω A maioria dos minúsculos Versões góticas posteriores Pais posteriores	H L S P A maioria dos minúsculos Versões góticas posteriores Pais posteriores	H K L S 42 398 A maioria dos demais minúsculos Versões góticas posteriores Pais posteriores	K L A maioria dos demais minúsculos Versões góticas posteriores Pais posteriores	046 82 93 429 469 808 920 2048 A maioria dos demais minúsculos Versões góticas posteriores Pais posteriores

15
A recuperação do texto da Bíblia

Embora não se tenham notícias da existência de autógrafos do Antigo e do Novo Testamento, existem numerosas cópias manuscritas e citações à disposição dos estudiosos da Bíblia, que os ajudam em seus esforços no sentido de recuperar o texto bíblico original. Em complementação às evidências que vimos discutindo nos últimos capítulos, dispomos de evidências de apoio ao texto bíblico, provenientes de suas várias traduções; esse assunto será discutido nos próximos capítulos. No momento, nosso interesse será a questão do papel da crítica textual na restauração do próprio texto, e não a tradução desse texto nas inúmeras línguas.

O problema da crítica textual

O problema da crítica textual gira em torno de três questões básicas: genuinidade e confiabilidade, evidências de manuscritos e as variantes. Ainda que cada integrante desse assunto tenha sido mencionado repetidamente em nossas discussões anteriores, é necessário que se dê um tratamento mais minucioso aos tópicos em questão.

A autenticidade e a confiabilidade

Autenticidade é termo que se emprega na crítica textual em referência à verdade sobre a origem de um documento, ou seja, sua autoria. Como mostramos no capítulo 14, a autenticidade é assunto que concerne primordialmente à Introdução Especial ao estudo da Bíblia, visto que se relaciona a questões como autoria do texto, data e destinatário dos livros bíblicos. A Introdução Geral está interessada em questões como inspiração, autoridade, canonicidade e confiabilidade dos livros da Bíblia. As perguntas a que a autenticidade responde são estas: "Esse documento realmente procede da fonte ou autor que se alega? É verdadeiramente obra do escritor a que se atribui?".

Confiabilidade refere-se à verdade dos fatos ou do conteúdo dos documentos da Bíblia. Trata primordialmente da integridade (fidedignidade) e da credibilidade (verdade) dos registros. Em suma, um livro pode ser autêntico sem ser confiável, se quem se professa escritor é verdadeiramente seu autor, ainda que o conteúdo não expresse a verdade. E mais: um livro pode ser confiável sem ser autêntico, caso seu conteúdo seja verdadeiro, mas o autor alegado não seja realmente quem o escreveu. Portanto, no estudo da Introdução Geral, o interesse está na integridade do texto, com base em sua credibilidade e autoridade. Presume-se que determinado livro bíblico, que recebeu autoridade divina e, por isso mesmo, credibilidade, tendo sido transmitido com integridade, possui automaticamente autenticidade. Se houver uma mentira no livro a respeito de sua origem ou autoria, de que forma se poderia crer em seu conteúdo?

As evidências dos manuscritos

Creio que será benéfico que se faça, neste momento, um resumo das evidências dos manuscritos, com respeito ao texto bíblico. Rever o assunto nos revelará a diferença básica de abordagem da crítica textual de cada Testamento.

O Antigo Testamento sobreviveu e chegou até nós em alguns manuscritos completos, a maioria dos quais data do século IX d.C. ou é de data posterior. Há, entretanto, abundantes razões para que acreditemos que essas cópias são boas. Várias evidências apóiam essa afirmação: 1) as poucas variantes existentes nos manuscritos massoréticos; 2) a harmonia quase literal existente entre a maior parte da LXX e o *Texto massorético* hebraico; 3) as regras escrupulosas dos escribas que copiavam os manuscritos; 4) a similaridade de passagens paralelas do Antigo Testamento; 5) a confirmação arqueológica de minúcias históricas do texto; 6) a concordância em grande parte com o *Pentateuco* samaritano; 7) os milhares de manuscritos *Cairo Geneza* e 8) a confirmação fenomenal do texto hebraico advinda das descobertas dos rolos do mar Morto.

O Novo Testamento. Seus manuscritos são numerosos, como também são numerosos os textos paralelos, com variantes. Conseqüentemente, faz-se necessária a ciência chamada crítica textual, para que haja recuperação do texto original do Novo Testamento. Mais de 5 000 manuscritos gregos que datam do século II em diante dão testemunho do texto. Em contraposição ao Antigo Testamento, que conta apenas com uns poucos manuscritos bons, o Novo Testamento possui muitos manuscritos de qualidade inferior, i.e., apresentam mais variantes.

As variantes

A multiplicidade de manuscritos produz número correspondente de variantes. É que, quanto maior o número de manuscritos copiados, maiores eram as possibilidades de erros cometidos pelos copistas. Todavia, em vez de constituir empecilho à tarefa de recuperação do texto bíblico original, essa situação na verdade se torna extremamente benéfica.

As variantes do Antigo Testamento são relativamente raras, por diversas razões: 1) havia uma única tradição importante de manuscrito, pelo que o número total de erros é menor; 2) as cópias eram produzidas por escribas oficiais que trabalhavam seguindo regras rigorosas; 3) os massoretas sistematicamente destruíam todas as cópias em que se detectassem "erros" ou variantes. A descoberta dos rolos do mar Morto serviu de espantosa confirmação da fidelidade do *Texto massorético*, o que se comprova pelas conclusões de estudiosos do Antigo Testamento como Millar Burrows, em sua obra *The Dead Sea Scrolls*; R. Laird Harris, em *Inspiration and canonicity of the Bible*; Gleason L. Archer, Jr., *A survey of Old Testament introduction* e F. F. Bruce, *Second thoughts on the Dead Sea Scrolls* [Uma investigação mais aprofundada sobre os rolos do mar Morto]. Uma soma total dos testemunhos desses estudiosos é que existem tão poucas variantes entre o *Texto massorético* e o dos rolos do mar Morto, que esses confirmam a integridade daquele. Sempre que há divergências, os rolos do mar Morto tendem a dar apoio ao texto da *Septuaginta* (LXX).

Visto que o *Texto massorético* deriva de uma fonte singular, que fora padronizada por estudiosos judeus aproximadamente em 100 d.C., a descoberta de manuscritos anteriores a essa data esparge nova luz na história do texto do Antigo Testamento de antes dessa época. Além das três tradições textuais básicas do Antigo Testamento que já haviam sido reconhecidas (massorética, samaritana e grega), os rolos do mar Morto revelaram a existência de três outros tipos de textos: um protomassorético, um proto-*Septuaginta* e um proto-samaritano. As tentativas por traçar as linhas de relacionamento entre essas famílias de textos ainda se acham em fase embrionária; a situação exige estudos profundos e dedicação. Presentemente, o *Texto massorético* é considerado básico, visto que tanto o texto samaritano (v. cap. 16) como a *Septuaginta* (v. cap. 17) baseiam-se em traduções do texto hebraico. No entanto, os rolos do mar Morto mostram que existem passagens em que a *Septuaginta* traz o texto preferido. O problema básico é apurar a grandeza da diferença existente entre as tradições hebraica e grega.

As variantes do Novo Testamento. As variantes do Novo Testamento são muito mais abundantes do que as do Antigo, em vista do maior número de manuscritos e das numerosas cópias não-oficiais que foram feitas, de caráter particular. Cada vez que se descobre um manuscrito novo, aumenta o número bruto de variantes. Pode-se ver isso comparando-se o número aproximado de 30 000 variantes, segundo cálculo de John Mill, em 1707, às quase 150 000 computadas por F. H. A. Scrivener em 1874 e às mais de 200 000 recalculadas em nossos dias. Há certa ambigüidade em afirmar que há cerca de 200 000 variantes, visto que essas representam apenas cerca de 10 000 passagens do Novo Testamento. Se uma única palavra foi escrita erroneamente em 3 000 manuscritos diferentes, são contadas como 3 000 variantes. Uma vez entendido o processo de contagem e se eliminem as variantes de ordem mecânica (ortográfica), as variantes mais importantes que permanecem são surpreendentemente poucas sob o aspecto numérico.

Para que se compreenda integralmente o significado das variantes nos textos paralelos e se apure a redação correta (a original), é necessário, primeiro, que se examine de que forma essas variantes se introduziram no texto bíblico. Embora esses princípios também se apliquem ao Antigo Testamento, são usados aqui apenas com referência ao Novo.

Em geral, os estudantes cuidadosos da crítica textual acreditam haver dois tipos de erros: os *não-intencionais* e os *intencionais*.

As alterações textuais não-intencionais de vários tipos surgem da imperfeição natural do ser humano. São numerosas, e aparecem na transcrição dos textos.

Os erros da vista humana, por exemplo, resultam em vários tipos de variantes. Dentre esses, há os que resultam da divisão errônea de uma palavra, o que acaba por gerar novas palavras. Visto que os manuscritos originais não separavam as palavras entre si, mediante espaços, a divisão mental errônea de quem lia e copiava a palavra redundava em novo texto —errôneo. Vamos usar um exemplo em português:

[ENCONTREIMECOMAMADOCASTELOBRANCO]

poderia significar

[ENCONTREI-ME COM AMADO CASTELO BRANCO.]

ou

[ENCONTREI-ME COM A MÁ DO CASTELO BRANCO.].

A omissão de letras, de palavras e até de linhas inteiras do texto ocorria quando um olho astigmático pulava de um grupo de letras ou palavras a outro grupo semelhante. Esse erro em particular é causado por *homoteleuto* (finais semelhantes). Quando apenas uma letra está faltando, o erro se chama *haplografia* (grafia simples). *Repetição* é o erro oposto à omissão. Quando a vista apanhasse a mesma letra ou palavra duas vezes, esse erro era chamado de *ditografia*. Foi a partir de um erro desse tipo, com alguns manuscritos chamados minúsculos, que surgiu o seguinte texto: "Qual quereis que vos solte? Barrabás, ou Jesus, chamado Cristo?" (Mt 27.17).

A *transposição* é a inversão de duas letras ou palavras, e tecnicamente se denomina *metátese*. Em 2Crônicas 3.4, a transposição de letras alterou as medidas do pátio do templo de Salomão para 120 côvados em vez de 20, como corretamente aparece na LXX. Outras confusões com letras, abreviaturas e inserções de escribas explicam os demais erros desses profissionais da cópia. Esse é o caso sobretudo no que diz respeito às letras do hebraico, que também são usadas como números. Pode-se ver alguma confusão no Antigo Testamento, quando há divergência entre os números de passagens correspondentes. Veja-se, e.g., 40 000 em 1Reis 4.26 em oposição a 4 000 em 2Crônicas 9.25; os 42 anos em 2Crônicas 22.2, contrapondo-se à anotação certa de 22 anos em 2Reis 8.26, é erro que também se enquadra nessa categoria.

Os erros decorrentes da audição só ocorriam quando os manuscritos eram copiados por um escriba que ouvia o ditado de quem os lia. Isso explica por que alguns manuscritos (depois do século V d.C.) trazem *kamelos* (corda) em vez de *kamēlos* (camelo), em Mateus 19.24; *kauthasomai* (ele queima) em vez de *kauchasomai* (ele se gloria) em 1Coríntios 13.3, e outras alterações semelhantes no texto do Novo Testamento.

Os erros de memória não são numerosos, mas por vezes um escriba se esquecia da palavra exata na passagem e a substituía por um sinônimo. É possível que se tenha deixado influenciar por uma passagem ou verdade paralela, como no caso de Efésios 5.9, talvez confundida com Gálatas 5.22, mais a adição de Hebreus 9.22: "... não há remissão [de pecados]".

Os erros de julgamento em geral são atribuídos à má iluminação ambiental ou à má visão do escriba que copiou o manuscrito. Às vezes as notas marginais eram incorporadas ao texto nesses casos, ou tais erros seriam resultado da sonolência do escriba. Sem dúvida alguma teríamos uma dessas causas na raiz da redação variante de João 5.4, de 2Coríntios

8.4,5 etc. Às vezes é difícil diferenciar o caso e dizer se determinada variante resultou de um julgamento errôneo ou de mudanças doutrinárias intencionais. Sem dúvida 1João 5.8, João 7.53—8.11 e Atos 8.37 enquadram-se em uma dessas categorias.

Os erros de grafia são atribuídos a escribas que, graças a um estilo imperfeito ou a um acidente, escreviam de modo pouco definido ou impreciso, e assim cometeram erros posteriormente enquadrados como erros de visão ou de julgamento. Em algumas ocasiões, por exemplo, o escriba poderia esquecer-se de inserir certo número ou palavra no texto que estava transcrevendo, como no caso da omissão de número em 1Samuel 13.1.

As mudanças intencionais explicam grande número de variantes, ainda que a vasta maioria seja atribuída a erros não-intencionais. Erros cometidos de propósito poderiam talvez ter sido motivados por boas intenções, mas é certo que são alterações deliberadas do texto.

Entre os fatores que influíram na inserção de alterações deliberadas num texto bíblico estão as variantes gramaticais e lingüísticas. Essas *variantes ortográficas* na grafia, na eufonia e no léxico repetem-se muito nos papiros; cada tradição escribal tinha idiossincrasias próprias. Dentro dessas tradições o escriba poderia tender a modificar seus manuscritos, a fim de fazer que se conformassem com as tradições. As mudanças, nesse caso, incluíam nomes próprios, formas verbais, acertos gramaticais, mudanças de gênero e alterações sintáticas.

As *mudanças litúrgicas* encontram-se em grande número nos lecionários. Seriam feitas pequenas alterações no início de uma passagem; às vezes uma passagem grande era resumida só para uso no culto. Às vezes uma mudança desse tipo passava a incorporar o próprio texto bíblico, como foi o caso da "doxologia" na oração dominical (Mt 6.13). As *mudanças harmonizacionais* aparecem com freqüência nos evangelhos, quando o escriba tentou harmonizar um relato num documento com passagem correspondente de outro documento (v. Lc 11.2-4 e Mt 6.9-13), ou em Atos 9.5,6, que se alterou a fim de ficar mais em acordo literal com Atos 26.14,15. Do mesmo modo, algumas citações do Antigo Testamento foram ampliadas, em alguns documentos, para se harmonizarem com maior precisão à LXX (cf. Mt 15.8 com Is 29.13, em que a expressão *este povo* foi acrescentada). As *mudanças históricas e factuais* às vezes eram introduzidas por escribas bem-intencionados. João 19.14 foi alterado em alguns manuscritos, de modo que neles se lê hora "terceira" em vez de "sexta", e Marcos 8.31, em que "depois de três dias" foi alterado para "no terceiro dia", em alguns manuscritos. As *mudanças sincréticas* resultam da combinação ou da mistura de duas ou mais variantes, de modo que se cria um único texto, como provavelmente é o caso de Marcos 9.49 e Romanos 3.22.

As *mudanças doutrinárias* constituem a última categoria de alterações propositais dos escribas. A maior parte das alterações doutrinárias deliberadas foram introduzidas com vistas na ortodoxia, como a referência à Trindade, em 1João 5.7,8. Outras alterações, ainda que surgidas por causa das boas intenções, têm tido o efeito de acrescentar ao texto algo que não fazia parte do ensino original naquela altura. Talvez seja esse o caso da adição de "jejum" à palavra "oração" em Marcos 9.29, e do chamado "final mais longo" desse mesmo evangelho (Mc 16.9-20). Todavia, nem mesmo aqui o texto é herético. É importante que se ressalte, nesta altura, que nenhuma doutrina cristã baseia-se num texto sob objeção, e todo estudioso do Novo Testamento precisa estar consciente da iniqüidade que é alterar um texto simplesmente com base em considerações doutrinárias infundadas.

Quando se comparam os textos chamados variantes, do Novo Testamento, com outros textos de outros livros que sobreviveram desde a antigüidade, as conclusões são maravilhosas; pouco falta para que as consideremos espantosas. Por exemplo, embora haja cerca de 200 000 "erros" nos manuscritos do Novo Testamento, eles só aparecem em cerca de 10 000 trechos, e apenas cerca de uma sexagésima parte deles ergue-se acima do nível das trivialidades. Westcott e Hort, Ezra Abbot, Philip Schaff e A. T. Robertson avaliaram com o máximo cuidado as evidências e chegaram à conclusão de que o texto do Novo Testamento tem pureza superior a 99%. À luz do fato de haver mais de 5 000 manuscritos gregos, cerca de 9 000 versões e traduções, as evidências da integridade do Novo Testamento estão fora de questão.

Isso é válido sobretudo quando consideramos que alguns dos maiores textos da antigüidade sobreviveram em apenas um punhado de manuscritos (v. cap. 12). Quando se compara a natureza ou a qualidade desses escritos com os manuscritos bíblicos, estes ficam em posição audaciosamente saliente no que concerne à integridade. Bruce M. Metzger fez um excelente estudo da *Ilíada*, de Homero, e da *Mahābhārata* da Índia, em sua obra *Chapters in the history of New Testament textual criticism* [Capítulos da história da crítica textual do Novo Testamento]. Em seu estudo, o autor demonstra que a corrupção textual desses livros sagrados é muito maior do que a que acometeu o Novo Testamento. A *Ilíada* é particularmente cabível para esse estudo, por ter tanta coisa em comum com o Novo Testamento. Depois do Novo Testamento, a *Ilíada* é a obra que tem o maior número de manuscritos disponíveis hoje, mais que qualquer outra obra (453 papiros, 2 unciais e 188 minúsculos, ou seja, 643 no total). À semelhança da Bíblia, essa obra foi considerada sagrada, sofrendo mudanças textuais, e seus manuscritos em grego também passaram pela crítica textual. Enquanto o Novo Testamento apresenta cerca de 20 000 linhas, a Ilíada tem cerca de 15 000. Apenas 40 linhas (cerca de 400 palavras) do Novo Testamento inspiram dúvidas, mas 764 linhas da Ilíada estão sob questionamento. Portanto, 5% da Ilíada sofreram corrupção, contra menos de 1% do Novo Testamento. O poema épico nacional da Índia, Mahābhārata, sofreu um processo mais grave ainda de corrupção. É cerca de oito vezes maior que a Ilíada e a Odisséia juntas, com cerca de 250 000 linhas. Dessas, cerca de 26 000 linhas estão corrompidas textualmente, i.e., pouco mais de 10%.

Assim é que o Novo Testamento não só sobreviveu em um número maior de manuscritos, mais que qualquer outro livro da antigüidade, mas sobreviveu em forma muito mais pura (99% de pureza) que qualquer outra obra grandiosa, sagrada ou não. Até mesmo o Alcorão, que não é livro antigo, pois originou-se no século VII d.C., sofreu o processo de aparecimento de grande número de variantes que precisaram da revisão de Orthman. De fato, ainda existem sete modos de ler o texto (vocalização e pontuação), todas baseadas na revisão de Orthman, que se fez cerca de vinte anos após a morte do próprio Maomé.

Os princípios da crítica textual

A apreciação completa da tarefa árdua de reconstruir o texto do Novo Testamento a partir de milhares de manuscritos com dezenas de milhares de variantes pode dar-se, em parte, pelo estudo de quantos críticos textuais se engajaram nesse trabalho. Esses usaram dois tipos de evidências: as externas e as internas.

Evidência externa

A evidência externa distribui-se em três variedades básicas: cronológica, geográfica e genealógica. As evidências *cronológicas* dizem respeito à data do tipo de texto, e não à data do próprio manuscrito. Os tipos de texto mais antigos trazem textos que devem ser preferidos, em vez de textos posteriores, mais recentes. A distribuição *geográfica* dos testemunhos independentes em acordo entre si, no apoio a uma variante devem ser preferidos aos testemunhos que têm proximidade ou relacionamento maior. Os relacionamentos *genealógicos* entre os manuscritos seguem o que foi tratado no capítulo 14. Das quatro famílias textuais mais importantes, a alexandrina é considerada a família mais confiável, ainda que às vezes apresente uma correção dos "estudiosos". Os textos que contam com o apoio de bons representantes de dois ou mais tipos de textos devem ter preferência sobre um único tipo de texto. O texto bizantino em geral é considerado o mais pobre de todos. Quando os manuscritos que se encaixam em determinado tipo de texto dividem-se no apoio que dão a determinada variante, o verdadeiro texto provavelmente é o dos manuscritos que em geral se mostram mais fiéis a seu próprio tipo de texto, o texto que difere dos demais tipos de texto, o texto que é diferente da família textual bizantina ou o texto que caracteriza melhor o tipo de texto a que pertencem os manuscritos em questão.

Evidência interna

A evidência interna classifica-se em duas variedades básicas: a transcripcional (que depende dos hábitos dos escribas) e a intrínseca (que depende dos hábitos dos autores). A *evidência transcripcional* baseia-se em quatro assertivas genéricas: o texto mais difícil (para o escriba) é preferível, de modo especial se for sensato; o texto mais curto é preferível, a menos que tenha surgido por omissão acidental de algumas linhas, em razão de finais semelhantes ou de eliminação intencional; deve-se preferir o texto verbalmente mais dissonante das passagens paralelas, ainda que sejam citações do Antigo Testamento; e deve-se preferir a construção gramatical, expressão ou termo menos refinados.

A *evidência intrínseca* depende da probabilidade daquilo que o autor provavelmente escreveu. É determinada pelo estilo do autor ao longo do livro (e em outras passagens), pelo contexto imediato da passagem, pela harmonia do texto com o ensino do autor em outra passagem (bem como com outros textos canônicos) e pela influência do contexto geral do autor.

Ao examinar todos os fatores internos e externos da crítica textual, é essencial que se perceba que seu uso não é meramente uma aplicação da ciência, mas também de uma arte delicada. Algumas observações podem ajudar o iniciante a ficar familiarizado com o processo da crítica textual. Em geral, a evidência externa é mais importante que a interna, visto ser mais objetiva. As decisões devem levar em conta a evidência interna tanto quanto a externa, na avaliação do texto, visto que nenhum manuscrito ou tipo de texto contém todas as grafias corretas. Em algumas ocasiões, diferentes estudiosos aparecerão com posições conflitantes entre si, à vista dos elementos subjetivos da evidência interna.

Gleason Archer sugere, muito cautelosamente, as prioridades que deveriam ser empregadas no caso de encontrar-se uma variante textual: 1) deve-se preferir o texto mais antigo; 2) deve-se preferir o texto mais difícil; 3) deve-se preferir o texto mais curto; 4) deve-se preferir o texto que explique melhor as variantes; 5) o apoio geográfico mais amplo dado a um texto faz que ele seja o preferido; 6) deve-se preferir o texto que se conforme melhor com o estilo e com o vocabulário do autor e 7) deve-se preferir o texto que não dê sinais de desvio doutrinário.

A prática da crítica textual

O modo mais prático de observar os resultados dos princípios da crítica textual é comparar as diferenças entre a *Versão autorizada do rei Tiago* (KJV), de 1611, baseada no texto recebido, e a *Versão padrão americana* (ASV), de 1901, ou a *Versão padrão revisada* (RSV), de 1946 e 1952, que se baseiam no texto crítico. Uma pesquisa de várias passagens servirá para ilustrar o procedimento usado para fazer a reconstituição do verdadeiro texto.

Exemplos do Antigo Testamento

Deuteronômio 32.8 provê outro exercício interessante sobre a crítica textual do Antigo Testamento. O *Texto massorético* é acompanhado pelo texto do rei Tiago (KJV) e pela ASV, ao dizer: "O Altíssimo distribuiu as heranças às nações [...] determinou os limites dos povos, segundo o número dos filhos de Israel". A RSV seguiu o texto da LXX: "de acordo com o número dos filhos [ou anjos] de Deus". Um fragmento de Qumran dá apoio ao texto da LXX. Segundo os princípios da crítica textual que mostramos anteriormente, a RSV está correta porque 1) traz o texto mais difícil, 2) tem o apoio do manuscrito mais novo que se conhece, 3) está em harmonia com a descrição patriarcal de os anjos serem "filhos de Deus" (cf. Jó 1.6; 2.1; 38.7 e possivelmente Gn 6.4) e 4) explica a origem da outra variante.

Zacarias 12.10 ilustra a mesma questão. As versões KJV e ASV seguem o *Texto massorético*: "Olharão para mim [o Iavé], a quem trespassaram". A RSV segue a *Versão teodosiana* (c. 180 d.C.; v. cap. 17) ao traduzir: "Quando olharem aquele a quem trespassaram". O *Texto massorético* preserva a redação preferida porque 1) baseia-se em manuscritos mais antigos e melhores, 2) é o texto mais difícil e 3) pode explicar as demais redações com base no preconceito teológico contra a divindade de Cristo, ou pela influência da mudança ocorrida no Novo Testamento da primeira para a terceira pessoa, na citação dessa passagem (cf. Jo 19.37).

Outras variantes importantes entre o *Texto massorético* e a LXX foram esclarecidas mediante a descoberta dos rolos do mar Morto; nesses exemplos, tendem a dar apoio à LXX. Dentre tais passagens estão Hebreus 1.6 (KJV), que segue a citação de Deuteronômio 32.43, a famosa passagem de

Isaías 7.14 ("e será o seu nome Emanuel"), em vez da redação massorética: "ela chamará seu nome". A *Septuaginta* traz uma versão de Jeremias com 60 versículos a menos em relação ao *Texto massorético*, e o fragmento de Qumran de Jeremias tende a apoiar o texto grego. Tais ilustrações não devem ser tomadas como quadro uniforme dos rolos do mar Morto, sempre dando apoio ao texto da *Septuaginta*, visto que não existem muitas variantes do *Texto massorético* entre os manuscritos encontrados nas grutas do mar Morto. Em geral os rolos tendem a confirmar a integridade do *Texto massorético*. As passagens indicadas aqui são meros exemplos dos problemas e dos princípios da crítica textual, no exercício dos estudiosos de expurgar o texto do Antigo Testamento de eventuais incorreções.

Exemplos do Novo Testamento

Marcos 16.9-20 (KJV) apresenta-nos o problema textual mais grave, que nos deixa mais perplexos, dentre todos. Esses versículos estão ausentes em muitos dos mais antigos e melhores manuscritos, como o ℵ (Álefe), o B, o it^k (*Antiga latina*), a *Siríaca sinaítica*, muitos manuscritos armênios e alguns etíopes. Muitos dos antigos pais da igreja não demonstram ter conhecimento desse problema, e Jerônimo admitia que essa passagem havia sido omitida em quase todas as cópias gregas. Dentre as cópias que contêm esses versículos, algumas também trazem um asterisco ou óbelo, a fim de indicar que se trata de adição espúria ao texto. Há ainda outro final que ocorre em vários unciais, em alguns minúsculos e em cópias de versões antigas. O longo final com que estamos tão familiarizados, vindo da KJV e do texto recebido, encontra-se em grande número de unciais (C, D, L, W e θ [Theta], na maior parte dos minúsculos, na maior parte dos manuscritos da *Antiga latina*, na *Vulgata latina* e em alguns manuscritos siríacos e coptas. No *Códice W*, o final longo expande-se depois do versículo 14.

A decisão sobre qual desses finais é o preferível ainda é controvertida, visto que nenhum dos finais propostos eleva-se como se fora o original, à vista das poucas evidências textuais, por causa do sabor apócrifo e do estilo diferente do de Marcos perceptível em todos os finais. Assim, se nenhum desses finais é autêntico, torna-se difícil crer que Marcos 16.8 *não* é o final original. John W. Burgon fez uma defesa do texto recebido (vv. 9-20) e, mais recentemente, M. van der Valk, ainda que se admita que é muito difícil chegar a uma solução ou decisão sobre qual final é o original de Marcos. Com base nas evidências textuais conhecidas, parece mais plausível admitir que o final original do evangelho de Marcos é o versículo 8.

João 7.53—8.11 (KJV) relata a história da mulher apanhada em adultério. Está inserida entre parênteses na ASV, com uma nota que diz que os manuscritos mais antigos omitem essa passagem. A RSV coloca a passagem em questão entre parênteses, no final do evangelho de João, com uma nota que diz que as antigas autoridades colocavam-na ali, ou depois de Lucas 21.38. Não existe nenhuma evidência de que essa passagem faça parte do evangelho de João porque 1) não está nos manuscritos gregos mais antigos e melhores; 2) nem Taciano nem o texto da *Antiga siríaca* dão sinais de tê-la conhecido, estando ausente também nos melhores manuscritos da *Siríaca peshita*, nos da *Copta*, em vários da *Gótica* e da *Antiga latina*; 3) nenhum autor grego faz referência a essa passagem senão no século XII; 4) seu estilo —e interrupção— não se enquadram no contexto do quarto evangelho; 5) aparece inicialmente no *Códice Beza* em c. 550; 6) vários escribas colocam-na em outros lugares (e.g., depois de Jo 7.36; Jo 21.24; Jo 7.44 ou Lc 21.38) e 7) muitos manuscritos que incluem essa passagem indicam haver dúvidas sobre sua integridade, marcando-a com um óbelo. O resultado é que tal passagem pode ser preservada como se fora uma história verdadeira, mas da perspectiva da crítica textual, deve ser colocada como apêndice de João, com uma nota que diga que a passagem não tem lugar determinado nos manuscritos antigos.

1 João 5.7 (KJV) está ausente na ASV e na RSV, sem explicações. Todavia, existe uma explicação para essa omissão, a qual representa uma historieta interessante sobre o processo da crítica textual. Quase não existe apoio textual para a redação apresentada pela KJV, em nenhum documento grego, ainda que haja apoio na *Vulgata*. Então, quando Erasmo foi desafiado, e lhe perguntaram por que ele não incluíra essa passagem em seu Novo Testamento grego, em 1516 e em 1519, o estudioso respondeu rapidamente que a incluiria na próxima edição, desde que alguém lhe mostrasse pelo menos um manuscrito antigo que lhe desse apoio. Descobriu-se um minúsculo grego do século XVI, o manuscrito de 1520, do frei franciscano Froy, ou Roy. Erasmo cumpriu sua promessa e incluiu esse texto em sua edição de 1522. A KJV seguiu o texto grego de Erasmo e assim foi: com base num único manuscrito tardio, insignificante, desprezou-se todo o peso e autoridade de todos os demais manuscritos gregos. Na verdade, a inclusão desse versículo como genuíno quebra quase todos os cânones principais da crítica textual.

Com base nos casos acima estudados, deveria ficar claro que a crítica textual é uma ciência e também uma arte. Não basta afirmar que a Bíblia é o livro mais bem preservado, que sobreviveu desde os tempos antigos, mas lembremo-nos também de que as variantes de certa importância representam menos da metade de 1% de corrupção textual, e que nenhuma dessas variantes influi em alguma doutrina básica do cristianismo. Além disso, a crítica textual tem à sua disposição uma série de cânones que, para todos os efeitos práticos, capacita os estudiosos bíblicos a recuperar de modo completo o texto exato dos autógrafos hebraicos e gregos das Escrituras — não só linha por linha, mas palavra por palavra.

16

Traduções e Bíblias aramaicas, siríacas e afins

A transmissão da revelação da parte de Deus para nós gira em torno de três desenvolvimentos históricos significativos: a invenção da escrita antes de 3000 a.C.; os inícios da tradução antes de 200 a.C.; os desenvolvimentos da imprensa antes de 1600 d.C. Já vimos antes a redação e a cópia dos manuscritos originais da Bíblia, bem como o papel, o método e as práticas da crítica textual na preservação do texto dos documentos originais. Aqui dirigiremos a atenção à tradução da Palavra de Deus.

O presente capítulo será devotado ao estudo dos primeiros esforços na tradução da Bíblia, e àqueles que por meio da língua empreenderam esses esforços. Antes, todavia, de voltarmo-nos para essas traduções, é preciso que entendamos com clareza certos termos técnicos da história da tradução da Bíblia.

Definições e distinções

Há definições mais precisas de alguns termos básicos usados no estudo da tradução da Bíblia, do que as definições usadas de modo geral. O estudante cuidadoso da Bíblia deve evitar a confusão desses termos.

Definições

Tradução, tradução literal e transliteração. Esses três termos estão intimamente correlacionados. Tradução é simplesmente a transposição de uma composição literária de uma língua para outra. Por exemplo, se a Bíblia fosse transcrita dos originais hebraico e grego para o latim, ou do latim para o português, chamaríamos esse trabalho tradução. Se esses textos traduzidos fossem vertidos de volta para as línguas originais, também chamaríamos isso tradução. A *The new English Bible* [Nova Bíblia inglesa] (NEB) (1961, 1970) é uma tradução. A tradução literal é uma tentativa de expressar, com toda a fidelidade possível e o máximo de exatidão, o sentido das palavras originais do texto que está sendo traduzido. Trata-se de uma transcrição textual, palavra por palavra. O resultado é um texto um tanto rígido. É o caso da obra *Young's literal translation of the Holy Bible* [Tradução literal de Young da Bíblia Sagrada] (1898). A transliteração é a versão das letras de um texto em certa língua para as letras correspondentes de outra língua. É claro que uma tradução literal da Bíblia fica sem sentido para uma pessoa de pouca cultura, diante de um texto que lhe soa esquisito. No entanto, a transliteração de palavras como "anjo", "batizar" e "evangelizar" foram introduzidas nas línguas modernas.

Versão, revisão, versão revista e recensão. Esses termos têm estreito relacionamento entre si. Tecnicamente falando, versão é uma tradução da língua original (ou com consulta direta a ela) para outra língua, ainda que comumente se negligencie essa distinção. O segredo para a compreensão é que a versão envolve a língua original de determinado manuscrito. Para todos os efeitos práticos, a NEB é uma versão, tomando-se essa palavra nesse sentido. A *The Rheims-Douay Bible* (1582-1609) e a *King James version* [Versão do rei Tiago] (KJV) (ou *Authorized version*, AV, 1611) não foram traduzidas a partir das línguas originais. A *Rheims-Douay* foi traduzida da *Vulgata latina*, que é tradução também, enquanto a KJV é a quinta revisão da versão de Tyndale. No entanto, a *Revised version* [Versão revisada] (RV ou ERV) (1881, 1885), a *The American standard version* [Versão padrão americana] (ASV) (1946, 1952) e a *Revised standard version* [Versão padrão revisada] (RSV) (1946, 1952) são versões no sentido mais comum da palavra. Entenda-se, porém, que o fator crucial é este: uma versão deve ser o trabalho de traduzir um texto da língua original.

Revisão, ou versão revista, é termo usado para descrever certas traduções, em geral feitas a partir das línguas originais, que foram cuidadosa e sistematicamente revistas, cujo texto foi examinado de forma crítica, com vistas em corrigir erros ou introduzir emendas ou substituições. A KJV é um exemplo de tal revisão, como também as edições da Bíblia chamadas *Rheims-Douay-Challoner* e RSV. A *New American standard Bible* [Nova Bíblia americana padrão] (NASB) (1963, 1971) é o exemplo mais notável e recente de uma completa revisão do texto bíblico.

Paráfrase e comentário. Paráfrase é uma tradução "livre" ou "solta". O objetivo é que se traduza a idéia, e não as palavras. Daí que a paráfrase é mais uma interpretação que uma tradução literal do texto. Na história da tradução da Bíblia, esse tipo de texto tem sido muito popular. Na antigüidade, ao redor do século VII, por exemplo, Cedmão fez paráfrases da Criação. Entre as mais recentes paráfrases temos a obra de J. B. Phillips, *New Testament in modern English* [Novo Testamento em inglês moderno], *A Bíblia na linguagem de hoje* (BLH), da Sociedade Bíblica do Brasil e a *Bíblia viva*, de Kenneth Taylor.* O comentário é simplesmente uma explicação das Escrituras. O exemplo mais antigo desse tipo de trabalho é o *Midrash*, ou comentário judaico do Antigo Testamento. Em anos recentes têm surgido traduções da Bíblia conhecidas como "ampliadas"; elas contêm comentários implícitos, às vezes explícitos, do texto, dentro da própria tradução. Bastam dois exemplos para ilustrar esse tipo de Bíblia: a de Kenneth S. Wuest, *Expanded translation of the New Testament* [Tradução ampliada do Novo Testamento] (1956-1959), que usou os mesmos princípios para as várias partes do discurso; a Lockman Foundation tentou todos os esforços para traduzir a *The amplified Bible* [A Bíblia ampliada] (1965), que seria também um comentário que emprega travessões, colchetes, parênteses e itálicos.

Distinções

Para que apreciemos de modo integral o papel desempenhado pelas traduções da Bíblia, é importante que compreendamos que o próprio processo de traduzi-la é indício da vitalidade de que a Bíblia goza no seio do povo de Deus. Logo de início as traduções constituíram parte fundamental da vida religiosa dos antigos judeus. Esses deram o primeiro passo a preceder todas as traduções posteriores. Na igreja primitiva, as atividades missionárias eram acompanhadas por diversas traduções da Bíblia em outras línguas. Com o passar do tempo, surgiu mais uma fase na história da tradução da Bíblia, com o desenvolvimento da imprensa. O resultado foi que devemos fazer perfeita distinção entre as três categorias genéricas de traduções da Bíblia: as traduções antigas, as medievais e as modernas.

Antigas traduções da Bíblia. As traduções mais antigas continham trechos do Antigo Testamento e às vezes também do Novo. Apareceram antes do período dos concílios da igreja (c. 350 d.C.), abarcando obras

---

*Há em português as *Cartas para hoje*, tradução de Phillips das espístolas do Novo Testamento, publicada por Edições Vida Nova. A *Bíblia viva* é publicada em português pela Ed. Mundo Cristão. (N. do E.)

como o *Pentateuco samaritano*, os *Targuns* aramaicos, o *Talmude*, o *Midrash* e a *Septuaginta* (LXX). Logo após o período apostólico, essas traduções antigas tiveram prosseguimento na versão de Áqüila, na revisão de Símaco, nos *Héxapla* de Orígenes e nas versões siríacas do Antigo Testamento. Antes do Concílio de Nicéia (325) surgiram traduções do Novo Testamento para o aramaico e para o latim.

Traduções medievais da Bíblia. As traduções da Bíblia produzidas durante a Idade Média em geral continham tanto o Antigo como o Novo Testamento. Foram concluídas entre 350 e 1400. Durante esse período as traduções da Bíblia eram dominadas pela *Vulgata latina* de Jerônimo (c. 340-420). A *Vulgata* constituiu a base tanto dos comentários como do pensamento, por toda a Idade Média. Foi dela que surgiu a paráfrase de Cedmão, a obra *História eclesiástica*, de Beda, o Venerável, e até mesmo a tradução da Bíblia para o inglês, feita por Wycliffe. A Bíblia continuou a ser traduzida para outras línguas durante esse período.

Traduções modernas. As traduções modernas surgiram a partir da época de Wycliffe e de seus sucessores. Seguindo o exemplo de Wycliffe, visto que foi ele o pai da primeira Bíblia completa em inglês, William Tyndale (1492-1536) fez sua tradução diretamente das línguas originais, em vez de usar a *Vulgata latina* como fonte. Desde essa época surgiu uma multiplicidade incrível de traduções que continham o total ou apenas partes do Antigo e às vezes também do Novo Testamento. Logo após o desenvolvimento dos tipos móveis de Johann Gutenberg (c. 1454), a história da transmissão, da tradução e da distribuição da Bíblia adentra uma era inteiramente nova.

A tradução da Bíblia ajudou a manter o judaísmo puro, nos últimos séculos antes de Cristo, como mostra nosso tratamento sobre o *Pentateuco samaritano* e os *Targuns*. A tradução chamada *Septuaginta* (v. cap. 17) foi feita em grego, em Alexandria, no Egito (iniciando-se entre 280-250 a.C.), e serviu de fundo às traduções para o latim e para outras línguas (v. cap. 18). Essas traduções foram vitais para a evangelização, para a expansão e para o estabelecimento da igreja. Desde a Reforma a disseminação da Bíblia vem resultando em traduções em numerosas línguas. O papel desempenhado pela Bíblia em inglês tem sido importantíssimo entre as modernas traduções (v. caps. 19 e 20). Nosso debate seguirá essas linhas tópicas, genéricas, iniciando-se com as traduções para o aramaico, para o siríaco e outras que se lhes relacionam.

Traduções principais

As mais antigas traduções da Bíblia tinham o propósito duplo que não pode ser subestimado: eram usadas a fim de disseminar a mensagem dos autógrafos ao povo de Deus, e ajudá-lo na obrigação de manter a religião pura. A proximidade dos autógrafos também indica sua importância, visto que conduzem o estudioso da Bíblia de volta aos primórdios dos documentos originais.

O Pentateuco samaritano

O *Pentateuco samaritano* pode ter-se originado no período de Neemias, em que se reedificou Jerusalém. Não sendo na verdade uma tradução, nem versão, mostra a necessidade do estudo cuidadoso para que se chegue ao verdadeiro texto das Escrituras. Essa obra foi, de fato, uma porção manuscrita do texto do próprio *Pentateuco*. Contém os cinco livros de Moisés, tendo sido escrito num tipo paleo-hebraico, muito semelhante ao que se encontrou na pedra moabita, na inscrição de Siloé, nas *Cartas de Laquis* e em alguns manuscritos bíblicos mais antigos de Qumran. A tradição textual do *Pentateuco samaritano* é independente do *Texto massorético*. Não foi descoberto pelos estudiosos cristãos senão em 1616, embora fosse conhecido dos pais da igreja, como Eusébio de Cesaréia e Jerônimo, tendo sido publicado pela primeira vez na obra *Poliglota de Paris* (1645) e, depois, na *Poliglota de Londres* (1657).

As raízes dos samaritanos podem ser encontradas na antigüidade, na época de Davi. Durante o reinado de Onri (880-874 a.C.) a capital havia sido etabelecida em Samaria (1Rs 16.24), e todo o Reino do Norte veio a ser conhecido como Samaria. Em 732 a.C. os assírios, sob Tiglate-Pileser III (745-727), conquistaram a parte nordeste de Israel e estabeleceram a política de deportar os habitantes e importar outros povos cativos para outras terras conquistadas. Sob Sargão II (em 721 a.C.) seguiu-se o mesmo procedimento, quando esse rei conquistou o resto de Israel. A Assíria impôs o casamento misto sobre os israelitas que não haviam sido deportados, a fim de garantir que nenhuma revolta ocorresse, pois os povos estariam automaticamente perdendo sua nacionalidade e absorvendo as culturas de outros povos cativos (2Rs 17.24—18.1). De início os colonos adoravam deuses próprios. Quando os judeus voltaram do cativeiro babilônico, ou um pouco depois disso, esses colonos aparentemente desejaram seguir o Deus de Israel. Os judeus impediram que os samaritanos fossem integrados, e estes, por sua vez, se opuseram à restauração (v. Ed 4.2-6; Ne 5.11—6:19). No entanto, por volta de 432 a.C., a filha de Sambalate casou-se com o neto do sumo sacerdote Eliasibe. O casal misto foi expulso de Judá, e tal incidente provocou o fato histórico do rompimento entre judeus e samaritanos (v. Ne 13.23-31).

A religião samaritana como sistema separado de adoração na verdade data da expulsão do neto do sumo sacerdote, em cerca de 432 a.C. Por essa época, um exemplar da *Tora* pode ter sido levado a Samaria e colocado no templo que havia sido construído no monte Gerizim, em Siquém (Nablus), onde se estabelecera um sacerdócio rival. Essa data no século V pode explicar tanto o texto paleo-hebraico quanto a dupla categorização ou divisão do *Pentateuco samaritano* em Lei e livros não-canônicos. Esse apego samaritano à *Tora* e o isolamento desse povo, separado dos judeus, resultou em que a Lei foi submetida a uma tradição textual à parte.

O manuscrito mais antigo do *Pentateuco samaritano* data de meados do século XIV e trata-se de um fragmento de um pergaminho —o rolo chamado Abisa. O códice do *Pentateuco samaritano* mais antigo traz uma nota sobre ter sido vendido em 1149-1150 d.C., embora fosse muito mais velho. A Biblioteca Pública de Nova Iorque abriga outro exemplar que data de cerca de 1232. Imediatamente após a descoberta desse exemplar, em 1616, o *Pentateuco samaritano* foi aclamado como superior ao *Texto massorético*. No entanto, depois de cuidadoso estudo, foi relegado a posição inferior. Só recentemente esse documento reobteve um pouco de sua antiga importância, ainda que seja considerado até hoje de menor importância do que o texto massorético da lei. Os méritos do texto do *Pentateuco samaritano* podem ser avaliados pelo fato de apresentar apenas 6 000 variantes em relação ao *Texto massorético*, e em sua maior parte constituem diferenças ortográficas que se considerariam insignificantes. Há ali a afirmativa de que o monte Gerizim é o centro de adoração, e não a cidade de Jerusalém, com acréscimos aos relatos de Êxodo 20.2-17 e Deuteronômio 5.6-21. Às vezes o *Pentateuco samaritano* e a *Septuaginta* concordam a respeito de uma redação que, todavia, é diferente do *Texto massorético*; provavelmente isso se deva a que aqueles trazem o texto original. No entanto, o *Pentateuco samaritano* reflete tendências culturais na ambientação hebraica, como inserções sectárias, repetições das ordens de Deus, impulsos no sentido de modernizar certas formas verbais antigas e tentativas de simplificar as partes mais difíceis da redação hebraica.

Os targuns aramaicos

A origem dos targuns. Há evidências de que os escribas, já nos tempos de Esdras (Ne 8.1-8), estavam escrevendo paráfrases das Escrituras hebraicas em aramaico. Não estavam produzindo traduções, mas textos explicativos da linguagem arcaica da *Tora*. As pessoas que realizavam esse trabalho de produzir paráfrases eram chamados *methurgeman*; desempenhavam papel importante na comunicação da palavra de Deus em língua hebraica (que aos ouvidos samaritanos soava tão exótica), na língua do dia-a-dia que o povo entendia bem. Antes do nascimento de Cristo, quase todos os livros do Antigo Testamento tinham suas paráfrases ou interpretações (targuns). Ao longo dos séculos seguintes o targum foi sendo redigido até surgir um texto oficial.

Os mais antigos targuns aramaicos provavelmente foram escritos na Palestina, durante o século II d.C., embora haja evidências de alguns textos amaraicos de um período pré-cristão. Esses textos primitivos, oficiais, do targum, continham a lei e os profetas, embora targuns de épocas posteriores também incluíssem outros escritos do Antigo Testamento. Vários targuns não-oficiais, em aramaico, foram encontrados nas cavernas de Qumran, cujos textos seriam substituídos pelos textos oficiais do século II d.C. Durante o século III, todos os exemplares do *Targum palestino oficial*, abrangendo a lei e os profetas, foram praticamente engolidos por outra família de paráfrases dos textos bíblicos, chamadas *Targuns aramaico-babilônicos*. As cópias do targum que contivessem os demais escritos sagrados, além da lei e dos profetas, continuavam a ser feitas extra-oficialmente.

Os targuns que mais se destacaram. Durante o século III d.C., surgiu na Babilônia um targum aramaico sobre a *Tora*. Possivelmente se tratasse de uma versão corrigida de texto palestino antigo; mas também poderia ter-se originado na Babilônia, tendo sido tradicionalmente atribuído a Onquelos (Ongelos), ainda que tal nome provavelmente resultasse de confusão com Áqüila (v. cap. 17).

O *Targum* de Jônatas ben Uzziel é outro targum babilônico em aramaico, que acompanhava os profetas (os primeiros e os últimos). Data do século IV, sendo uma tradução mais livre do texto que a tradução de Onquelos. Esses targuns eram lidos nas sinagogas: o texto de Onquelos ao lado da *Tora*, que se liam em sua inteireza; Jônatas era lido ao lado de seleções dos profetas (*haphtaroth*, pl.). Visto que as demais partes do Antigo Testamento (escritos) não eram lidas nas sinagogas, não se produziu nenhum targum oficial, mas havia cópias não-oficiais usadas pelas pessoas de modo particular. Pelos meados do século VII surgiu o *Targum do pseudo-Jônatas*, sobre o *Pentateuco*. Trata-se de uma mistura do *Targum de Onquelos* e alguns textos do *Midrash*. Outro targum apareceu ao redor do ano 700, o *Targum de Jerusalém*, do qual sobreviveu apenas um fragmento. Nenhum desses targuns é importante sob o aspecto do texto, mas todos provêem informações importantes para o estudo da hermenêutica, visto que indicam a maneira por que as Escrituras eram interpretadas pelos estudiosos rabínicos.

O Talmude e o Midrash

Surgiu um segundo período na tradição dos escribas do Antigo Testamento, entre 100 e 500 d.C., conhecido como o período talmúdico. O *Talmude* (lit., instrução) desenvolveu-se como um corpo da lei civil e canônica hebraica, com base na *Tora*. O *Talmude* basicamente representa as opiniões e as decisões de professores judeus de cerca de 300 a 500 d.C., consistindo em duas principais divisões: o *Midrash* e a *Gemara*. A *Mishna* (repetição, explicação) completou-se perto de 200 d.C., como se fora um digesto hebraico de todas as leis orais, desde o tempo de Moisés. Era altamente considerada como a segunda lei, sendo a *Tora* a primeira. A *Gemara* (término, finalização) era um comentário ampliado, em aramaico, da *Mishna*. Foi transmitida em duas tradições: a *Gemara palestina* (c. 200) e a *Gemara babilônica*, maior, dotada de mais autoridade (c. 500).

O *Midrash* (lit., estudo textual) na verdade era uma exposição formal, doutrinária e homilética das Sagradas Escrituras, redigida em hebraico ou em aramaico. De mais ou menos 100 até 300 d.C., esses escritos foram reunidos num corpo textual a que se deu o nome de *Halaka* (procedimento), que era uma expansão adicional da *Tora*, e *Hagada* (declaração, explicação), ou comentários de todo o Antigo Testamento. O *Midrash* de fato diferia do *Targum* neste ponto: o *Midrash* eram comentários, em vez de paráfrases. O *Midrash* contém algumas das mais antigas homilias do Antigo Testamento, bem como alguns provérbios e parábolas, textos usados nas sinagogas.

Traduções siríacas

A língua siríaca (aramaico) de algumas partes do Antigo Testamento e até mesmo de alguns manuscritos do Novo Testamento, era comparável ao grego *coiné* e ao latim da *Vulgata*. O aramaico era a língua comum do povo nas ruas. Visto que os judeus da época do Senhor Jesus sem dúvida alguma falavam o aramaico, a língua daquela região toda, é razoável presumir que os judeus que moravam na vizinha Síria também falassem esse idioma. Por sinal, Josefo relata que os judeus do século I faziam proselitismo nas áreas a leste da antiga Nínive, perto de Arbela. Seguindo o exemplo deles, os primeiros cristãos partiram para a mesma área geográfica e prosseguiram até a Ásia Central, a Índia e a China. A língua básica desse grande ramo do cristianismo era o siríaco, ou o que F. F. Bruce chamava "aramaico cristão". Uma vez que a igreja começou a mover-se, saindo da Síria, desenvolvendo seus esforços missionários, tornou-se premente a necessidade de uma versão da Bíblia especial para essa região.

Siríaca peshita. A Bíblia traduzida para o siríaco era comparável à *Vulgata latina*. Era conhecida como *Peshita* (lit., simples). O texto do Antigo Testamento da *Peshita* deriva de um texto surgido em meados do século II ou início do III, embora a designação *Peshita* date do século IX. É provável que o Antigo Testamento houvesse sido traduzido do hebraico, mas recebeu revisão a fim de conformar-se com a LXX. A *Peshita* segue o *Texto massorético*, supre excelente apoio textual, mas não é tão confiável, como testemunha independente do texto genuíno do Antigo Testamento.

Acredita-se que a edição padrão do Novo Testamento siríaco derive de uma revisão datada do século V, feita por Rabbula, bispo de Edessa (411-435). Sua revisão de fato se fez em manuscritos que continham versões siríacas, cujo texto foi alterado para aproximar-se mais dos manuscritos gregos que na época eram usados em Constantinopla (Bizâncio). Essa edição do Novo Testamento siríaco, mais a revisão cristã feita no Antigo Testamento siríaco, viria a ser conhecida como *Peshita*. Em obediência à ordem de Rabbula, segundo a qual um exemplar de sua revisão fosse colocado em cada igreja de sua diocese, a *Peshita* obteve ampla circulação de meados do século V até seu final. Em decorrência de sua atuação, a versão *Peshita* veio a tornar-se a versão autorizada dos dois ramos principais do cristianismo siríaco, os nestorianos e os jacobitas.

Versão siro-hexaplárica. O texto siro-hexaplárico do Antigo Testamento era uma tradução siríaca que ocupava a quinta coluna das páginas da obra de Orígenes intitulada *Héxapla* (v. cap. 17). Embora fosse traduzida por volta de 616 por Paulo, bispo de Tela, essa obra na verdade jamais criou raízes nas igrejas siríacas. Isso aconteceu em parte por causa da tradução fortemente literal do texto grego, em violação ao idioma siríaco. Esse caráter literal da tradução fez que o texto siro-hexaplárico se tornasse ferramenta muito útil para determinar o texto correto dos *Héxapla*. Alguns trechos desse manuscrito sobreviveram no *Códice mediolanense*, que consiste em 2 Reis, Isaías, os Doze, Lamentações e os livros poéticos (exceto Salmos). O *Pentateuco* mais os livros históricos sobreviveram até cerca de 1574, mas depois desapareceram. À semelhança da *Peshita*, o texto dessa versão é basicamente bizantino.

Diatessaron de Taciano (c. 170). Taciano foi um cristão assírio, discípulo de Justino Mártir em Roma. Depois da morte de seu mentor, Taciano voltou a seu país de origem e produziu uma harmonia dos evangelhos, à base de "tesoura e cola", denominada *Diatessaron* (lit., através dos quatro). A obra de Taciano é conhecida principalmente mediante referências indiretas, mas havia sido amplamente utilizada e popularizada, até ser abolida por Rabbula e Teodoreto, bispo de Cirro, em 423, pelo fato de Taciano ter pertencido à seita herética dos encratitas. A obra de Taciano tornou-se tão popular que Efraim, pai sírio da igreja, escreveu um comentário sobre ela, antes que Teodoreto conseguisse que todas as cópias (cerca de cem) fossem destruídas. Para substituir o *Diatessaron*, Teodoreto apresentou outra tradução dos Evangelhos dos Quatro Evangelistas.

Visto que o *Diatessaron* não sobreviveu, é impossível saber se originariamente havia sido escrito em siríaco ou, mais provavelmente, em grego e, depois, traduzido para o siríaco. O comentário de Efraim sobre o *Diatessaron* foi escrito em siríaco, mas também se perdeu. Uma tradução armênia do comentário sobreviveu, no entanto, assim como duas versões arábicas do *Diatessaron*. Ainda que a obra original do *Diatessaron* fosse calcada fortemente no Novo Testamento, e pudesse suportar a crítica textual, constitui testemunho secundário, a partir de uma tradução e do comentário traduzido, e acrescentaria pequeno peso ao texto original dos evangelhos. Observa-se, contudo, um fato: o *Diatessaron* recebeu influência de textos do Novo Testamento, tanto do Oriente como do Ocidente.

Manuscritos da Antiga siríaca. O *Diatessaron* não foi a única forma de textos dos evangelhos usada pelas igrejas siríacas. Entre os estudiosos havia a tendência de mantê-los separados, e lê-los separadamente. Até mesmo antes da época de Taciano, escritores como Hegésipo mencionaram outra versão siríaca da Bíblia. Esse texto dos evangelhos em siríaco antigo era típico do texto ocidental, tendo sobrevivido em dois manuscritos. O primeiro deles é um pergaminho conhecido como *Siríaca curetoniana*; o segundo é um palimpsesto conhecido como *Siríaca sinaítica*. Esses documentos eram chamados "Os Separados", pelo fato de virem tramados entre si, à feição do *Diatessaron* de Taciano. Embora haja diferenças entre os dois textos, ambos refletem a mesma versão de um texto que data de fins do século II, ou início do III. Nenhum texto do resto do Novo Testamento em siríaco antigo sobreviveu até nossos dias, embora tenham sido reconstituídos com base em citações nos escritos dos pais da igreja oriental.

Outras versões siríacas. Três outras versões siríacas requerem um comentário especial, ainda que reflitam textos que surgiram depois daqueles de que já tratamos. Em 508 completou-se mais um Novo Testamento siríaco, que incluía os livros omitidos pela *Peshita* (2 Pedro, 2 João, 3 João, Judas e Apocalipse). Na verdade, o trabalho era uma revisão da Bíblia toda feita pelo bispo Policarpo, sob a direção de Zenaia (Filoxeno), bispo jacobita de Mabugue, situada a leste da Síria. A tradução *Siríaca filoxeniana* revela que a igreja siríaca não aceitara o cânon do Novo Testamento como um todo até o século VI. Em 616, outro bispo de Mabugue, Tomás de Heracléia, reeditou o texto filoxeniano, ao qual adicionou algumas notas marginais ou o revisou completamente, num estilo bem mais literal. Essa revisão ficou conhecida como a versão *Siríaca heracleana,* embora a parte do Antigo Testamento tenha sido feita por Paulo de Tela, como informamos anteriormente. O comentário crítico do livro de Atos da heracleana é o segundo documento mais importante que traz o texto ocidental; só é ultrapassado em importância pelo *Códice Beza.* A terceira versão siríaca é conhecida como *Siríaca palestinense.* Não existe versão completa do Novo Testamento relacionada à *Siríaca palestinense.* É provável que seu texto date do século V e sobreviveu em fragmentos apenas, em sua maior parte oriundos de lecionários dos evangelhos que datam dos séculos XI e XII.

Traduções secundárias

Ainda que o *Pentateuco samaritano,* o *Talmude* e os mais antigos manuscritos do *Midrash* houvessem sido escritos em paleo-hebraico, com caracteres hebraicos, e, por isso, nem chegam a qualificar-se como traduções, provêem todavia uma base para os trabalhos posteriores de tradução, pois fazem que as Escrituras fiquem disponíveis ao povo de Deus. Os targuns aramaicos e as várias traduções siríacas da Bíblia reforçaram mais ainda essa tendência, ao colocá-las nas línguas básicas dos judeus e dos cristãos primitivos. A partir dessas versões básicas surgiram várias traduções secundárias. Tais traduções secundárias têm pouco mérito textual, mas dão indicação da vitalidade básica das missões cristãs e do desejo dos novos crentes de terem a Palavra de Deus em suas próprias línguas.

Traduções nestorianas. Quando os nestorianos foram condenados no Concílio de Éfeso (431), seu fundador, Nestório (m. c. 451), foi colocado num mosteiro, como parte de um compromisso que levou muitos de seus seguidores a aderir a seus adversários. No entanto, os nestorianos persas separaram-se e fundaram uma igreja cismática. Espalharam-se pela Ásia Central e até o extremo leste da Ásia, traduzindo a Bíblia para várias línguas à medida que se iam deslocando. Dentre essas traduções estão as chamadas versões sogdianas. São versões baseadas nas Escrituras siríacas, e não nos textos hebraicos e gregos. Só pequenos fragmentos dessa obra permaneceram, e todos do século IX em diante. Nenhum desses textos, todavia, é significativo, visto serem traduções de uma tradução. A devastadora ação de Tamerlane, "o chicote da Ásia", quase exterminou os nestorianos e sua herança, perto do final do século IV.

Traduções arábicas. Depois do surgimento do islamismo (após a Hégira, ou fuga de Maomé em 622 d.C.), a Bíblia foi traduzida para o árabe, a partir do grego, do siríaco, do copta, do latim e de várias combinações desses idiomas. A mais antiga das várias traduções arábicas aparentemente derivou-se do siríaco, talvez da *Antiga siríaca*, mais ou menos na época em que o islamismo surgiu como potência considerável na história (c. 720). Maomé (570-632), fundador do islamismo, só conhecia a história do evangelho mediante a tradição oral, e assim mesmo com base em fontes siríacas. A única tradução padronizada do Antigo Testamento para o árabe é a que foi feita por um estudioso judeu, Saadia Gaon (c. 930). À semelhança das traduções nestorianas, as traduções arábicas abrangem desde o século IX até o XIII. As traduções arábicas, com exceção do Antigo Testamento, baseiam-se em traduções e não nas línguas originais, pelo que oferecem pouca ajuda à crítica textual, se é que podem ajudar em alguma coisa.

Traduções para o antigo persa. Duas traduções dos evangelhos para o persa antigo são conhecidas, mas basearam-se em textos siríacos do século XIV e num texto grego posterior. Esse apresenta alguma semelhança com o texto cesareense, mas apresenta pouco valor quanto à crítica textual.

17
Traduções gregas e afins

Durante as campanhas de Alexandre, o Grande, os judeus foram alvo de considerável favor. À medida que ele avançava em suas conquistas, ia estabelecendo centros de populações e de administradores que cuidassem dos novos territórios que ia conquistando. Muitas dessas cidades receberam o nome de Alexandria, transformando-se em centros de cultura, em que os judeus recebiam tratamento preferencial. Assim como os judeus haviam abandonado sua língua materna, o hebraico, trocando-a pelo aramaico, no Oriente Próximo, abandonaram o aramaico a favor do grego, em cidades grandes como Alexandria, no Egito.

Logo após a morte de Alexandre, em 323 a.C., seu Império foi dividido pelos seus generais em várias dinastias. Os ptolomeus ficaram com o controle do Egito, os selêucidas dominaram a Ásia Menor, os antigonidas ficaram com a Macedônia e surgiram, então, vários reinos de menor importância. No que diz respeito à Bíblia, a dinastia do Egito, sob os ptolomeus, é de importância primordial. Essa dinastia recebeu seu nome de Ptolomeu I Sóter, filho de Lago, governador de 323 a 305 e rei de então até sua morte, em 285. Foi sucedido por seu filho Ptolomeu II Filadelfo (285-246), que se casou com a irmã, Arsínoe, seguindo o costume dos faraós.

Durante o reinado de Ptolomeu II Filadelfo, os judeus receberam privilégios políticos e religiosos totais. Também foi durante esse tempo que o Egito passou por um tremendo programa cultural e educacional, sob o patrocínio de Arsínoe. Nesse programa inclui-se a fundação do museu de Alexandria e a tradução das grandes obras para o grego. Entre as obras que começaram a ser traduzidas para o grego, nessa época, estava o Antigo Testamento hebraico. De fato, era a primeira vez que o Antigo Testamento estava sendo traduzido para outra língua, como dissemos no capítulo 16. Nosso tratamento agora gira em torno dessa tradução e de outras que a ela se relacionam.

A *Septuaginta* (LXX)

Os líderes do judaísmo em Alexandria produziram uma versão modelar do Antigo Testamento em língua grega conhecida pelo nome de *Septuaginta* (LXX), palavra grega que significa setenta. Embora esse termo se aplique estritamente ao *Pentateuco*, que foi o único trecho da Bíblia hebraica que se traduziu totalmente durante o tempo de Ptolomeu II Filadelfo, essa palavra viria a denotar a tradução para o grego de todo o Antigo Testamento. A própria comunidade judaica mais tarde perdeu o interesse de preservar a sua versão grega, quando os cristãos começaram a usá-la extensivamente como seu Antigo Testamento. Exclusão feita ao *Pentateuco*, o resto do Antigo Testamento provavelmente foi traduzido durante os séculos II e III a.C. É certo que se tenha concluído antes de 150 a.C., porque a obra é discutida numa carta de Aristéias a Filócrates (c. 130-100 a.C.).

Essa carta de Aristéias relata como o bibliotecário de Alexandria persuadiu Ptolomeu a traduzir a *Tora* para o grego, para uso dos judeus dessa cidade. E prossegue dizendo que seis tradutores de cada uma das doze tribos foram selecionados, terminando o trabalho em apenas 72 dias. Embora as minúcias desse acontecimento sejam pura ficção, pelo menos mostram que a tradução da *Septuaginta* para uso dos judeus alexandrinos é confiável.

A qualidade da tradução dos Setenta não é a mesma, uniformemente, em toda a obra, o que nos leva a várias observações básicas. Primeira: a LXX abrange desde transliterações literais, servis, da *Tora*, a traduções livres do texto hebraico. Segunda: deve ter havido um propósito em vista, para a produção da LXX, diferente dos propósitos da Bíblia hebraica; esta, por exemplo, servia para leituras públicas nas sinagogas, enquanto a LXX apenas representaria uma obra especializada dos escribas. Terceira: a LXX foi um esforço pioneiro na tradução do texto do Antigo Testamento, e um excelente exemplo de tal empreendimento. Finalmente, a LXX de modo geral é fiel ao texto do Antigo Testamento hebraico, como dissemos no capítulo 12.

No entanto, há uma questão grave no que concerne à *Septuaginta*: há passagens em que ela difere do *Texto massorético*, e outras em que os rolos do mar Morto concordam com a *Septuaginta*, em oposição ao texto hebraico. Podem-se indicar várias passagens que sublinham essa constatação, como Deuteronômio 32.8, Êxodo 1.5, Isaías 7.14; Hebreus 1.6 (KJV), que cita Deuteronômio 32.43. Além disso, os rolos do mar Morto também contêm alguns dos livros e textos apócrifos do Antigo Testamento, como o salmo 151, só conhecidos mediante a LXX. A partir das evidências dessas variantes de vários textos, podemos observar três tradições básicas do Antigo Testamento: a massorética, a samaritana (v. cap. 16) e a grega (LXX). Em geral o *Texto massorético* é o melhor, mas em várias passagens a LXX o supera. O *Pentateuco samaritano* reflete diferenças sectárias e culturais em relação ao texto hebraico, e a LXX é uma tradução, não um texto original. No entanto, quando ambos concordam entre si, contra o *Texto massorético*, é provável que reflitam o texto original.

É preciso lembrar, todavia, que a LXX em geral é fiel ao *Texto massorético*, como também são fiéis os rolos do mar Morto. Uma comparação das variantes num dado capítulo da Bíblia pode ilustrar isso. Em Isaías 53, e.g., temos 166 palavras, e entram em questão somente 17 letras. Dez dessas letras são simples questões de grafia, não influindo de modo algum no sentido da passagem. Outras quatro letras são o resultado de mudanças estilísticas de pouca monta, como conjunções acrescentadas pelos escribas. As três letras remanescentes compreendem uma única palavra, "luz", que se acrescenta ao versículo 11 sem influir muito no sentido. Essa palavra tem o apoio da LXX e do rolo do mar Morto IA Is^b. Esse exemplo é típico do manuscrito integral de *Isaías* A. Ele força o leitor a observar a confiabilidade do texto do Antigo Testamento de tal modo que reconheça que nem mesmo todas as variantes conseguem mudar nossa compreensão do ensino religioso da Bíblia.

Graças a essa qualidade, a importância da LXX é facilmente observável. Ela serviu de ponte religiosa sobre o abismo existente entre os judeus (de língua hebraica) e os demais povos (de língua grega), uma vez que atendia às necessidades dos judeus de Alexandria. A LXX serviu também para cobrir o lapso histórico que separava os judeus do Antigo Testamento dos judeus e dos cristãos de língua grega que adotaram a LXX como seu Antigo Testamento, usando-a ao lado do Novo Testamento. Além disso, a LXX representou um precedente importante para os missionários e para os estudiosos cristãos, para que produzissem traduções de toda a Bíblia em várias línguas e dialetos. Sob o aspecto textual, a LXX elimina o vazio que separava o Antigo Testamento hebraico dos grandes códices da igreja (Àlefe, A, B, C e outros). Ainda que a LXX não reflita a excelência do texto hebraico, pelo menos demonstra sua pureza.

Outras versões gregas

A crítica judaica durante os primeiros séculos do cristianismo resultou numa reação dos judeus contra a *Septuaginta*. Tal reação judaica produziu nova onda de traduções do Antigo Testamento, como a tradução grega conhecida como versão de Áqüila e mais uma, conhecida como versão de Símaco; e chegou até a provocar o surgimento de uma grande obra de crítica textual em meados do século III, os *Héxapla*, de Orígenes. Todas essas obras desempenham papel importante no estudo da crítica textual, visto estarem mais próximas dos autógrafos do que muitas cópias de manuscritos hebraicos ainda existentes.

F. F. Bruce acredita que há duas grandes razões pelas quais os judeus rejeitaram a LXX nos primeiros séculos da igreja. Primeiramente, a LXX havia sido adotada pelos cristãos como seu Antigo Testamento, e usavam-na livremente na propagação e na defesa da fé cristã. Em segundo lugar, foi criada ao redor do ano 100 d.C. uma edição revista do texto modelar hebraico. De início continha o *Pentateuco* e mais tarde passou a incorporar o resto do Antigo Testamento. O resultado dessa revisão foi o estabelecimento do *Texto massorético*. Por não existir um texto básico aceitável tanto por cristãos como por judeus, os estudiosos judeus decidiram corrigir a situação fazendo novas traduções gregas de suas Escrituras hebraicas.

A versão de Áqüila (c. 130-150 d.C.). Fez-se uma nova tradução do Antigo Testamento para os judeus de língua grega, durante a primeira metade do segundo II. Quem a empreendeu foi Áqüila, que, segundo se diz, teria sido parente do imperador Adriano, tendo mudado de Sinope para Jerusalém como funcionário público. Estando em Jerusalém, Áqüila converteu-se ao cristianismo, mas viu-se incapaz de libertar-se de suas idéias e hábitos pré-cristãos. Foi repreendido em público pelos presbíteros da igreja, ficou ofendido e abandonou o cristianismo, tornando-se adepto do judaísmo. Como prosélito judeu, teve como mestre o famoso rabi Aquiba, e traduziu o Antigo Testamento para o grego.

Grande parte dessa história sem dúvida foi inventada, mas Áqüila provavelmente foi um prosélito judeu da região do mar Negro, homem de grande prestígio durante a primeira metade do século II. Ele produziu uma nova tradução para o grego, do Antigo Testamento, a partir do texto hebraico. Esse é o Áqüila erroneamente associado ao *Targum de Onquelos*, como mencionamos no capítulo 16. A versão do Antigo Testamento feita por Áqüila é obra servil, rigidamente acorrentada ao texto hebraico. Ainda que usasse palavras gregas, o padrão de pensamento e as estruturas de linguagem prendem-se às regras hebraicas de composição. No entanto, o texto de Áqüila veio a tornar-se a versão grega oficial do Antigo Testamento usado pelos judeus não-cristãos. A obra sobreviveu apenas em fragmentos e citações.

A revisão de Teodócio (c. 150-185). O próximo trabalho importante de tradução do Antigo Testamento para o grego é atribuído a Teodócio. Há controvérsia quanto ao exato lugar e data em que ele executou seu trabalho; parece que foi uma revisão de uma versão grega anterior: ou a LXX, talvez a de Áqüila, ou possivelmente outra versão grega qualquer. A opinião mais factível é que Teodócio, natural de Éfeso, é quem teria realizado a obra; esse autor teria sido prosélito judeu ou cristão ebionita. Sua revisão é mais livre do que a versão de Áqüila e, em algumas passagens, substitui algumas das expressões antigas da LXX. A tradução que Teodócio fez de Daniel logo substituiu a versão da LXX entre os cristãos, e alguns dos primitivos catálogos das Escrituras. Sua tradução de Esdras-Neemias teria substituído a que se encontra na LXX.

A revisão de Símaco (c. 185-200). Símaco aparentemente seguiu a Teodócio tanto no tempo como no engajamento teológico, embora alguns datem seu trabalho antes do de Teodócio. Jerônimo acreditava que Símaco era um cristão ebionita, mas Epifânio afirma que ele era um samaritano convertido ao judaísmo. Para nossos propósitos, esse desacordo não faz grande diferença, visto que o objetivo do trabalho de Símaco era produzir uma tradução idiomática do texto para o grego. O resultado é que Símaco ocupa o lugar oposto ao de Áqüila como tradutor. Ele estava preocupado com o sentido de sua tradução, e não com a exatidão do texto. Tendo isso em mira, no entanto, devemos notar que Símaco mostrou elevados padrões de exatidão que exerceram profunda influência sobre os tradutores da Bíblia que viriam mais tarde. Ele foi capaz de transformar expressões hebraicas em expressões gregas excelentes, perfeitamente idiomáticas, o que coloca Símaco muito perto de qualquer tradutor de hoje, segundo o conceito moderno dos deveres de um tradutor. Curiosamente, Símaco exerceu maior influência sobre a Bíblia latina do que sobre as traduções gregas posteriores, visto que Jerônimo fez uso considerável desse autor enquanto esteve compondo sua *Vulgata*.

Os Héxapla *de Orígenes* (c. 240-250). As traduções da Bíblia hebraica para o grego resultaram nas quatro traduções textuais diferentes, por volta do início do século III d.C.: a LXX, a versão de Áqüila e as revisões de Teodócio e de Símaco. Essa situação tumultuada abriu espaço para a primeira tentativa realmente válida e de realce para a crítica textual. Esse trabalho foi empreendido por Orígenes de Alexandria (185-254). Por causa das muitas divergências existentes entre os vários manuscritos da LXX, das discrepâncias existentes entre o texto hebraico e o da LXX e das várias tentativas de revisar as traduções gregas, Orígenes aparentemente decidiu apresentar um texto grego satisfatório do Antigo Testamento para o mundo cristão. Por conseguinte, seu trabalho foi essencialmente uma revisão, em vez de versão, pois corrigiu as corrupções textuais e tentou unificar os textos hebraicos e gregos. Ele tinha um objetivo duplo: mostrar a superioridade das várias revisões do Antigo Testamento sobre o texto corrompido da LXX e prover uma visão comparativa dos textos hebraicos corretos, contra os textos divergentes da LXX. Ele seguia a idéia de que o Antigo Testamento hebraico era na verdade uma "transcrição inerrante" da verdade revelada ao homem.

Os *Héxapla* (compostos de seis partes) dividiam-se em seis colunas paralelas. Cada coluna continha uma versão particular do Antigo Testamento, o que fazia que a obra fosse sumamente volumosa. Na primeira coluna, Orígenes colocou o texto hebraico. Na segunda coluna vinha uma transliteração grega do texto hebraico. A tradução literal de Áqüila aparecia na terceira coluna, com a revisão idiomática de Símaco na quarta coluna. Orígenes colocou sua própria revisão da LXX na quinta coluna, e acrescentou a revisão de Teodócio na sexta coluna.

Em seus *Héxapla* dos Salmos, Orígenes acrescentou outras três colunas, mas em só duas delas inscreveu traduções diferentes. Ele também produziu um trabalho separado chamado *Tétrapla*, que eram os próprios *Héxapla* em que ele omitiu as colunas número um e dois. A tremenda obra de Orígenes não sobreviveu às agruras do passar do tempo, embora Eusébio e Panfílio publicassem a quinta coluna (a tradução feita pelo próprio Orígenes da LXX) com adições. Essa obra sobreviveu no *Códice sarraviano* (G) do século IV ou V, que contém trechos de Gênesis a Juízes. Trata-se da única edição grega de alguma importância, a qual se preservou, embora haja uma versão siríaca dos *Héxapla* que data do século VII, e alguns manuscritos individuais que também sobreviveram.

A realização grandiosa de Orígenes pode ser avaliada pelo que tem sido descoberto e revelado a respeito de suas técnicas voltadas para a crtítica textual. Ele descobriu muitas corrupções, omissões, adições e transposições nas cópias da LXX de sua época. Muitas dessas descobertas foram feitas quando se compararam as várias revisões do Antigo Testamento grego, mas Orígenes estava preocupado primordialmente em fazer que os textos da LXX ficassem em maior harmonia com o texto hebraico da primeira coluna de seus *Héxapla*. Ele desenvolveu um sistema bem elaborado de marcações críticas a fim de revelar os problemas encontrados, ao chegar até sua própria tradução na quinta coluna. Isso possibilitava ao leitor ver as corruptelas que Orígenes havia corrigido, as omissões e as adições que ele havia feito e os lugares em que certas palavras haviam sido transpostas entre os vários textos gregos.

Orígenes usava um óbelo (—), ou traço horizontal, a fim de indicar que certa palavra ou expressão aparecia na LXX, mas não existia no texto hebraico original. Quando certa expressão constava do texto hebraico, mas havia sido omitida na LXX, Orígenes a acrescentava, conforme a revisão de Teodócio, e marcava seu início com um asterisco (✳ ou ⸓). Ele indicava o final dessas correções com o metóbelo (γ). Quando transcrevia passagens curtas, Orígenes as colocava no mesmo lugar em que apareciam na LXX, e indicava-as com uma combinação asterisco-óbelo (✳ ou —) no início e um metóbelo no final. Nas transposições de passagens longas a ordem hebraica era restaurada, numa tentativa de fazer que a LXX ficasse em maior conformidade com o texto hebraico.

É verdade que a obra de Orígenes teve importância momumental, mas cumpre observarmos que seu objetivo principal era diferente dos objetivos do crítico textual de nossos dias. O propósito de Orígenes era prover uma versão grega que correspondesse intimamente, tanto quanto possível, ao texto hebraico. O crítico textual de hoje esforça-se por recuperar o texto original da própria LXX, como evidência de como era o texto hebraico antes do desenvolvimento do *Texto massorético*. A transmissão da LXX de Orígenes, desacompanhada das marcações diacríticas que ele próprio produziu, levou à disseminação de um texto grego do Antigo Testamento corrompido, em vez de contribuir para a produção e para a preservação de uma versão da *Septuaginta* que se conformasse ao texto hebraico daqueles dias. Se os *Héxapla* de Orígenes houvessem sobrevivido até nossos dias, seriam um tesouro de valor incalculável, pois seriam a cópia do texto hebraico modelar do século III d.C. e nos ajudariam a resolver a disputa a respeito da pronúncia das palavras hebraicas, fornecendo informações a respeito das versões e dos textos gregos dos dias de Orígenes. Só uma tradução da quinta coluna sobreviveu, em grande parte pelo trabalho do bispo Paulo de Tela, no texto siro-hexaplárico, numa cópia do século VIII, que neste momento está guardada no museu de Milão.

Outras recensões da Septuaginta. No início do século IV, Eusébio de Cesaréia e seu amigo Panfílio publicaram suas próprias edições da quinta coluna de Orígenes. O resultado foi que deram projeção à LXX, que se tornou a edição padrão em muitos lugares. Dois outros estudiosos também tentaram fazer uma revisão do texto grego do Antigo Testamento. Hesíquio, bispo egípcio, martirizado em 311, fez uma recensão que só se preservou em citações do texto feitas por autores da igreja no Egito. A recuperação de seu trabalho dependeu de citações de autores como Cirilo de Alexandria (m. 444). As obras de Crisóstomo (m. 407) e de Teodoreto (m. 444) podem ser usadas a fim de recuperar outra recensão do Antigo Testamento grego conhecida como *Recensão de Luciano*. Luciano era morador de Samosata e de Antioquia, também martirizado em 311.

Essas duas revisões, acopladas às obras de Áqüila, de Teodócio, de Símaco e de Orígenes, deram aos cristãos o Novo Testamento grego, no norte da Síria, na Ásia Menor, na Grécia, no Egito e em áreas de Jerusalém e da Cesaréia. Tudo isso se realizou antes da época de Jerônimo. No que concerne ao estudioso textual moderno, as várias traduções do Antigo Testamento são testemunho valioso do texto hebraico.

As traduções do texto grego

Entre a multidão que se juntou no Dia de Pentecostes, em Jerusalém, estavam "partos, medos e elamitas e os que habitam na Mesopotâmia, Judéia e Capadócia, Ponto e Ásia, Frígia e Panfília, Egito e parte da Líbia perto de Cirene, forasteiros romanos, tanto judeus como prosélitos, cretenses e árabes" (At 2.9-11). Essas pessoas sem dúvida precisavam das Escrituras em suas línguas, para que pudessem estudá-las e usá-las a fim de propagar sua fé. Já discutimos a tradução dos textos do Antigo e do Novo Testamento para o siríaco (aramaico) no capítulo 16, por causa do íntimo relacionamento que essas traduções tinham com a tradução do Antigo Testamento por judeus que falavam o aramaico. Por essa razão, nossa atenção se dirigirá aqui a outras traduções do texto grego.

Copta

O copta é a última forma de escrita egípcia antiga. Seguiu-se aos desenvolvimentos anteriores como os hieróglifos, as escritas hierática e demótica (v. cap. 11). A língua grega, com sete caracteres demóticos que lhe foram acrescentados, tornou-se a forma escrita do copta, por volta do início da era cristã. Esse sistema de escrita tinha vários dialetos para os quais a Bíblia foi traduzida.

Saídico (de Tebas). O dialeto copta do sul do Egito (Alto Egito) era o saídico (de Tebas). Era falado na região da Tebas antiga, onde o Novo Testamento foi traduzido no começo do século IV. Os manuscritos desse dialeto representam as versões coptas mais antigas do Novo Testamento, que Pacômio (c. 292-346), o grande organizador do monasticismo egípcio, exigia que seus seguidores estudassem com toda a diligência. A data remota da *Versão saídica* transforma-a em testemunho importante do texto do Novo Testamento. Essa versão relaciona-se basicamente com o texto alexandrino, ainda que os evangelhos e Atos sigam o modelo ocidental.

Boaírico (de Mênfis). No Baixo Egito (ao norte), perto de Mênfis, na região do Delta, usava-se outra língua copta ao lado do grego. Era região próxima a Alexandria; sua localização central e sua importância na história da igreja primitiva refletem-se no fato de o copta boaírico ter-se tornado o dialeto básico da igreja no Egito. O fato de essa região estar próxima de Alexandria e o contínuo uso do grego nesse centro provavelmente explicam o porquê de as versões boaíricas do Novo Testamento terem aparecido depois das versões saídicas. O único documento boaírico primitivo que sobreviveu é o *Papiro Bodmer*, que contém o evangelho de João (*Papiro Bodmer* III). O manuscrito está seriamente mutilado na parte inicial, estando em melhores condições onde se registra João 4 em diante. É um manuscrito que lança muita luz sobre dois problemas textuais: João 5.3*b*,4 e João 7.53—8.11 (v. cap. 15). A *Versão boaírica* aparentemente se relaciona com o texto de modelo alexandrino.

Dialetos do centro do Egito. A terceira área dos dialetos coptas é aquela que fica nos centros de Tebas e de Alexandria. Os dialetos centrais do Egito classificam-se em faiúmico, acmímico e subacmímico, segundo J. Harold Greenlee. Não existe mais nenhum exemplar do Novo Testamento nesses dialetos, embora João esteja quase completo. Um papiro do século IV contém um códice no dialeto faiúmico com João 6.11—15.11. A linguagem é mais próxima do saídico que do boaírico, o que o classifica como texto do modelo alexandrino. Todos os manuscritos do Antigo Testamento nos dialetos coptas seguem a *Septuaginta*.

Etíope

À medida que o cristianismo se espalhou pelo Egito e penetrou a Etiópia, surgiu a necessidade de outra tradução da Bíblia. Embora não se possa fazer nenhuma declaração autorizada a esse respeito, a tradução etíope do Antigo Testamento grego parece ter sido revista à luz do texto hebraico, com início no século IV. Ao redor do século VII essa tradução estava terminada, e a do Novo Testamento foi feita a seguir. A tradução completa para a língua etíope provavelmente foi realizada por monges sírios que se mudaram para a Etiópia durante a controvérsia monofisista (séculos V e VI) e o surgimento do islamismo (séculos VIII e VIII). A influência deles foi profunda, como mostra o fato de a igreja etíope ter-se mantido monofisista.

Nos séculos V e XII, fizeram-se recensões no Novo Testamento etíope. Posteriormente esse texto foi influenciado por traduções coptas e árabes; e é possível que na verdade se tenha baseado em texto de manuscritos siríacos, e não nos originais gregos. Os manuscritos etíopes provavelmente datam do século IV e V, o que reduz mais ainda a importância da Bíblia etíope tendo em vista a crítica textual. Os manuscritos sobreviventes revelam mistura textual, sendo porém de origem basicamente bizantina. O Antigo Testamento inclui o livro não-canônico de 1Enoque (citado em Jd 14,15) e o *Livro do Jubileu*. Isso mostra que a igreja etíope aceitava um cânon mais amplo que o aceito pelas demais igrejas. Sobreviveram mais de cem cópias manuscritas da Bíblia etíope, nenhuma porém anterior ao século XIII. É verdade que esses manuscritos merecem talvez maiores estudos, mas é provável que serão negligenciados em vista de serem relativamente recentes.

Gótica

Não está bem esclarecido em que época o cristianismo penetrou a área das tribos germânicas entre o Reno e o Danúbio. Essa região foi evangelizada antes do Concílio de Nicéia (325), visto que Teófilo, o bispo dos godos, já estava em atividade. Os godos situavam-se entre as principais tribos germânicas e desempenharam papel importante nos acontecimentos da história da Europa durante o século V. A primeira tribo a ser evangelizada foi a dos ostrogodos, na região do baixo Danúbio. O segundo bispo deles, Úlfilas (311-381), "o apóstolo dos godos", liderou seus convertidos até a área hoje conhecida como Bulgária. Ali ele traduziu a Bíblia grega para o gótico.

Esse empreendimento teve grande importância, sobretudo se Úlfilas realizou de verdade a tarefa a ele atribuída. Consta que Úlfilas criou um alfabeto gótico e a forma escrita dessa língua. Quer ele tenha de fato feito tal façanha, quer não, esse bispo empreendeu fidelíssima tradução para o gótico, no século IV (c. 350) a partir da recensão que Luciano fez do Antigo Testamento. Poucos fragmentos restaram desse Antigo Testamento, que Úlfilas não traduziu totalmente. Ele achava que os livros de Samuel e de Reis tratavam demais de guerras, para serem entregues às tribos góticas que amavam tanto as atividades bélicas.

São maiores os fragmentos que sobraram do Novo Testamento gótico traduzido por Úlfilas. Trata-se do monumento literário mais antigo que se conhece num dialeto alemão, não tendo sido encontrado, todavia, um único exemplar completo de uma cópia manuscrita. Sua tradução prende-se quase literalmente ao texto grego do tipo bizantino, pelo que diz pouca coisa ao crítico textual moderno. O principal valor da *Versão gótica* está em que se trata do mais antigo documento literário em língua do grupo germânico, a que pertence o próprio inglês. Sobreviveram seis fragmentos, dos quais o *Códice argênteo*, "o códice de prata", escrito em velino púrpura em letras prateadas e algumas douradas. Todos os demais manuscritos góticos são palimpsestos, exceto uma folha de velino de um códice bilíngüe gótico-latino. O gótico, à semelhança do copta, é uma língua para a qual se criou a forma escrita com o único propósito de escrever as Escrituras Sagradas na língua do povo. Todos os seus manuscritos abrangem os séculos V e VI.

Armênia

À medida que as igrejas sírias desenvolviam seu ministério evangelístico, iam contribuindo para várias traduções secundárias da Bíblia. Tais traduções são chamadas secundárias porque derivam de outras traduções, e não dos manuscritos das línguas originais. Uma das mais importantes dessas traduções secundárias é a armênia, ainda que nem todos os estudiosos concordem que se trate de tradução da tradução.

Afirma-se em geral ter havido duas tradições básicas acerca da origem da tradução armênia. Diz a primeira que Mesrobe (m. 439), soldado que se tornou missionário, criou um novo alfabeto a fim de ajudar Saaque (Isaque, o Grande, 390-439) a traduzir a Bíblia a partir do texto grego. A segunda tradição afirma que sua tradução baseou-se num texto siríaco. Embora ambas as afirmativas tenham seus méritos, a segunda parece enquadrar-se melhor à realidade, derivada do sobrinho e discípulo do próprio Mesrobe.

As traduções armênias mais antigas foram revistas antes do século VIII, de acordo com alguns "códices gregos dignos de confiança", levados de Constantinopla depois do Concílio de Éfeso (431). Essa revisão obteve o máximo prestígio ao redor do século VIII e continua a ser hoje o texto armênio mais comumente usado. O manuscrito mais antigo que chegou até nós desse texto revisto data do século IX. O fato de ser tão antigo e sua estreita afinidade com os textos cesareenses ou bizantinos fazem que seja importante no que diz respeito à crítica textual. Embora a questão ainda não tenha sido resolvida, o texto dos evangelhos tende para o padrão cesareense.

A primeira tradução armênia do Antigo Testamento foi executada no século V e revela a marcante influência exercida pela *Siríaca peshita*. A tradução baseada na revisão hexaplárica foi revista de acordo com a Peshita.

Geórgica (ibérica)

A Geórgia, região montanhosa entre o mar Negro e o mar Cáspio, ao norte da Armênia, recebeu a mensagem cristã no século IV. Aproximadamente em meados do século V, a Geórgia tinha sua própria tradução da Bíblia. Visto que o cristianismo se espalhou pela Geórgia a partir da Armênia, não é de surpreender que essa mesma rota tenha sido seguida na tradução da Bíblia. Então, se o Antigo Testamento armênio fosse tradução da LXX ou da *Siríaca peshita*, e o Novo Testamento fosse tradução da *Antiga siríaca*, teriam sido traduções secundárias. A tradução geórgica constituiu um passo para o lado, por ser baseada em tradução armênia. Ainda que a tradução armênia fosse feita a partir do original grego, a tradução geórgica seria secundária.

O alfabeto georgiano, à semelhança do armênio e do gótico, foi criado expressamente para o registro da Bíblia. Acompanhando o passo dessa dependência cultural, todos os manuscritos sobreviventes da Bíblia geórgica indicam que ela segue a tradição textual armênia.

A continuação das traduções da Bíblia pelo povo de Deus, à medida que ia seguindo o precedente estabelecido pelos judeus, que haviam produzido traduções em aramaico e em siríaco do Antigo Testamento, motivou as primeiras tentativas reais para colocar todo o Antigo Testamento em outra língua, o grego. A LXX foi produzida nos séculos III e II a.C. Ainda que a qualidade dessa tradução varie, ela dá informações valiosas ao crítico textual no que diz respeito ao texto hebraico do Antigo Testamento. Além disso, foi um exemplo a ser seguido pelos demais tradutores, à medida que iam procurando meios de comunicar a Palavra de Deus. Com a ascensão do cristianismo, os judeus deixaram de lado a LXX, e outras traduções e revisões foram aparecendo. Tudo isso culminou na grandiosa obra de Orígenes, os *Héxapla*. À medida que o cristianismo continuava a espalhar-se, outras traduções foram empreendidas. A fim de executar a tarefa de traduzir, os missionários desenvolveram a língua escrita de muitos povos. Esse fato por si só faz da Bíblia a maior força a dirigir a história; e oferece também a razão por que alguns estudiosos das Escrituras produziram traduções secundárias, enquanto muitos a traduziram diretamente das línguas originais do Antigo e do Novo Testamento.

18
Traduções latinas e afins

O cristianismo ocidental produziu apenas uma grandiosa tradução da Bíblia, que foi transmitida ao longo de toda a Idade Média, a *Vulgata latina*, de Jerônimo. Desde que essa tradução emergiu e atingiu posição predominante, assim permaneceu, jamais desafiada, durante mil anos. Outros estudiosos já haviam traduzido as Escrituras para o latim, antes de Jerônimo, mas, a fim de obtermos uma compreensão melhor de sua façanha, vamos examinar essas traduções anteriores.

Antiga latina

Antes de apresentar um retrato exato das traduções da Bíblia para o latim, precisamos entender o ambiente lingüístico do mundo antigo em geral e do Império Romano em particular. Examinaremos os aspectos lingüísticos e culturais da vida no mundo antigo mediante sua estrutura geográfica, antes de nos voltarmos para a tradução latina.

O Oriente Próximo

Os tesouros culturais do Oriente Próximo haviam sido variados, sob os aspectos lingüístico, político e social, na época em que o Novo Testamento foi escrito. Em qualquer momento, nos tempos antigos, falavam-se várias línguas na área ao redor da Palestina. Acompanhando a marcha das mudanças políticas da época, a língua oficial da região sofria alterações radicais. Os idiomas importantes das Escrituras foram tratados no capítulo 11, mas seus períodos de domínio precisam ser revistos, para que possamos ter boa perspectiva do processo geral da transmissão da Bíblia.

O aramaico. Logo após o cativeiro babilônico, o idioma oficial da Palestina era o aramaico. Era usado pelos escribas hebreus já nos dias de Esdras (Ne 8.1-8). Por sinal, foi em aramaico que se escreveram os targuns, durante o período Soferim (400 a.C.-200 d.C.), o *Talmude* e o *Midrash*, no período entre 100 a.C. e 500 d.C. (v. cap. 16). Na época do Novo Testamento, o aramaico era a língua falada pelo povo, tendo sido a língua materna de Cristo e de seus discípulos.

O grego e o latim. Depois das campanhas de Alexandre, o Grande (335-323 a.C.), o grego tornou-se a língua oficial dentro dos limites do território conquistado. Grande parte desse território mais tarde seria incorporada pelo Império Romano, incluindo-se o Oriente Médio; foi quando o grego prevaleceu como língua oficial tanto do Egito como da Síria, sob os impérios ptolemaico e selêucida, e também da Palestina, durante a independência hasmoneana (142-63 a.C.). Por ocasião da morte de Átalo III (133 a.C.), o reino de Pérgamo submeteu-se a Roma e, por volta de 63 a.C., todo o Oriente foi incorporado ao Império Romano. A língua latina acompanhou esse crescimento do Estado Romano e espalhou-se como idioma militar do Oriente Próximo.

A Grécia

Dialetos helênicos. Helênico é termo que se aplica à cultura grega da Era Clássica. Deriva da palavra grega que quer dizer Grécia: *Hellas*. Os vários dialetos helênicos (do grego) relacionam-se às três ondas de imigração que aportaram na parte sul da península dos Bálcãs, durante o II milênio a.C.: a imigração jônia, a acaica e dórica. Os jônios foram empurrados para o mar Egeu até a Jônia; outros gregos imigraram ou fundaram colônias no Oriente Próximo, no norte da África e até no sul da Itália e nas ilhas do Mediterrâneo. Ainda que os gregos se dividissem numa série de pequenos estados, estavam unidos pela língua comum em seus vários dialetos. O mais famoso desses dialetos era o ático, que chegou ao clímax quando se deu a unificação dos estados gregos, com o objetivo de fazer oposição aos persas (490-80 a.C.), sendo esses liderados por Dario I e seu filho Xerxes. Nos próximos cinqüenta anos o Império Ateniense ergueu a cultura grega a alturas gloriosas. A guerra do Peloponeso (431-404 a.C.) trouxe a derrota de Atenas; as cidades-estados gregas lutaram enquanto seguiam caminhos próprios. Filipe II, rei da Macedônia (359-336 a.C.), cedeu o trono ao filho, Alexandre (356-323 a.C.), que viria a transformar em realidade o sonho do pai de voltar a reunir os gregos, ao esmagar as revoltas em 335. Com sua ascensão, surge a era helenística.

O grego helenístico. A cultura helênica pertencia aos povos de língua grega. A cultura helenística, por sua vez, era imposta aos povos cuja língua materna não era o grego, após as conquistas de Alexandre, o Grande. Esse avanço intencional da cultura e da civilização grega usou como língua básica uma forma lingüística nova, mas comum (o *koinē dialektos*), que derivava da mistura de vários dialetos gregos, conquanto primordialmente derivasse do ático. Durante vários séculos, desde a morte de Alexandre, o *coiné* haveria de tornar-se a língua oficial do Oriente Próximo e do Egito, bem como da Grécia e da Macedônia. Aliás, foi nesse dialeto que se fez a tradução do Antigo Testamento, a *Septuaginta*, ou LXX, em Alexandria (v. cap. 17). À medida que os romanos iam penetrando a Grécia e o Oriente Médio, e de modo especial após a batalha do Ácio (31 a.C.), o latim passou a ser a língua usada pelos militares, pelo fato de a república romana transformar-se em Império Romano sob o comando de Otaviano. Embora os gregos continuassem a despender suas energias em atividades independentes, já não estavam mais na posição de liderança no mundo antigo.

A Itália

A partir do século I a.C., verdadeiramente todos os caminhos iam dar em Roma. Ali estava o maior império que o Ocidente já havia visto. Seu progresso foi contínuo, a partir do século X a.C., quando nem mesmo Roma havia sido fundada (c. 753). Por volta de 509 a.C. os reis tarqüínios foram expulsos da cidade, e nasceu a República Romana. Dessa época em diante a principal cidade do Lácio e suas aliadas começaram a crescer, atingindo enormes dimensões territoriais ao longo do rio Tibre e controlando a maior parte da península Itálica (c. 265); o latim tornou-se a língua comum do povo. De 264 a 146 a.C., Roma esteve em conflito com Cartago, colônia africana da Fenícia, o que resultou nas guerras púnicas. Antes ainda de tais guerras cessarem, Roma invadiu a área oriental do Mediterrâneo, a Ilíria e a Macedônia (c. 229-148). Por volta de 148 a.C., a Macedônia tornou-se província romana e, em 133, Átalo III entregou seu reino (Pérgamo) a Roma. A presença intrusa dos soldados romanos no Oriente Próximo fez que o latim se tornasse a língua militar e comercial (embora não a língua oficial) do Oriente.

Na Itália, de modo especial em Roma, o povo era bilíngüe. A língua literária das pessoas das classes mais elevadas era o grego, e até mesmo a literatura latina seguia os padrões gregos. Embora tanto os escravos como as pessoas livres fossem bilíngües, a língua militar e comercial era o latim. Durante os primeiros anos da igreja, os cristãos de Roma em geral falavam grego, como demonstram as cartas de Paulo e as de Clemente. Só mais tarde é que os cristãos romanos começaram a usar o latim como língua de comunicação escrita. Durante os séculos IV e V, as tribos germânicas usavam o latim em vez do grego, mais literário, como veículo de comunicação. Pode-se entender isso com facilidade, se nos lembrarmos de que as tribos germânicas entraram em contato mais imediato com as legiões romanas e com os mercadores, muito antes de conhecerem a literatura latina.

A África

As línguas básicas do norte da África eram o grego e o latim. O grego era usado no Egito, sob os ptolomeus, sendo Alexandria o centro das traduções do Antigo Testamento hebraico e de outras obras para o grego. Mais longe, a oeste, o latim tornou-se a língua básica do Império Romano, visto que essa região ficou sob a influência dos contatos administrativos, comerciais e militares, antes até das guerras púnicas. O latim viria a ser a língua materna de alguns escritores cristãos como Tertuliano (que escreveu tanto em grego como em latim), Cipriano e outros. A igreja primitiva dentro do Império Romano usava o grego como língua literária, e só mais tarde passaria a usar o latim e outras línguas, porque essas se tornaram necessárias e amplamente divulgadas.

As traduções para o latim antigo

Embora o latim fosse a língua oficial, a língua comum do Ocidente, o grego manteve sua posição de língua literária de Roma e do Ocidente até o século III. Ao redor dessa época, as traduções das Escrituras Sagradas para o latim antigo já estavam circulando no norte da África e na Europa, o que indicava que os cristãos começaram (no século II) a expressar o desejo de uma tradução da Bíblia para o latim.

O Antigo Testamento. Uma das mais antigas traduções conhecidas das Escrituras hebraicas, no Ocidente, foi aquela conhecida pela alcunha de *Antiga latina*, redigida antes de 200 d.C. Era uma tradução feita a partir da LXX, no norte da África, tendo sofrido certa influência judaica. Essa tradução latina foi largamente usada e citada no norte da África. Teria sido esse o Antigo Testamento usado por Tertuliano e por Cipriano no século II. Houve, segundo parece, acréscimo póstumo dos apócrifos não revistos dessa tradução à *Vulgata* de Jerônimo (Antigo Testamento latino). A não ser pelas citações e pelos fragmentos que chegaram até nós dos manuscritos da *Antiga latina*, nada mais sobrou dessa obra. Seu valor para o crítico textual de nossos dias é quase nulo.

O Novo Testamento. A versão do Novo Testamento também chamada *Antiga latina* é assunto completamente diferente. Sobreviveram dessa obra cerca de 27 manuscritos dos evangelhos, mais 7 do livro de Atos, 6 das cartas paulinas e alguns fragmentos das cartas gerais e do Apocalipse. Tais manuscritos datam do século IV até o XIII, não existindo, porém, nenhuma cópia do códice. Esse fato mostra que a *Antiga latina* continuou a ser copiada muito tempo depois de haver sido desalojada pela *Vulgata*.

O Novo Testamento da *Antiga latina*, de data muito antiga, constitui um dos mais valiosos testemunhos documentais das condições do Novo Testamento no Ocidente. É representado por dois, possivelmente três diferentes textos. O texto africano era usado por Tertuliano e por Cipriano; um texto europeu aparece nos escritos de Ireneu e de Novaciano; e um texto itálico (*Ítala*) é mencionado nas obras de Agostinho. Em vez de considerar o texto de Agostinho o precursor da *Vulgata*, a tendência recente tem sido considerá-lo simples referência à *Vulgata*. Se for esse o caso, haveria apenas dois textos diferentes do Novo Testamento na *Antiga latina*.

O texto africano reflete-se no *Códice bobiense* (k); é uma tradução tosca e livre do texto grego, datando do século II. O texto europeu é representado por dois códices: o *Códice vercelense* (^{a}), escrito por Eusébio de Vercelli, morto em 370-371, e o *Códice veronense* (^{b}), que serviu de base para a *Vulgata latina*.

A *Vulgata latina*

Os numerosos textos da *Antiga latina* que apareceram ao redor da segunda metade do século IV induziram a uma situação intolerável. Em virtude desse problema, Dâmaso, bispo de Roma (366-384), providenciou uma revisão do texto da *Antiga latina*. O resultado desse esforço chama-se *Vulgata latina*.

O propósito da tradução

Dâmaso de Roma demonstrou profundo interesse pelas Escrituras, bem como pelos estudiosos de quem se tornara amigo e a quem patrocinava. Estava perfeitamente ciente da diversidade de versões, traduções, revisões e recensões bíblicas no século IV, e acreditava estar fazendo falta uma nova versão autorizada das Escrituras latinas.

Confusão de textos latinos. Como dissemos anteriormente, havia muita confusão a respeito dos textos latinos da Bíblia. Tal diversidade advinha do fato de o Antigo Testamento latino ser na verdade uma tradução da LXX; o Novo Testamento havia sido traduzido em ocasiões informais, não-oficiais. Exemplo disso pode-se ver na tradução latina usada por Tertuliano. Ele era bilíngüe, capacitado para ler e escrever em grego e em latim; usava o texto africano da *Antiga latina* até fazer sua própria tradução. Não havia fim para os problemas causados por tais traduções relâmpagos, de modo especial se outras pessoas tentassem comparar a autoridade textual subjacente à obra de Tertuliano.

As muitas traduções então existentes. Havia inúmeras traduções das Escrituras, mas o latim tornava-se rapidamente a língua oficial da igreja. Além das traduções mencionadas nos capítulos 16 e 17, houve dois textos básicos da *Antiga latina* no Ocidente. Não era de admirar que Dâmaso desejasse uma tradução nova, autorizada, sobre a qual se poderiam basear as doutrinas oficiais da igreja.

Heresias e controvérsias. Dentro do Império Romano passou a existir muitas controvérsias entre cristãos e judeus. Até mesmo dentro da igreja houve inúmeras controvérsias, logo depois do surgimento de grupos heréticos como os marcionitas, os maniqueus e os montanistas, que baseavam suas doutrinas em seus próprios cânones e traduções de livros da Bíblia. A controvérsia ariana ocasionou o Concílio de Nicéia (325), o de Constantinopla I (381) e o de Éfeso (431). A controvérsia em torno da tradução do Antigo Testamento por Jerônimo com base no original hebraico reflete não só os conflitos entre cristãos e judeus, mas a crença mais problemática ainda sustentada por muitos líderes cristãos, dos quais Agostinho, segundo a qual a LXX era verdadeiramente a Palavra inspirada, inerrante, da parte de Deus, em vez de mera tradução não-inspirada baseada em originais hebraicos.

A necessidade de um texto modelar. Havia outros fatores que exigiam uma tradução nova, autorizada: dentre esses, a exigência dos estudiosos de um texto modelar, autorizado e confiável, que fosse o veículo das atividades didáticas da igreja, de seus programas missionários e de sua defesa das doutrinas estabelecidas nos grandes concílios. A transmissão de exemplares das Escrituras às igrejas do Império exigia um texto digno da máxima confiança (fidedigno), mas essa situação real sublinhava tal exigência e necessidade.

O autor da Vulgata latina

Sofrônio Eusébio Jerônimo (c. 340-420) nascera de pais cristãos, em Estridão, na Dalmácia. Havia sido educado na escola local até sua ida a Roma, com a idade de doze anos. Durante os oito anos seguintes, Jerônimo estudou latim, grego e autores pagãos, antes de tornar-se cristão, com a idade de dezenove anos. Logo após sua conversão e batismo, Jerônimo devotou-se a uma vida de rígida abstinência e de serviço ao Senhor. Passou muitos anos perseguindo uma vida semi-ascética de eremita. De 374 a 379, empregara um rabino judeu para que lhe ensinasse o hebraico, enquanto estivesse residindo no Oriente, perto de Antioquia. Foi ordenado presbítero em Antioquia antes de partir para Constantinopla, onde passou a estudar sob a orientação de Gregório de Nazianzo. Em 382, foi convocado por Roma para ser secretário de Dâmaso, bispo de Roma, e nomeado membro de uma comissão para revisar a Bíblia latina. É provável que Jerônimo tenha aceitado o projeto em virtude de sua devoção a Dâmaso, pois sabia que as pessoas de menor instrução se oporiam fortemente a sua tradução.

A data e o lugar da tradução

Jerônimo recebeu a incumbência em 382 e iniciou seu trabalho quase imediatamente. A pedido de Dâmaso, introduziu uma ligeira revisão nos evangelhos, completada em 383. Não se sabe qual teria sido o texto latino que ele usou para fazer sua revisão; provavelmente teria sido do tipo europeu, o qual ele corrigiu de acordo com o texto grego do tipo alexandrino. Logo após ter terminado a revisão dos evangelhos, morre-lhe o mecenas (384), tendo sido eleito novo bispo de Roma. Jerônimo, que aspirava a esse cargo, já havia terminado uma revisão rápida do chamado *Saltério romano* quando regressou ao Oriente e se estabeleceu em Belém. No entanto, após sua partida, fez uma revisão mais superficial ainda do resto do Novo Testamento. Por ser desconhecida a data dessa revisão, alguns estudiosos acreditam que nem sequer ele fez o trabalho.

De volta a Belém, Jerônimo voltou sua atenção a uma revisão mais cuidadosa do *Saltério romano*, que completou em 387. Essa revisão é conhecida como *Saltério galileu*, empregado atualmente no Antigo Testamento da *Vulgata*. Baseou-se de fato nos *Héxapla* de Orígenes, a quinta coluna, sendo mera tradução dos Salmos. Tão logo havia terminado sua revisão dos Salmos, Jerônimo iniciou a revisão da LXX, embora esse trabalho não fizesse parte de seus objetivos iniciais. Estando em Belém, Jerônimo havia iniciado seu trabalho de aperfeiçoar seus conhecimentos do hebraico, de modo que pudesse executar uma nova tradução do Antigo Testamento diretamente das línguas originais.

Os amigos ao redor aplaudiram seus esforços, mas outros, muito longe, começaram a suspeitar que Jerônimo estaria judaizando; alguns se enfureceram quando Jerônimo lançou dúvidas sobre a "inspiração da *Septuaginta*". A partir dessa época, ele se tornou mais envolvido com sua tradução e com a supervisão dos monges de Belém. Traduziu o *Saltério hebraico* com base no texto hebraico usado na época, na Palestina. Na verdade, sua tradução jamais suplantou o *Saltério galileu*, nem o *Saltério romano*, no uso litúrgico, embora fosse calcada nas línguas originais e não em traduções. Jerônimo continuou a traduzir as Escrituras hebraicas a despeito da oposição e da saúde precária. Finalmente, em 405, completou sua tradução latina do Antigo Testamento hebraico, que não recebeu boa acolhida de imediato. Nos últimos quinze anos de vida, Jerônimo continuou escrevendo, traduzindo e revisando sua tradução do Antigo Testamento.

Jerônimo pouca atenção deu aos apócrifos; só com grande relutância produziu uma tradução apressada de algumas passagens de *Judite*, de *Tobias* e do resto de *Ester*, mais as adições de *Daniel* — antes de morrer. O resultado foi que a versão dos livros apócrifos, pertencente à *Antiga latina*, foi adicionada à Bíblia chamada *Vulgata latina* na Idade Média, sobre o cadáver de Jerônimo.

A reação perante a tradução

Quando Jerônimo publicou sua revisãao dos evangelhos, fez-se ouvir acrimoniosa reação a ela. Como seu trabalho fosse patrocinado pelo bispo de Roma, a oposição silenciou-se. Sua relutância de prosseguir com a revisão do restante do Novo Testamento atesta a possibilidade de Jerônimo estar consciente da morte iminente de Dâmaso, seu patrocinador. O fato de Jerônimo ter saído de Roma apenas um ano após a morte do mecenas apóia essa crença, e as revisões mais brandas que fez quando de fato revisou o restante do Novo Testamento mostra sua preocupação de conquistar a aprovação da crítica. A adoção do *Saltério romano* pela igreja de Roma revela que lá se deu seu primeiro uso e que a perícia de Jerônimo já se fazia notória. Uma vez que o *Saltério galicano* foi aceito pelas igrejas de fora de Roma, parece que Dâmaso não foi tão influente na crítica da obra inicial de Jerônimo.

Quando Jerônimo começou a estudar o hebraico em Belém e ao traduzir o *Saltério hebraico*, suscitaram-se contra ele severos protestos de acusação. Foi acusado de presunção, de fazer inovações ilícitas e de cometer sacrilégio. Não sendo alguém que encarasse a crítica com tranqüilidade, ele usou os prefácios de suas traduções e revisões como ferramentas de contra-ataque. Esses elementos só puseram mais lenha na fogueira, e a tradução de Jerônimo foi rechaçada por muitas das mais importantes autoridades eclesiásticas. Entre esses críticos achava-se Agostinho, que se pronunciara contra a tradução do Antigo Testamento, mas sinceramente apoiava suas revisões do Novo Testamento após 398.

A posição de Agostinho nos fornece uma visão sintetizada do que ao longo da história ocorreu ao Antigo Testamento da *Vulgata*. Nos primeiros anos dessa tradução, Agostinho e a grande maioria das autoridades eclesiásticas influentes opuseram-se à tradução por não se fundamentar na LXX. Por sinal, Agostinho e os demais usaram a revisão neotestamentária de Jerônimo, embora insistissem com ele para que fizesse a tradução do Antigo Testamento tomando como base a LXX, que se julgava inspirada.

Imediatamente após a morte do grande estudioso, em 420, sua tradução do Antigo Testamento conquistou vitória absoluta sobre as demais traduções. Não é possível precisar com justeza se isso se deveu meramente ao peso da tradução, pois a crítica e a denúncia mordazes à sua tradução dificilmente seriam desconsideradas por conta de seus méritos. A *Vulgata* passou a ser o texto modelar da Bíblia, reconhecido extra-oficialmente, em toda a Idade Média. Somente no Concílio de Trento (1546-1563), entretanto, foi oficialmente elevada àquela posição pela Igreja Católica Romana. Entrementes, foi publicada em colunas paralelas, ao lado de outras traduções. Quando o latim se tornou a língua predominante dos estudiosos europeus, outras traduções e versões se desvaneceram, ficando em segundo plano em relação à *Vulgata* de Jerônimo.

Os resultados da tradução

De interesse primordial para o estudante da Bíblia moderna é o peso da *Vulgata latina* em comparação a outras traduções. Por essa razão, deve ela ser examinada à luz da história. Como se tem dito, o Novo Testamento da *Vulgata* era tão-só uma revisão do texto da *Antiga latina*, e não uma revisão crítica por assim dizer. O texto dos apócrifos contidos na *Vulgata* é de valor ainda menor, já que se trata simplesmente do texto da *Antiga latina* anexado à tradução veterotestamentária de Jerônimo, salvo exceções de pouca monta. O Antigo Testamento da *Vulgata* é matéria inteiramente diversa, entretanto, visto tratar-se na realidade de uma revisão do texto hebraico, e não apenas outra tradução ou revisão. O texto do Antigo Testamento é assim muito mais importante para os estudiosos da Bíblia que o do Novo.

Era inevitável que o texto da *Vulgata* se corrompesse na transmissão ao longo da Idade Média. Por vezes, essa corrupção resultava de uma transcrição inadvertida e da interpenetração de elementos do texto da *Antiga latina*, com a qual era muitas vezes publicada. Em toda a Idade

Média, tentaram-se nos monastérios várias revisões e recensões do texto da *Vulgata*. Isso gerou o acúmulo de mais de 8 000 manuscritos da *Vulgata*. Entre esses manuscritos, evidencia-se a maior quantidade de "transcontaminação" de tipos textuais. Além disso, o Concílio de Trento baixou um "Decreto concernente à edição e ao uso dos livros sagrados", segundo o qual "de todas as edições latinas [...] a dita antiga *Vulgata* [...] [é] tida como confiável".

É justo perguntar qual das 8 000 cópias manuscritas e qual edição da *Vulgata* em especial devem ser tidas como autoridade máxima. Por conseguinte, o Concílio de Trento ordenou que se preparasse uma edição confiável da *Vulgata*. Convocou-se uma comissão papal para a tarefa, mas não pôde vencer as muitas dificuldades que tinha pela frente. Por fim, em 1590, o papa Sixto V publicou uma edição própria apenas alguns meses antes de morrer. A edição sixtina foi pouco aceita entre os estudiosos, sobretudo os jesuítas, e somente circulou por pouco tempo. Gregório XIV (1590-1591) ascendeu à cátedra papal e imediatamente estava pronto para revisar o texto sixtino drasticamente. Sua morte súbita teria levado a termo a revisão do texto sixtino não fosse o interesse renovado de seu sucessor, Clemente VI (1592-1605). Em 1604, publicou-se uma nova edição da *Vulgata*, confiável, conhecida como edição sixtino-clementina. Diferia da versão sixtina numas 4 900 variantes e passou a ser o texto predominante da *Vulgata*, suplantando até mesmo a edição de Gutenberg, impressa na Mongúcia entre 1450 e 1455. Desde 1907, uma revisão crítica do Antigo Testamento da *Vulgata* foi empreendida pela ordem beneditina. O Novo Testamento foi submetido a uma revisão crítica por um grupo de estudiosos anglicanos de Oxford. Foi encetada pelo bispo John Wordsworth e pelo professor H. J. White, entre 1877 e 1926, sendo concluída por H. F. D. Sparks, em 1954.

A coerência do texto da *Vulgata* é muito pouca desde o século VI, e seu caráter geral é algo imperfeito. Não obstante, a influência da *Vulgata* na língua e na cultura do cristianismo ocidental tem sido imensa, embora seu valor para a crítica textual não se lhe aproxime. Quando se descobre o texto de Jerônimo a partir de sua própria crítica textual, ele revela que o Novo Testamento de Jerônimo era uma revisão da *Antiga latina* de fins do século IV e seu Antigo Testamento era versão de fins do século IV ou começo do século V do texto hebraico em uso no Oriente. Os apócrifos mostram que Jerônimo não lhes destinava muito apreço, uma vez que só com relutância traduziu quatro livros, e que eram muito populares nos círculos católicos romanos. Só uns poucos indivíduos reconheceram seu erro em aceitar o Antigo Testamento da LXX como autorizado e inspirado, apoiando a precisão do texto hebraico que servia de fonte da versão de

Jerônimo, a *Vulgata*. Entre eles, estava Agostinho, bispo de Hipo, que seria a voz predominante no séculos seguintes da história da igreja. Naqueles séculos, a *Vulgata* passou a ser a edição predominante da Bíblia na Idade Média. Também serviu de base para a maioria dos tradutores da Bíblia anteriores ao século xix.

As traduções secundárias

Em meados do século ix, formou-se na Europa centro-oriental o Império Morávio. Esse reino foi tomado pelo cristianismo, e seus líderes eclesiásticos usaram o latim em sua liturgia. Os leigos não conheciam o latim, e Rostislav, fundador do reino, solicitou que se enviassem sacerdotes eslavônicos para realizar os cultos na igreja na língua do povo. Nessa época só o eslavônico era falado nessa região da Europa.

Em resposta à solicitação de Rostislav, o imperador Miguel iii enviou dois monges à Morávia saídos de Bizâncio (Constantinopla). Os monges eram os irmãos Metódio e Constantino, naturais de Tessalonica. Constantino mudou seu nome para Cirilo ao ingressar no monastério. A fim de executar sua trefa, os irmãos criaram um novo alfabeto, conhecido como alfabeto cirílico. Compõem-se de 36 letras e é ainda o meio de escrita do russo, do ucraniano, do servo-croata e do búlgaro. O alfabeto cirílico suplantou o alfabeto local, o glagolítico, no século x.

Logo após entrarem na região, Cirilo e Metódio começaram a traduzir os evangelhos para o antigo eslavônico. Depois, esses "apóstolos aos eslavos" começaram a traduzir o Antigo Testamento. Acreditou-se em certa altura que a tradução fora da lxx, mas evidências recentes mostram que na verdade fora executada a partir do latim. O Novo Testamento segue o texto bizantino, embora com muitas interpretações ocidentais e cesareenses. A maior parte dos manuscritos eslavônicos se compõe de lecionários, e a primeira tradução em si pode ter sido na forma de lecionário.

Das demais traduções fundamentadas no texto latino, somente as traduções anglo-saxônica e frâncica requerem informações. O texto anglo-saxônico será tratado no capítulo 19, e a tradução frâncica foi publicada em edição bilíngüe. É conhecida por um fragmento de manuscrito do século viii com trechos de Mateus ao lado de um texto latino.

19
As primeiras traduções para o inglês

A corrente saída de Deus até nós toma novo rumo dessa vez. O texto bíblico nas línguas originais e nas primeiras traduções dão lugar à transmissão particular do texto na língua inglesa. Embora o Antigo Testamento tenha sido escrito sobretudo em hebraico, e o Novo tenha sido escrito basicamente em grego, existem mais traduções modernas da Bíblia em inglês que em qualquer outra língua.

Traduções parciais para o antigo e para o médio inglês

O inglês é uma espécie de dialeto-apêndice do baixo-alemão, que em si pertence ao ramo teutônico ocidental do grupo teutônico de línguas da família indo-européia. A fim de colocá-lo no seu devido cenário, é preciso traçar um esboço dos antecedentes da língua inglesa e do lugar que nela ocupa a Bíblia.

O desenvolvimento recente da língua inglesa

Não se sabe com certeza como a língua inglesa se desenvolveu, mas a maioria dos estudiosos segue a orientação de Beda, o Venerável (c. 673-735), que data seu início em cerca de 450 da era cristã. O período de 450 a 1100 é denominado anglo-saxônico, ou do antigo inglês, por ter sido dominado pela influência dos anglos, dos saxões e dos jutos em seus vários dialetos. Após a invasão normanda de 1066, a língua sofreu a influência de dialetos escandinavos, e o período do médio inglês apareceu de 1100 a 1500. Esse foi o período de Geoffrey Chaucer (1340-1400) e de John Wycliffe. Após a invenção da prensa móvel por Johann Gutenberg (c. 1454), o inglês entrou em seu terceiro período de desenvolvimento: o do inglês moderno (1500 até o presente). Esse período de desenvolvimento foi precipitado pela grande mudança vocálica no século que se seguiu à morte de Chaucer e precedeu ao nascimento de William Shakespeare. Com esses antecedentes em mente, nosso levantamento das várias traduções da Bíblia para o inglês deve ser mais significativo.

As traduções parciais para o antigo inglês (450-1100)

A princípio, apenas quadros, pregações, poemas e paráfrases eram usados para comunicar a mensagem da Bíblia aos britânicos. As primeiras traduções de partes das Escrituras basearam-se nas traduções da *Antiga latina* e da *Vulgata*, e não nas línguas originais, o hebraico e o grego, e nenhuma delas continha o texto da Bíblia toda. Não obstante, elas ilustram a maneira pela qual a Bíblia entrou para a língua inglesa.

Cedmão (m. c. 680). A história de Cedmão é encontrada na *História eclesiástica*, de Beda. Dela faz parte um trabalhador pouco talentoso do mosteiro de Whitby, em Yorkshire, na Nortúmbria, que deixou uma festa certa noite por medo de ser intimado a cantar. Mais tarde nessa noite, ele sonhou que um anjo lhe ordenara que cantasse sobre como as coisas foram criadas no princípio. Outras paráfrases e poemas cantados por Cedmão incluíram a história completa do Gênesis, o êxodo de Israel do Egito, a encarnação, a paixão, a ressurreição e a ascensão do Senhor, a descida do Espírito Santo, os ensinamentos dos apóstolos etc. Sua obra tornou-se a base para outros poetas, escritores e tradutores, pois transformou-se na Bíblia popular dos seus dias para o povo. Conseguintemente, os cânticos de Cedmão eram decorados e disseminados por todo o país.

Aldhelm (640-709). Aldhelm foi o primeiro bispo de Sherborne em Dorset. Logo depois do ano 700, ele traduziu o *Saltério* para o antigo inglês. Foi a primeira tradução direta de qualquer parte da Bíblia para a língua inglesa.

Egberto (fl. c. 700). Egberto da Nortúmbria tornou-se arcebispo de Iorque pouco depois da morte de Beda. Ele foi também o mestre de Alcuíno de Iorque, que foi mais tarde chamado por Carlos Magno para estabelecer uma escola na corte de Aix-la-Chapelle (Aachen). Por volta de 705, Egberto traduziu os evangelhos para o antigo inglês pela primeira vez.

Beda, o Venerável (674-735). Maior estudioso da Inglaterra e um dos maiores de toda a Europa dos seus dias, Beda residiu em Jarrow-on-the-Tyne, na Nortúmbria. De lá, ele escreveu sua famosa *História eclesiástica* e outras obras. Entre essas obras encontrava-se uma tradução do evangelho de João, cujo propósito foi provavelmente o de suplementar os três outros traduzidos por Egberto. Segundo relatos tradicionais, Beda terminou a tradução na hora da morte.

Alfredo, o Grande (849-901). Alfredo foi um estudioso de primeira, além de ter sido rei da Inglaterra (870-901). Durante seu reinado, a Lei Danesa foi estabelecida sob o Tratado de Wedmore (878). O tratado continha somente duas estipulações para os novos súditos: batismo cristão e fidelidade ao rei. Juntamente com sua tradução da *História eclesiástica* de Beda do latim para o anglo-saxão, ele também traduziu os *Dez mandamentos*, excertos do Êxodo, 21—23, de Atos, 15.23-29, e uma forma negativa da *Regra áurea*. Foi durante o seu reinado que a Inglaterra experimentou um reavivamento do cristianismo.

Aldred (fl. c. 950). Outro elemento foi introduzido na história da Bíblia inglesa quando Aldred escreveu um comentário nortumbriano entre as linhas de uma cópia dos evangelhos escrita no latim do final do século VII. É da cópia latina de Eadfrid, bispo de Lindisfarne (698-721), que a obra de Aldred recebe seu nome, os *Evangelhos de Lindisfarne*. Uma geração depois, o escriba irlandês MacRegol fez outro comentário anglo-saxônico conhecido como *Evangelhos de Rushworth*.

Aelfric (fl. c. 1000). Aelfric foi bispo de Eynsham, em Oxfordshire, Wessex, quando traduziu partes dos sete primeiros livros do Antigo Testamento. Essa tradução e outras partes do Antigo Testamento que ele traduziu e citou em suas homilias basearam-se no texto latino. Mesmo antes da época de Aelfric, os *Evangelhos de Wessex* foram traduzidos para o mesmo dialeto. Esses elementos constituem a primeira tradução existente dos evangelhos para o antigo inglês.

As traduções parciais para o médio inglês (1100-1400)

A conquista normanda (1066) deu-se graças à disputa em torno do trono de Eduardo, o Confessor. Com ela, o período do domínio saxônico na

Inglaterra chegou ao fim, e um período de influência normando-francesa se fez sentir sobre a língua dos povos conquistados. Durante esse período de domínio normando foram feitas outras tentativas de traduzir a Bíblia para o inglês.

Orm ou Ormin (fl. c. 1200). Orm foi um monge agostiniano que escreveu uma paráfrase poética dos evangelhos e de Atos acompanhada de comentário. Essa obra, o *Ormulum*, é preservada em um único manuscrito de 20 000 palavras. Embora o vocabulário seja puramente teutônico, a cadência e a sintaxe mostram a influência normanda.

Guilherme de Shoreham (fl. c. 1320). Shoreham freqüentemente recebe o crédito de ter produzido a primeira tradução em prosa de uma parte da Bíblia para um dialeto sulista do inglês, embora exista alguma dúvida quanto a ele ter sido realmente o tradutor dessa obra de 1320.

Ricardo Rolle (fl. c. 1320-1340). Rolle é conhecido como o "Eremita de Hampole". Foi responsável pela segunda tradução literal das Escrituras para o inglês. Vivendo perto de Doncaster, em Yorkshire, fez sua tradução da *Vulgata latina* para o dialeto inglês do norte. Sua tradução do *Saltério* foi amplamente divulgada e reflete o desenvolvimento da tradução da Bíblia inglesa até a época de John Wycliffe.

As traduções completas para o médio inglês e para o inglês moderno em fase inicial

Embora não houvesse nenhuma Bíblia completa em inglês antes do século XIV, diversos indícios apontavam para o aparecimento iminente de uma. A ampla circulação do *Saltério* literal de Rolle na exata época em que a corte papal passava por lutas se associou ao chamado cativeiro babilônico (1309-1377). Esse acontecimento e suas conseqüências formaram o pano de fundo para a obra de outros tradutores bíblicos.

As traduções da Bíblia dos séculos XIV e XV

John Wycliffe (c. 1320-1384). Wycliffe, a "Estrela d'Alva da Reforma", viveu durante o cativeiro babilônico, tempo em que viveram Geoffrey Chaucer e João de Gaunt. Em seu recuo contra a apatia espiritual e a degeneração moral dos clérigos da Inglaterra, ele foi forçado à notoriedade como oponente do papado. Wycliffe afastou o latim escolástico como veículo de comunicação e dirigiu seu apelo ao povo inglês na língua comum. Seu apelo foi dirigido por meio dos lollardos, ordem de pregadores itinerantes também conhecidos como os "sacerdotes pobres". Esses lollardos cruzaram o país pregando, lendo e ensinando a Bíblia em inglês. Para poder ajudá-los em sua tarefa, era necessária uma nova tradução da Bíblia. A tradução do Novo Testamento foi completada em 1380, e o Antigo Testamento apareceu em 1388. Embora essa tradução completa seja atribuída a Wycliffe, ela foi terminada depois de sua morte por Nícolas de Hereford.

As traduções foram feitas a partir de manuscritos da época da *Vulgata latina*. Os manuscritos sobre os quais essas traduções se basearam refletem uma qualidade e uma tradição textual geralmente inferiores, mas serviram de base para a primeira tradução completa da Bíblia em inglês. Com a tradução que Wycliffe fez da Bíblia, uma nova época na história da Bíblia foi instaurada. Um dos princípios básicos de Wycliffe foi estabelecido por Hampole, a saber, que os tradutores não buscariam nenhuma palavra estranha e usariam o inglês mais fácil e mais comum, que fosse o mais parecido com o latim, a fim de que aqueles que não soubessem latim pudessem, por intermédio do inglês, chegar a muitas palavras latinas.

João Purvey (c. 1354-1428). João Purvey desempenhou o ofício de secretário de Wycliffe e é reconhecido por ter feito uma revisão da primeira Bíblia de Wycliffe em 1395. Essa revisão é comumente conhecida como a *Versão posterior de Wycliffe*, e aquela como a *Primeira versão de Wycliffe*, embora o termo *versão* não se aplique estritamente a nenhuma delas.

A revisão feita por Purvey substituiu muitas construções latinas por expressões inglesas nativas. Ela também substituiu o prefácio de Jerônimo por um extenso prólogo escrito por Purvey. O resultado final foi o contínuo enfraquecimento da influência papal sobre o povo inglês. Na forma mais ampla, a primeira Bíblia inglesa completa foi publicada, revisada e circulada antes da obra de João Huss (c. 1369-1415) na Boêmia. Ela foi também publicada antes da invenção de Johann Gutenberg (c. 1454), desenvolvimento revolucionário que teve efeito refreador na disseminação das traduções de Wycliffe.

As traduções da Bíblia do século XVI

A transformação da Inglaterra e também de toda a Europa seguiu-se à Renascença e à característica que a acompanhou: o reavivamento literário, a elevação do nacionalismo e o espírito de exploração e de descoberta. O ressurgimento dos clássicos seguiu-se à queda de Constantinopla em 1453. Johann Gutenberg (1296-1468) inventou a prensa móvel e papel mais barato foi introduzido na Europa. Em 1456 foi publicada a *Bíblia Mazarin*. A língua grega começou a ser estudada publicamente na Universidade de Paris em 1458, a primeira gramática grega surgiu em 1476 e um vocabulário grego foi publicado em 1492. Em 1488, a Bíblia hebraica foi publicada, a primeira gramática hebraica saiu em 1503 e o primeiro vocabulário hebraico apareceu em 1506.

Mesmo antes de 1500, havia mais de oitenta edições da Bíblia latina publicadas na Europa, a uma geração de distância da introdução em 1476, na Inglaterra, por Claxton, do novo método de imprensa. Aliás, o cenário era tal que se fez necessário um estudioso para moldar os originais hebraico e grego em inglês escorreito, pois nenhuma simples conversão do texto latino seria suficiente para satisfazer à demanda da situação.

William Tyndale (c. 1492-1536). William Tyndale foi o homem que podia fazer o que era necessário, e ele teve a fé e a coragem para perseverar a todo custo. Após tentativas malfadadas de fazer sua tradução na Inglaterra, embarcou para o Continente em 1524. Após outras dificuldades, finalmente imprimiu o Novo Testamento em Colônia, no fim de fevereiro de 1526. Seguiu-se uma tradução do *Pentateuco*, em Marburgo (1530), e de Jonas, na Antuérpia (1531). As influências de Wycliffe e de Lutero eram evidentes no trabalho de Tyndale e o mantiveram sob constantes ameaças. Além disso, essas ameaças eram tantas, que as traduções de Tyndale tiveram de ser contrabandeadas para a Inglaterra. Tendo chegado lá, exemplares foram comprados por Cuthbert Tunstall, bispo de Londres, que as fez queimar publicamente em St. Paul's Cross. Até mesmo *sir* Thomas More (1478-1535), humanista, presidente da Câmara dos Pares, na Inglaterra de Henrique VIII, e autor de *Utopia*, atacou a tradução de Tyndale por pertencer à mesma "seita perniciosa" da tradução alemã de Lutero.

Em 1534, Tyndale publicou sua revisão do Gênesis e começou a trabalhar numa revisão do Novo Testamento. Pouco depois de completar essa revisão, foi seqüestrado na Antuérpia e levado à fortaleza de Vilvorde, em Flandres. Ali continuou a traduzir o Antigo Testamento. Em agosto de 1536, foi condenado por heresia, destituído do seu ofício sacerdotal e entregue às autoridades seculares para ser executado. A execução deu-se no dia 6 de outubro. Na hora da execução, Tyndale clamou: "Senhor, abre os olhos do rei da Inglaterra". Naquela hora exata os acontecimentos na Inglaterra conspiravam para a realização do último pedido do tradutor.

Miles Coverdale (1488-1569). Miles Coverdale, assistente e revisor de provas de Tyndale na Antuérpia, tornou-se a peça-chave na impressão da primeira Bíblia completa em inglês. Essa obra foi pouco mais que uma revisão da tradução completa de Tyndale, acrescida de percepções extraídas das traduções alemãs. Coverdale introduziu resumos de capítulos e algumas novas expressões no texto da sua tradução. Também estabeleceu o precedente de separar o Antigo Testamento dos livros apócrifos nas Bíblias traduzidas depois que a *Vulgata latina* atingiu sua posição de proeminência na igreja ocidental. A tradução de Coverdale foi reimpressa duas vezes em 1537, novamente em 1550 e mais uma vez em 1553. Não obstante, a verdadeira sucessora da edição de 1535 foi a *Grande Bíblia* de 1539. Falaremos sobre essa Bíblia em breve.

Thomas Matthew (c. 1500-1555). Thomas Matthew foi o pseudônimo literário de John Rogers, o primeiro mártir das perseguições sob o domínio de Mary Tudor. Ele também fora assistente de Tyndale. Em 1537, publicou outra Bíblia em inglês combinando os textos do Antigo Testamento de Tyndale e de Coverdale com a revisão de 1535 do Novo Testamento feita por Tyndale. Essa Bíblia não foi publicada de novo senão em 1549 e 1551. Em 1549, uma edição levemente revisada também foi publicada, e em 1551 apareceu uma Bíblia que trazia a inscrição "De Matthew" na página de rosto, mas continha o Antigo Testamento de Taverner e a edição de 1548 do Novo Testamento de Tyndale.

John Rogers se recusava a colocar seu nome verdadeiro em trabalho que tivesse sido feito por outros, embora os publicasse. Em vez disso, ele usava o pseudônimo literário, Thomas Matthew, e acrescentava copiosas notas e referências. Além das edições de Tyndale e de Coverdale, ele tomou muito de empréstimo das edições francesas de Lefèvre (1534) e de Olivetan (1535). Quando publicou sua edição de 1537, fê-lo com a permissão de Henrique VIII. Com a sua publicação, havia duas Bíblias inglesas autorizadas, em circulação dentro de um ano após a morte de Tyndale. Seus assistentes haviam continuado o trabalho do companheiro martirizado, e outros seguiriam seus passos.

Richard Taverner (1505-1575). Taverner foi um leigo com grandes conhecimentos do grego. Em 1539, aplicou seu talento a uma revisão da Bíblia de Matthew e produziu uma tradução que aproveitava muito mais o artigo grego. Não obstante, a obra de Taverner logo seria ultrapassada por ainda outra revisão da Bíblia de Matthew, a *Grande Bíblia*, de 1539.

Grande Bíblia (1539). As notas e os prólogos das duas principais traduções da Bíblia inglesa que circulavam em 1539, a de Coverdale e a de

Matthew, constituíam uma afronta tão grande para tantos grupos da Inglaterra, que Henrique VIII se viu freqüentemente intimado a providenciar uma nova tradução livre de interpretações. Thomas Cromwell (c. 1485-1540), presidente da Câmara dos Pares sob Henrique VIII, protestante, foi autorizado a dar prosseguimento a esse empreendimento. Com a aprovação adicional de Thomas Cranmer (1489-1556), primeiro arcebispo protestante da Cantuária, Miles Coverdale dispôs-se a preparar um novo texto para ela e usar o trabalho de outros homens no lugar do seu, publicado havia menos de dois anos.

Sob a direção de Coverdale, a *Grande Bíblia* foi oferecida como meio de acalmar as tensões advindas da situação da Bíblia na Inglaterra. Ela recebeu seu nome devido ao grande tamanho e formato, pois era maior que a de qualquer edição anterior e caprichosamente enfeitada. A página de rosto era uma fina xilogravura atribuída a Hans Holbein, que mostrava Henrique VIII, Cranmer e Cromwell distribuindo Bíblias ao povo, que por sua vez bradava "Vivat Rex" e "Deus salve o Rei". A Bíblia não continha nenhuma dedicatória e apresentava apenas prefácios simples. Além disso, os livros apócrifos foram removidos do restante do texto do Antigo Testamento e colocados num apêndice intitulado "Hagiógrafa" (escritos sagrados). A situação ficou extremamente embaraçosa pelo fato de a maioria dos bispos da igreja ainda ser católica romana. Embora a *Grande Bíblia* recebesse autorização para ser lida nas igrejas em 1538, sua posição delicada ficou mais ameaçada ainda pelo fato de não ser nem uma versão, nem a revisão de uma versão, mas a revisão de uma revisão.

Bíblia de Cranmer (1540). Em abril de 1540, foi publicada uma edição especial da *Grande Bíblia*. Ela trazia um prefácio de Thomas Cranmer, então arcebispo da Cantuária, e algumas outras revisões baseadas na obra anterior de Coverdale. A essa seguiram-se cinco outras edições antes do final de 1541. Essas Bíblias são chamadas "de Cranmer" em razão do prefácio que ele escreveu para elas. Nesse prefácio encontra-se a declaração: "Esta é a Bíblia destinada ao uso das igrejas". A Bíblia de 1535 e a Bíblia de Matthew, de 1537, tinham sido permitidas, mas essa era uma tradução indubitavelmente autorizada, o que a tradução de 1611 nunca chegou a ser.

Na terceira e na quinta dessas seis edições da Bíblia de Cranmer, um aviso foi impresso na página de rosto dizendo que os bispos Tunstall e Heath haviam "supervisionado e examinado" a edição. É uma ironia curiosa o fato de que Tunstall, quando bispo de Londres, houvesse condenado Tyndale e sua obra. Agora ele autorizava oficialmente uma Bíblia que continha em grande parte a tradução de Tyndale e as revisões dela. Até 1547, a Bíblia de Cranmer atingiu uma posição predominante nas igrejas. Em 1549 e 1553, foi novamente reimpressa, e a ordem de Cranmer não foi revogada nem mesmo durante os breves e turbulentos anos do reinado de Mary Tudor (1553-1558).

Bíblia de Genebra (1557, 1560). Durante a perseguição sob o comando de Mary Tudor, muitos reformadores fugiram para o continente em busca de segurança. Entre aqueles que se estabeleceram em Genebra encontravam-se estudiosos e amantes da Bíblia, como Miles Coverdale e John Knox (c. 1513-1572), os quais produziram uma revisão que viria a exercer grande influência no povo da Inglaterra. Em 1557, um do grupo, chamado Guilherme Whittingham, cunhado de João Calvino, produziu uma revisão provisória do Novo Testamento. Essa foi a primeira vez que o Novo Testamento em inglês se dividia em versículos, embora tivesse sido assim dividido no Novo Testamento grego de Estéfano, bem como em edições anteriores em latim e em hebraico. Longos prólogos foram acrescentados às traduções, juntamente com súmulas de capítulos e copiosas notas marginais. Foi introduzido o grifo na tradução para indicar lugares em que o inglês exigia palavras não encontradas no texto original.

Logo depois do Novo Testamento ter sido publicado em Genebra, foi iniciado o trabalho de revisar cuidadosamente toda a Bíblia. Em 1560, foram completados o Antigo Testamento e uma revisão do Novo que incluíam as mais recentes evidências textuais, e teve início a longa e movimentada história da *Bíblia de Genebra*. Em 1644, a *Bíblia de Genebra* já havia passado por 140 edições. Ela foi tão popular, que fez frente à *Bíblia dos bispos* (1568) e à primeira geração da chamada *Versão autorizada* (1611). Foi largamente usada entre os puritanos, citada repetidamente nas páginas de Shakespeare e usada até mesmo na mensagem extraída de "Os tradutores aos leitores", na tradução de 1611. Embora suas anotações fossem mais brandas que as de Tyndale, eram calvinistas demais tanto para Elizabete I (1558-1603) quanto para Tiago I (1603-1625).

Bíblia dos bispos (1568). A *Bíblia de Genebra* não foi patrocinada pela igreja oficial, mas tornou-se rapidamente a Bíblia de cada casa do reino. Seu sucesso imediato ocasionou uma nova revisão da *Grande Bíblia*, a Bíblia autorizada das igrejas. O trabalho foi confiado a um grupo de estudiosos que incluía cerca de oito bispos, daí o nome de *Bíblia dos bispos*. Eles usariam a *Grande Bíblia* como ponto de partida para sua revisão, e, conquanto a intenção fosse a de fazer apenas pequenas alterações, alguns bispos foram além das instruções recebidas. Os revisores tinham mais conhecimento do grego do que do hebraico, e seu trabalho no Novo Testamento é superior ao trabalho efetuado no Antigo.

A *Bíblia dos bispos* foi publicada em 1568, em Londres, "cum privilegio regiae majestatis". Sua parte do Novo Testamento foi publicada em papel mais espesso do que a do Antigo, a fim de suportar o maior uso. Ela continha dois prefácios, um de Cranmer e um de Matthew Parker, então arcebispo da Cantuária. Assim como a *Grande Bíblia*, ela continha poucas notas nas margens. A convocação de 1571 decretou que fossem distribuídos exemplares por todo o país, nas casas de cada bispo e arcebispo, em toda catedral e em toda igreja, se possível. De 1568 a 1611, essa tradução conciliatória era geralmente encontrada nas igrejas. Não obstante, a *Bíblia de Genebra* já havia conquistado os lares do país. Sua desvantagem insuperável, entretanto, não impediu que a *Bíblia dos bispos* fosse usada como base para a famosa revisão de 1611.

As traduções modelares da bíblia em inglês

Enquanto os protestantes se ocupavam em fazer traduções da Bíblia para a língua da Inglaterra, seus correspondentes católicos romanos começavam a sentir desejo semelhante. Após a morte de Mary Tudor em 1558, Elizabete I ascendeu ao trono, e os exilados católicos romanos de seu reino empreenderam uma tarefa semelhante à dos exilados protestantes em Genebra, durante o reinado de Mary. A multiplicidade e a diversidade das traduções foi tanta, que quando Tiago I assumiu o trono em 1603, fazia-se necessária uma tradução mais unificada, para que os vários grupos dentro da igreja pudessem recorrer a uma autoridade comum em seus debates teológicos. Em decorrência dos esforços então postos em ação, a Bíblia do rei Tiago, a mais influente de todas as traduções dos protestantes ingleses, foi produzida.

A Bíblia de Rheims-Douai (1582, 1609)

Em 1568, um grupo de católicos romanos exilados da Inglaterra fundou a Faculdade Inglesa de Douai, em Flandres. Eles procuravam treinar sacerdotes e outros que preservassem sua fé católica. William Allen (1532-1594), cônego de Oxford durante o reinado de Mary Tudor, liderou a fundação da faculdade e sua mudança para Rheims, na França, quando surgiram problemas políticos em 1578. Em Rheims, a Faculdade Inglesa passou à direção de outro estudioso de Oxford, Richard Bristow (1538-1581), que fora a Douai em 1569. Durante essa época, Allen foi chamado a Roma, onde fundou outra Faculdade Inglesa e mais tarde passou a cardeal. Em 1593, a Faculdade Inglesa de Rheims voltou para Douai.

A hierarquia romana desejou uma tradução inglesa da *Vulgata latina*, e Allen expressou esse desejo por carta a um professor da faculdade em

Douai, em 1578. Gregory Martin (m. 1582), ainda outro estudioso de Oxford, empreendeu a tarefa. Martin havia obtido o título de *Master of Arts* (MA) em 1564. Nessa época, renunciou ao protestantismo e foi a Douai para estudar. Em 1570, passou a dar aulas de hebraico e de Escritura Sagrada. Ele deu prosseguimento à sua tradução do Antigo Testamento ao ritmo de cerca de dois capítulos por dia até sua morte em 1582. Logo antes de sua morte, o Novo Testamento foi publicado com muitas notas. Essas notas foram feitas por Bristow e por Allen. Aos seus esforços aliaram-se os de outro protestante convertido ao catolicismo, William Reynolds, embora seu papel na tarefa não seja conhecido com certeza.

Enquanto a tradução de Rheims do Novo Testamento (1582) tivesse sido projetada para contrapor-se às traduções inglesas protestantes, ela teve algumas limitações sérias. Foi uma versão fraca do texto para o inglês e se baseou em outra tradução, e não na língua original do Novo Testamento. Os tradutores se guardaram "contra a idéia de que as Escrituras deviam sempre estar na nossa língua materna, ou de que deveriam ser ou foram ordenadas por Deus para ser lidas indiferentemente por todos". Não apenas isso, mas os tradutores não esconderam o fato de estarem fazendo um trabalho polêmico, como mostram suas copiosas notas. O Novo Testamento foi reeditado em 1600, em 1621 e em 1633.

Entrementes, o Antigo Testamento, que de fato foi traduzido antes do Novo, teve sua publicação adiada. Limitações financeiras e o aparecimento de diversas novas edições do texto da *Vulgata* impediram a publicação da tradução de Douai do Antigo Testamento até 1609. Sua segunda edição foi lançada em 1635. A tradução em si foi iniciada por Martin e provavelmente terminada por Allen e por Bristow, com notas aparentemente fornecidas por Thomas Worthington, embora os pormenores sejam tão obscuros, que essas questões não podem ser precisadas com certeza. Ela foi baseada no texto de Louvain, não oficial, da *Vulgata* (1547), editado por Henten, mas conformou-se ao texto sixtino-clementino de 1592. A tradução em si foi toda uniforme, até no uso ultraliteral dos latinismos. As notas eram basicamente projetadas para fazer a interpretação do texto harmonizar-se aos decretos do Concílio de Trento (1546-1563).

O Novo Testamento de Rheims esteve em circulação tempo suficiente para exercer influência importante nos tradutores da Bíblia inglesa de 1611. A tradução de Douai do Antigo Testamento, contudo, não foi publicada a tempo de influenciar esses tradutores. Com uma rainha protestante no trono e com um rei protestante por sucessor, a Bíblia de Rheims-Douai tinha pouca possibilidade de competir com as traduções protestantes já no mercado ou substituí-las. A escassês de reimpressões da Bíblia de Rheims-Douai revela que os católicos "não temiam que os poucos exemplares existentes fossem encontrados nas mãos de cada lavrador". Depois de 1635, foram feitas diversas reimpressões, mas a segunda edição revisada não surgiu senão em 1749-1750, quando Richard Challoner, bispo de Londres, deu sua importante contribuição.

A Bíblia do rei Tiago (1611)

Em janeiro de 1604, Tiago I foi convocado a comparecer à Conferência de Hampton Court em resposta à Petição Milenar que recebeu ao dirigir-se de Edimburgo para Londres após a morte de Elizabete I. Perto de mil líderes puritanos haviam assinado uma lista de queixas contra a igreja da Inglaterra, e Tiago desejava ser o pacificador nesse novo reino, colocando-se acima de todos os partidos religiosos. Ele tratou os puritanos com maus modos na conferência, até que John Reynolds, presidente puritano da Faculdade Corpus Christi, em Oxford, levantou a questão de ser feita uma versão autorizada da Bíblia para todos os partidos dentro da igreja. O rei expressou seu apoio à tradução porque o ajudaria a livrar-se de duas das traduções mais populares e elevar a sua estima aos olhos dos súditos. Foi nomeada uma junta, à semelhança daquela da *Bíblia de Genebra*, que Tiago considerava a pior de todas as traduções existentes. Ela e a *Bíblia dos bispos* eram as Bíblias que ele esperava suplantar na igreja.

Seis grupos de tradutores foram escolhidos: dois em Cambridge para revisar de 1 Crônicas a Eclesiastes e os livros apócrifos; dois em Oxford para revisar de Isaías a Malaquias, os evangelhos, Atos e o Apocalipse; dois em Westminster para revisar de Gênesis a 2 Reis e de Romanos a Judas. Apenas 47 dos 54 homens escolhidos trabalharam de fato nessa revisão da *Bíblia dos bispos*. Suas instruções estabeleciam que eles deviam seguir o texto da *Bíblia dos bispos*, a menos que notassem que as traduções de Tyndale, de Matthew, de Coverdale, de Whitchurche e de Genebra correspondessem mais de perto ao texto original. Esse texto original se baseou em poucos ou nenhum dos textos superiores dos séculos de XII a XV, uma vez que seguiu as edições de 1516 e de 1522 do texto grego de Erasmo, incluindo-se sua interpolação de 1João 5.7. Usar a *Bíblia dos bispos* como ponto de partida significava que muitas das antigas palavras eclesiásticas seriam mantidas na nova revisão. De forma não oficial, a recente publicação da Bíblia de Rheims-Douai influenciaria a reintrodução de muitos latinismos no texto.

As notas marginais acompanharam a nova revisão, e a chamada *Versão autorizada* nunca chegou a ser de fato autorizada, nem ser de fato uma versão. Ela substituiu a *Bíblia dos bispos* nas igrejas porque nenhuma edição dessa Bíblia foi publicada depois de 1606. Ser lançada no mesmo formato que a *Bíblia de Genebra* conferiu à publicação de 1611 maior influência, assim como para isso contribuiu o uso que fez de expressões precisas. A longo prazo, a grandeza de sua tradução conseguiu vencer a competição com a influente *Bíblia de Genebra* dos puritanos, sua principal rival.

Três edições da nova tradução apareceram em 1611. Outras edições foram publicadas em 1612, e sua popularidade continuou a exigir novas impressões. Durante o reinado de Carlos I (1625-1649), o Parlamento Longo estabeleceu uma comissão para deliberar sobre a revisão da chamada *Versão autorizada* ou produzir uma tradução totalmente nova. Somente revisões insignificantes resultaram em 1629, 1638, 1653, 1701, 1762, 1769 e duas edições posteriores. Essas três últimas revisões foram feitas pelo dr. Blayney de Oxford. Elas variaram em cerca de 75 mil pormenores do texto da edição de 1611. Pequenas mudanças continuaram a surgir no texto até datas recentes como 1967 no texto da *Versão autorizada* que acompanha a *New Scofield reference edition* [Nova edição de referência de Scofield]. Entrementes, foram feitas tentativas de trazer amplas alterações e correções às traduções inglesas da Bíblia em virtude de novas descobertas textuais e por conta da natureza mutável da própria língua.

20
As traduções da Bíblia para o inglês moderno

A Bíblia é o livro mais divulgado do mundo. Uma das evidências mais fortes disso é o grande número de traduções e a variedade de línguas para as quais já foi traduzida. A Bíblia inteira já foi traduzida para mais de duzentas línguas, e partes dela aparecem em mais de mil línguas e dialetos. Essas traduções ilustram amplamente o elo definitivo na cadeia que provém de Deus para nós, mas nossa principal preocupação e atenção serão dirigidas à tradução da Bíblia para o inglês. Nosso levantamento estará centrado nas traduções com base nas Bíblias de Rheims-Douai e do rei Tiago, de fins do século XV e começos do XVI.

As traduções e as versões católicas romanas

A principal tradução da Bíblia em inglês para os católicos romanos durante a era da Reforma foi a de Rheims-Douai, de 1582, 1609 (v. cap. 19). Ela se impôs lentamente, mas veio a dominar o cenário até 1635, sendo publicada diversas vezes após essa data. Não obstante, não se tratou da única tradução católica romana da Bíblia para o inglês.

A Bíblia de Rheims-Douai-Challoner

Embora diversas impressões da Bíblia de Rheims-Douai fossem feitas após 1635, não foi senão em 1749-1750 que Richard Challoner, bispo de Londres, publicou a segunda edição revisada. Essa edição foi pouco mais que uma nova tradução da Bíblia para o inglês, pois aproveitou diversas melhorias na tradução da Bíblia feitas durante o século XVIII. Em 1718, e.g., uma nova tradução do Novo Testamento da *Vulgata* foi publicada por Cornelius Nary. Em 1730, Robert Witham, presidente da Faculdade Inglesa de Douai, publicou uma revisão do Novo Testamento de Rheims. Esse apresentava certas revisões atribuídas a Challoner, que havia sido colega de Witham em Douai após sua conversão do protestantismo. Uma quinta edição do Novo Testamento de Rheims foi publicada em 1738. Ela continha algumas revisões geralmente atribuídas a Challoner e foi a primeira edição revisada desse Novo Testamento publicada em mais de um século (a quarta edição revisada fora publicada em 1633). Em 1749, Challoner publicou seu *Novo Testamento de Rheims revisado*, o que fez novamente em 1750, 1752, 1763 e 1772. Sua revisão do Novo Testamento de Douai foi publicada em 1750 e em 1763.

Desde aquele tempo, outras edições da Bíblia de Rheims-Douai foram publicadas, mas praticamente todas baseadas na revisão de 1749-1750. Por conseguinte, o padre Hugh Pope observou corretamente que "os católicos de fala inglesa do mundo todo têm para com o dr. Challoner uma imensa dívida de gratidão, pois ele lhes forneceu pela primeira vez uma versão portátil, econômica e de fácil leitura, que, a despeito de uns poucos defeitos inevitáveis, suportou o teste de duzentos anos de uso".[1] Tem havido tantas revisões e edições dessa Bíblia de Challoner, que ela difere muito da Bíblia original de Rheims-Douai, já não sendo correto identificar essa obra pelo nome da sua predecessora. É, por sinal, a tradução que Challoner fez da Bíblia.

A Bíblia da Confraria de Doutrina Cristã

A primeira Bíblia católica romana dos Estados Unidos (1790) foi uma grande edição *in-quarto* do Antigo Testamento de Douai e uma mistura de diversas revisões de Challoner combinadas com a edição de 1752 do texto do Novo Testamento de Rheims-Challoner. Essa Bíblia foi na realidade a primeira Bíblia *in-quarto* de qualquer espécie em inglês a ser publicada na América do Norte. De 1849 a 1860, Francis Patrick Kenrick fez uma nova revisão da Bíblia de Challoner em seis volumes, embora alegasse ter feito sua tradução da *Vulgata latina*, após compará-la diligentemente com os textos hebraicos e gregos. Dessa época em diante, outras edições apareceram nos dois lados do Atlântico.

Em 1936, teve início uma nova revisão do Novo Testamento de Rheims-Douai sob os auspícios da Junta Episcopal da Confraria de Doutrina Cristã. Foi nomeada uma junta de 28 estudiosos, para que trabalhassem na revisão sob a direção de Edward P. Arbez. O texto usado como base foi o

---

[1] Ap. Luther A. WEIGLE, English versions since 1611, in: *The Cambridge history of the Bible*, New York, Cambridge University Press, 1963, p. 367, v. 3.

da *Vulgata latina*, mas foram aproveitadas as melhorias recentes advindas das pesquisas de estudiosos da Bíblia. Muitas das expressões arcaicas das revisões anteriores foram eliminadas, como também muitas das copiosas notas. O texto foi organizado em parágrafos, e foi empregada a ortografia americana. A gráfica St. Anthony Guild Press publicou o *Novo Testamento da Confraternidade* em 1941, que foi prontamente adotado pelos católicos de fala inglesa em todo o mundo em decorrência da Segunda Guerra Mundial.

O papa Pio XII publicou a encíclica *Divino afflante Spiritu* (1943), declarando que as traduções da Bíblia podiam basear-se nos textos originais em hebraico e em grego, e não apenas na *Vulgata latina*. Essa foi uma brusca inversão na posição tomada pelos tradutores da Bíblia de Rheims-Douai (v. cap. 19). Após as restrições do tempo da guerra terem caído, a Confraria começou a publicar uma nova versão do Antigo Testamento. Ao contrário de qualquer tradução feita por católicos em mais de um milênio e meio, essa seria baseada nas línguas originais e não em alguma tradução latina anterior. Até 1967, os quatro volumes foram concluídos e publicados. Começou-se a trabalhar, então, sob a direção de Louis F. Hartman, numa nova versão do Novo Testamento. Em 1970, a *New American Bible* [Nova Bíblia americana] foi publicada. Ela baseava-se nos mais recentes aperfeiçoamentos da crítica literária e foi traduzida diretamente dos textos hebraicos e gregos.

A tradução de Knox

Da mesma forma que a Bíblia da Confraria de Doutrina Cristã é a Bíblia católica romana oficial dos Estados Unidos, a tradução de Knox é a Bíblia católica romana oficial da Grã-Bretanha. Ela foi solicitada por Ronald A. Knox em 1939, quando ele, recém-convertido ao catolicismo romano, propôs à hierarquia inglesa a produção de uma nova tradução. Embora uma nova tradução para o inglês tivesse sido publicada em 1935 (*Versão de Westminster das Escrituras Sagradas*), e um novo texto da *Vulgata latina* viesse a lume em 1945, depois da encíclica do papa Pio XII, em 1943, monsenhor Knox não incorporou esses materiais no seu Novo Testamento (1945), nem nas traduções do Antigo Testamento (1949). Em vez disso, baseou suas traduções no texto da *Vulgata sixtino-clementina* de 1592. Contudo, em 1955, a hierarquia romana deu sua sanção oficial à tradução de Knox para os católicos de língua inglesa. Desde o início, a tradução de Knox repousa sobre um alicerce muito mais fraco que o da versão da Confraria Americana e sua sucessora, a *Nova Bíblia americana*. Essas são baseadas em mais recentes evidências de manuscritos, bem como nos textos das línguas originais. Além disso, a tradução de Knox traz textos e traduções inferiores aos da *Versão de Westminster das Sagradas Escrituras*, que permanece obra não-oficial.

As traduções católicas em linguagem moderna

A posição inicial da Igreja Católica Romana para com a publicação das Escrituras por leigos foi longe de entusiasta. O papa Pio IX condenou as sociedades bíblicas de seitas pestilentas em seu famoso *Sílabo de erros* (1864), cerca de sessenta anos após a fundação da Sociedade Bíblia Britânica e Estrangeira, em 1804. Ele refletia a atitude da hierarquia católica romana em geral, mas havia quem achasse que a Bíblia deveria ser colocada nas mãos dos leigos católicos. Foi já em 1813, e.g., que um grupo entusiasta de membros da igreja fundou a Sociedade Bíblica Católica Romana e publicou a Bíblia de Rheims-Douai sem notas. Em 1815, o mesmo grupo publicou outra edição melhorada da mesma tradução.

Entrementes, apareceu um bom número de edições da Bíblia para os católicos romanos, dentre as quais a *Bíblia de Coyne* (1811), a *Bíblia de Haydock* (1811-1814), o *Novo Testamento de Newcastle* (1812), a *Bíblia de Syer* (1813-1814), a *Bíblia de MacNamara* (1813-1814), o *Novo Testamento de Bregan* (1814) e a *Bíblia de Gibson* (1816-1817). Outras Bíblias foram publicadas durante todo o século XIX, tanto na Inglaterra quanto nos Estados Unidos. Em 1901, uma admirável versão dos evangelhos foi publicada pelo padre dominicano Francis Spencer. Ele completou o restante do Novo Testamento logo antes de sua morte, em 1913, mas essa obra só foi publicada em 1937. O *Novo Testamento do leigo* foi publicado pela primeira vez em Londres, em 1928. Continha o texto de Challoner do Antigo Testamento, na página esquerda, e notas polêmicas, na direita. Em 1935, uma excelente nova versão do Novo Testamento foi publicada sob a supervisão editorial de Cuthbert Lattey, S.J. Essa *Versão de Westminster das Sagradas Escrituras* se baseou nas línguas originais do Novo Testamento, mas não recebeu a sanção oficial da hierarqua católica romana. Seguindo os mesmos princípios, o primeiro fascículo do Antigo Testamento foi publicado. O trabalho continuou, mas demorou a ser concluído por conta da morte de Lattey, em 1954. Por causa da posição da tradução de Knox, é difícil imaginar que a *Versão de Westminster* receberá reconhecimento oficial da igreja.

Uma versão completamente americanizada do Novo Testamento surgiu em 1941 como o primeiro fascículo da Versão da Confraria de Doutrina Cristã. Em 1956, James A. Kliest e Joseph L. Lilly publicaram mais outra tradução intitulada *Novo Testamento traduzido do grego original com notas explicativas*. Provavelmente a mais importante tradução recente nessa categoria produzida por estudiosos católicos romanos é *A Bíblia de Jeru-*

salém. Embora seja traduzida dos textos originais, ela deve muito à *La Bible de Jerusalem* (1961), cuja introdução e notas foram traduzidas sem variação substancial, diretamente para o texto inglês. Essas notas representam o trabalho da ala "liberal" dos estudiosos católicos da Bíblia, embora a tradução em si seja basicamente literal e contemporânea em estilo.

As traduções e as versões judaicas

Embora os judeus tenham buscado preservar o estudo da Escritura em sua língua original (o hebraico), nem sempre têm conseguido atingir esse objetivo. Eles encontraram os mesmos problemas enfrentados pelos católicos romanos e pela Bíblia latina, como mostra a própria existência da *Septuaginta* (LXX). Já no século III a.C., os judeus viram a necessidade de traduzir sua Bíblia para a língua falada em Alexandria. A tradução de partes do Antigo Testamento para o aramaico atesta mais ainda o fato de eles nem sempre conseguirem estudar a Bíblia na língua hebraica.

Durante toda a Idade Média, as condições sob as quais os judeus viveram não favoreciam nenhum tipo de estudo. A posição da igreja quanto ao papel deles na crucificação de Cristo tornou-lhes mais difícil ainda participar abertamente dos estudos da Bíblia. Não obstante, em torno de 1400, eles começaram a fazer traduções novas e diferentes do Antigo Testamento para várias línguas. Não foi senão cerca de quatrocentos anos depois dessas primeiras traduções, contudo, que os judeus começaram a traduzir o Antigo Testamento para o inglês.

Em 1789, o ano da Revolução Francesa, surgiu uma versão judaica do *Pentateuco* que declarava ser uma emenda à Bíblia do rei Tiago. Em 1839, um trabalho parecido foi publicado por Salid Neuman. Entre 1851 e 1856, o rabino Benisch produziu uma Bíblia completa para os judeus de fala inglesa. Uma tentativa final de emendar a Bíblia do rei Tiago para uso dos judeus foi feita por Michael Frielander em 1884.

Em 1853, Isaac Leeser afastou-se notavelmente da tradição ao produzir sua versão de *A Bíblia hebraica*, uma Bíblia que vinha sendo preferida nas sinagogas inglesas e americanas havia muito tempo. Antes da virada do século, entretanto, o caráter insatisfatório do trabalho de Leeser foi detectado, e a Sociedade Bíblica Judaica resolveu revisá-lo durante sua segunda convenção bienal de 1892. À medida que o trabalho de revisão continuava, tornou-se notório que ela teria de ser praticamente uma tradução de todo nova. Após tempo considerável gasto na reorganização do projeto, a Sociedade Judaica de Publicação finalmente lançou sua nova versão da Bíblia hebraica. Publicada em 1917, essa revisão seguiu de perto a *Versão padrão americana* (ASV) (1901).

A Sociedade Judaica de Publicação não parou seu trabalho com a publicação de 1917. Após o lançamento da *Versão padrão revisada* (RSV) e a atividade para publicar a *Nova Bíblia inglesa* (NEB), ela começou a trabalhar na publicação de uma nova tradução do Antigo Testamento. Em 1962, publicou *a Tora* e em 1969 lançou os *Megilloth*. Essas duas versões são baseadas no *Texto massorético* do Antigo Testamento. Por sinal, o título completo da publicação de 1962 é esclarecedor nesse aspecto: *Tora: uma nova tradução das Santas Escrituras segundo o* Texto masorético. Ela não reivindica ser uma nova versão, e seu prefácio respalda o título ao declarar que tem o propósito de "aperfeiçoar substancialmente as versões anteriores ao traduzir tanto as nuanças quanto os significados das palavras e das expressões, sem deixar de levar em conta a força das formas e das construções gramaticais". A fim de realizar sua tarefa, os tradutores utilizaram percepções negligenciadas dos estudiosos judaicos antigos e medievais, bem como novos conhecimentos do Oriente Próximo.

As traduções e as versões protestantes

Seguindo o princípio da Reforma de interpretação particular, os protestantes produziram um número maior de traduções particulares da Bíblia do que os católicos romanos. Algumas das primeiras traduções derivaram das descobertas de novos materiais manuscritos, visto que nenhum dos grandes manuscritos tinha sido descoberto na época da tradução do rei Tiago (v. cap. 14), exceto o *Códice Beza* (D), muito pouco usado. Antes de examinar essas traduções particulares, devemos deter-nos em algumas das tentativas oficiais de fazer a Bíblia do rei Tiago alinhar-se com as descobertas dos manuscritos.

A Bíblia inglesa revisada

Todas as revisões da Bíblia do rei Tiago mencionadas no capítulo 19 foram feitas sem autorização oficial eclesiástica ou real. Aliás, nenhuma revisão oficial dessa Bíblia foi apresentada por mais de um século depois do trabalho do dr. Blayney (1769). Algumas das revisões que chegaram a ser publicadas foram de imprudentes, com adições como a cronologia de Ussher. Não obstante, houve algumas revisões excelentes de caráter não-oficial, como no caso de uma edição anônima de *A Bíblia Sagrada contendo a* Versão autorizada *do Antigo e do Novo Testamento, com muitas emendas* (1841). No prefácio dessa revisão não-oficial da Bíblia do rei Tiago, o autor menciona ter usado manuscritos ainda não disponíveis em 1611.

Com as melhorias entre os estudiosos da Bíblia durante o século XIX, incluindo-se o acúmulo de manuscritos mais antigos e melhores, com as descobertas arqueológicas no mundo antigo como um todo e com as mudanças na sociedade inglesa e na sua língua, a revisão da Bíblia do rei Tiago de caráter mais "oficial" tornava-se obrigatória. Antes que isso pudesse ser realizado, entretanto, um grupo de estudiosos notáveis publicou a *Edição variorum do Novo Testamento de nosso Senhor e Salvador Jesus Cristo* (1880). Os organizadores dessa obra, R. L. Clark, Alfred Goodwin e W. Sanday, fizeram essa revisão por "ordem especial de sua majestade". Eles tiveram a tarefa de revisar a Bíblia do rei Tiago à luz das várias leituras das melhores autoridades em textos. Por conseguinte, a *Bíblia variorum* seguiu a tradição de Tyndale, de Coverdale, da *Grande Bíblia*, da *Bíblia de Genebra*, da *Bíblia dos bispos* e das várias edições da Bíblia do rei Tiago. Além disso, contudo, ela preparou o caminho para a *Bíblia inglesa revisada*.

O desejo muito difundido de uma revisão plena da *Bíblia autorizada* resultou numa convocação da Província da Cantuária em 1870. Samuel Wilberforce, bispo de Winchester, propôs revisar o Novo Testamento em que os textos gregos revelassem traduções inexatas ou incorretas no texto do rei Tiago. O bispo Ollivant ampliou a proposta e incluiu o Antigo Testamento e os textos hebraicos. Por conseqüência, dois grupos foram nomeados. Originariamente havia 24 membros em cada grupo, mas foram mais tarde ampliados para cerca de 65 revisores de diversas denominações. Esses grupos começaram a trabalhar em 1871, e em 1872 um grupo de estudiosos americanos foi convidado a participar do empreendimento em caráter consultivo. As editoras das Universidades de Oxford e de Cambridge assumiram os custos do projeto sob a condição de lhes serem dados privilégios autorais exclusivos do produto pronto. Mais de três milhões de exemplares da revisão foram vendidos nos Estados Unidos e na Grã-Bretanha em menos de um ano. O Antigo Testamento foi lançado em 1885, os livros apócrifos em 1896 (1898 nos Estados Unidos) e a Bíblia completa foi publicada em 1898. Embora o texto da revisão fosse muito mais exato que o da Bíblia do rei Tiago, levaria diversas gerações para que as alterações nas palavras e nos ritmos fossem aceitas.

Parte da tradução da *Bíblia inglesa revisada* não satisfez completamente a junta americana de revisão, mas seus membros haviam concordado em não dar por catorze anos "nenhuma sanção à publicação de qualquer outra edição da *Versão revisada* que não fosse a publicada pelas editoras daquelas universidades inglesas". Em 1901, foi publicada a *Edição padrão americana da Versão revisada*, denunciando a existência de algumas edições não-autorizadas ou não-padronizadas dessa versão, publicadas antes daquela época. Outras revisões foram feitas pela junta americana, como a mudança dos nomes "Senhor" para "Jeová" e *"Holy Ghost"* [Espírito Santo] para *"Holy Spirit"* [Espírito Santo]. As estruturas dos parágrafos foram revisadas e abreviadas, e breves cabeçalhos foram acrescentados. Aos poucos, a *Versão padrão americana* (ASV) ganhou aceitação nos Estados Unidos e começou até a ser importada pela Grã-Bretanha.

Como a sua equivalente inglesa, a ASV perde a beleza da Bíblia do rei Tiago, mas suas interpretações mais corretas têm-na tornado muito aceitável por parte de professores e estudantes da Bíblia. Em 1929, os direitos autorais passaram para o Concílio Internacional de Educação Religiosa, que fez nova revisão do texto. Como as traduções anteriores, que erigiam seu trabalho sobre o alicerce deixado por William Tyndale, a ASV foi a obra de muitas mãos e diversas gerações.

A Bíblia padrão revisada

Meio século depois que a revisão inglesa da Bíblia do rei Tiago foi publicada, o Concílio Internacional de Educação Religiosa expressou seu desejo de utilizar as grandes melhorias advindas recentemente dos estudiosos da Bíblia. O texto de Westcott e de Hort do Novo Testamento (v. cap. 14) fora incisivamente modificado por conta das descobertas de papiros e de novos manuscritos. Ademais, o estilo e o gosto literário da língua inglesa continuavam a mudar, de modo que uma nova revisão se considerou necessária. Em 1937, o Concílio Internacional autorizou uma junta a empreender essa revisão.

A junta da revisão se constituiu de 22 estudiosos notáveis que deveriam seguir o significado da *Versão padrão americana* (RSV), a menos que dois terços da junta concordassem em mudar a interpretação. Foram usados como parâmetros o emprego das formas mais simples e mais atuais dos pronomes, salvo em referência a Deus, e também a ordem mais direta das palavras. Atrasado pela Segunda Guerra Mundial (1939-1945), o Novo Testamento não surgiu senão em 1946, com o Antigo sendo publicado em 1952 e os livros apócrifos em 1957. Essas publicações foram lançadas após tremenda campanha de publicidade que pôs em movimento reações quase previsíveis. Em contraposição à *Versão padrão americana*, a *Versão padrão revisada* foi acusada de velar passagens messiânicas tradicionais, como no caso da substituição de "virgem" por "uma jovem", em Isaías 7.14. As críticas ao Novo Testamento não foram tão contundentes, embora fossem contundentes o bastante. Não obstante todas as críticas, a *Versão padrão revisada* fornece à igreja de fala inglesa uma revisão atualizada da Bíblia baseada no "texto crítico" (v. cap. 14).

A Nova Bíblia inglesa

Não satisfeita com a idéia de que a *Versão padrão revisada* fosse uma continuação da antiga tradição das primeiras traduções da Bíblia inglesa, a Assembléia Geral da Igreja da Escócia reuniu-se em 1946 a fim de deliberar sobre uma tradução completamente nova. Uma junta comum foi designada em 1947, e três grupos foram escolhidos: um para o Antigo Testamento, um para o Novo e um para os livros apócrifos. C. H. Dodd foi nomeado presidente do grupo especializado em Novo Testamento e em 1949 foi nomeado diretor de toda a tradução. O Novo Testamento da *Nova Bíblia inglesa* surgiu em 1961, com o Antigo Testamento e os livros apócrifos sendo publicados em 1970.

Os princípios de tradução da *Nova Bíblia inglesa* buscaram apresentar um idioma inglês que fosse "perpétuo", evitando tanto os anacronismos quanto os modernismos efêmeros. Os tradutores procuraram tornar essa versão simples o suficiente para trasmitir seu significado sem ser árida nem vulgar, pois esperavam produzir uma tradução que fosse uma segunda versão fidedigna, a par da Bíblia do rei Tiago.

Mais de quatro milhões de exemplares da *Nova Bíblia inglesa* foram vendidos durante o primeiro ano de publicação. Diferindo bastante tanto da *Versão inglesa revisada* quanto da *Versão padrão revisada*, que a precederam, seus tradutores freqüentemente deixavam de lado as traduções literais do texto, especialmente quando achavam que o texto permitia duas possíveis interpretações. Além disso, a *Nova Bíblia inglesa* tem sido criticada por seus anglicismos e por sua concentração sobre a inteligibilidade e não sobre a literalidade do significado, bem como pela reorganização crítica de algumas seções do Antigo Testamento. Isso indubitavelmente reflete a influência da teologia contemporânea por intermédio dos tradutores. Considerando-se todas as coisas, entretanto, essa tradução continuou a tradição de seus antepassados ingleses e é uma obra valiosa em si mesma.

A Nova Bíblia padrão americana

Durante a década de 1960, tentou-se fazer mais uma revisão da *Versão padrão americana*. Esse esforço foi empreendido pela Fundação Lockman, na tentativa de reviver bem como revisar aquela versão. A junta de tradução declarou seu propósito quádruplo no prefácio que acompanha o Novo Testamento (1963). Em 1970, a Bíblia toda foi publicada seguindo o mesmo objetivo quádruplo. Eles buscaram ser fiéis aos textos hebraicos e gregos originais, ser gramaticalmente corretos, ser compreensíveis para as massas e dar o devido lugar ao Senhor Jesus Cristo.

Os tradutores da *Nova Bíblia padrão americana* (NASV) tentaram renovar a *Versão padrão americana*, a "rocha da veracidade bíblica". Embora não tenham chegado aos pés da obra literária de outras versões modelares no processo de tradução, produziram uma herdeira útil e fiel da *Versão* *padrão americana*. Outra tradução mais ou menos oficial foi recentemente efetuada sob os auspícios da Sociedade Bíblica de Nova Iorque. Intitula-se *Bíblia Sagrada: nova versão internacional*. A parte do Novo Testamento foi lançada em 1973, e o Antigo Testamento está previsto para 1976.*

As traduções dos séculos XVIII e XIX

Ao lado das traduções apresentadas acima, houve a publicação de bom número de traduções e de versões não-oficiais. Em 1703, e.g., Daniel Whitby editou uma *Paráfrase e comentário do Novo Testamento*. Edward Wells veio em seguida com um texto revisado da Bíblia do rei Tiago chamado *As traduções comuns corrigidas* (1718-1724). Em 1745, William Whiston, conhecido por sua tradução de Josefo, publicou um *Novo Testamento primitivo* e John Wesley fez cerca de 12 000 mudanças no texto da *Bíblia autorizada*. Edward Horwood fez uma *Tradução liberal do Novo Testamento* em 1768 para completar as traduções do século XVIII.

Durante o século XIX, esforços para traduzir o Antigo Testamento começaram a aparecer com maior freqüência. O primeiro deles foi *A Bíblia septuaginta*, publicada por Charles Thompson em 1808. Em 1844, Lancelot Brenton lhe deu continuidade publicando sua *Versão septuaginta do Antigo Testamento*. O estudioso Samuel Sharpe, adepto do unitarismo, publicou seu *Novo Testamento* em 1840 e seu *Antigo Testamento* em 1865. Entrementes, Robert Young produziu sua *Tradução literal da Bíblia* (1862), e Dean Alford publicou seu *Novo Testamento grego* e uma revisão da *Bíblia autorizada* em 1869. John Nelson Darby, líder dos Irmãos Plymouth, publicou uma *Nova tradução da Bíblia* (1871, 1890), enquanto Joseph Bryant Rotherham publicava *A Bíblia realçada* (1872, 1902). Thomas Newberry editou *A Bíblia do inglês* durante a década de 1890. Um dos mais conhecidos exemplos de traduções de trechos da Bíblia aparece n*A vida e as epístolas de São Paulo*, de W. J. Conybeare e J. S. Howson (1964), em que a tradução está embutida num comentário.

As traduções do século XX

A grande profusão de traduções da Bíblia em inglês não ocorreu senão neste século, quando os grandes manuscritos haviam sido descobertos, o sentimento público procurava traduções coloquiais, tentativas estavam sendo feitas de empreender traduções oficiais e mais evidências dos textos foram descobertas. Desde então praticamente tem havido um

---

*O texto inglês já se acha devidamente concluído. Ademais, a Sociedade Bíblica Internacional presenteou os falantes do português com o Novo Testamento (1993) da *Nova versão internacional* e trabalha com afinco com vistas no lançamento do Antigo. (N. do E.)

desfile de estudiosos e de suas traduções. Arthur S. Way, estudioso clássico, abriu o desfile com sua tradução de *As cartas de Paulo* (1901). O ano seguinte já testemunhou a publicação do *Novo Testamento do século XX*, baseado no texto de Westcott e de Hórt. Um estudioso consultado para essa tradução, Richard Francis Weymouth, traduziu *O testamento grego resultante*, que foi publicado postumamente, em 1903, e minuciosamente revisado por James A. Robertson, em 1924.

Talvez o empreendimento mais ambicioso de um só homem tenha sido *A Bíblia Sagrada em inglês moderno* (1895, 1903), por Ferrar Fenton. Ela se baseou em manuscritos hebraicos, caldeus e gregos. James Moffat, estudioso de Oxford, publicou *O Novo Testamento* (1913) e *O Antigo Testamento* (1924), que depois combinou em *Uma nova tradução da Bíblia* (1928). A obra de Moffat é caracterizada por seu tom escocês, liberdade de estilo e de linguagem e sua tendência teológica modernista. O equivalente americano de Moffat aparece em *A Bíblia completa: uma tradução americana* (1927), de Edgar J. Goodspeed. G. W. Wade apresentou uma nova tradução organizada no que ele acreditava ser a ordem cronológica dos livros em *Os documentos do Novo Testamento* (1934). A *Versão concordante das Sagradas Escrituras* (1926ss.) baseou-se no princípio de que toda palavra do original deveria ter equivalente inglês. Em 1937, Charles B. Williams publicou o *Novo Testamento na linguagem do povo*, no qual tentou transmitir o significado exato dos tempos verbais do grego para o inglês. Durante esse mesmo ano, *Paulo visto das trincheiras*, de Gerald Warre Cornish, foi publicado postumamente. W. C. Wand produziu *As cartas do Novo Testamento* em 1943, no formato de um bispo escrevendo uma carta mensal à sua diocese. Em outra tentativa de fazer a Bíblia chegar às mãos dos leigos, J. H. Hooks atuou como presidente de uma junta que traduziu a *Bíblia inglesa básica* (1940-1949), fazendo uso de apenas mil palavras "básicas" do inglês. Charles Kingsley Williams tentou fazer obra semelhante n*O Novo Testamento: uma tradução em inglês simples* (1952).

Uma tentativa conservadora de produzir o equivalente da *Versão padrão revisada* foi produzida sob a direção de Gerrit Verkuyl, de Berkeley, na Califórnia. Essa tradução da Bíblia foi intitulada *Versão de Berkeley em inglês moderno* (1945, 1959) e, mais recentemente, *Bíblia em linguagem moderna* (1971). Em 1969 essa obra foi revisada e publicada como *Bíblia Sagrada: a nova versão de Berkeley em inglês moderno*. Após lançar diversos fascículos, J. B. Phillips publicou o *Novo Testamento em inglês moderno* (1958).* Sua paráfrase era muito diferente das publicações dos testemu-

---

*Há desse tradutor em português a obra *Cartas para hoje* (Vida Nova, 1993). (N. do E.)

nhas-de-jeová: a *Tradução do novo mundo das Escrituras cristãs gregas* (1950) e a *Tradução do novo mundo das Escrituras hebraicas* (1953), que traziam o nome da Sociedade Torre de Vigia de Bíblias e Folhetos. Um ilustre estudioso judeu, Hugh J. Schonfield, tentou reconstruir a "legítima" atmosfera judaica do Novo Testamento para os leitores gentios n*O Novo Testamento legítimo* (1955).

George M. Lamsa fez sua *A Bíblia Sagrada a partir de antigos manuscritos ocidentais* (1933-1957), dos manuscritos da *Siríaca peshita* (v. cap. 16) e não dos manuscritos gregos. Kenneth S. Wuest sucedeu a J. B. Phillips na publicação de sua *Tradução ampliada do Novo Testamento*, em diversos fascículos antes de ser definitivamente combinada em 1959. Sua obra, juntamente com a publicação de *A Bíblia ampliada* (1958, 1964), da Fundação Lockman, seguiu a tradição de Charles B. Williams. A propósito, *A Bíblia ampliada* é quase um comentário.

Em 1961, Olaf M. Norlis publicou *O Novo Testamento simplificado em inglês comum*, e R. K. Harrison traduziu os *Salmos para hoje* para acompanhá-lo. Um ano depois, Kenneth Taylor começou a publicar partes da *Bíblia viva* como paráfrase. A tradução completa da *Bíblia viva* foi publicada em 1971, e tem tido circulação incrivelmente ampla nos milhões de exemplares vendidos. Entrementes, F. F. Bruce aumentou essa tradição de traduções parafraseadas publicando *As cartas de Paulo: uma paráfrase ampliada* (1965). A Sociedade Bíblica Americana publicou sua *Boas novas para o homem moderno*, também conhecida como *Novo Testamento na linguagem de hoje*, em 1966. Até 1868, mais de dez milhões de exemplares tinham sido vendidos, e em 1971 essa publicação já está em sua terceira edição. Além do Novo Testamento, as *Boas novas para o homem moderno* (TEV) já incluíram partes do Antigo Testamento, dentre as quais Salmos, Jó e Provérbios.**

As traduções e as versões ecumênicas

Com a grande profusão de Bíbias católicas romanas, judaicas e protestantes sendo publicadas, era inevitável que numa era ecumênica houvesse tentativas de produzir Bíblias ecumênicas.

O Novo Testamento: edição católica da versão padrão revisada (1965) encaixa-se nessa categoria. Embora seja realmente o texto da *Versão padrão revisada*, com cerca de 24 mudanças básicas (enumeradas no apêndice) e notas acrescentadas, ela foi oficialmente aprovada para uso dos católicos

**Essa versão já se encontra completa em inglês sob o título *Today's English version* e equivale a *A Bíblia na linguagem de hoje*, da Sociedade Bíblica do Brasil. (N. do E.)

romanos. Entre algumas das mudanças nos textos estão a mudança de *"brothers"* ("irmãos", usado em linguagem geral) para *"brethren"* ("irmãos", usado em linguagem formal), nas referências feitas à família de Jesus (Mateus 12.46,48), e "deixá-la" em vez de "divorciar-se dela", com referência a José e a Maria (Mateus 1.19); o acréscimo de "e jejum" a "oração", em Marcos 9.29; bem como a reintegração do longo final do evangelho de Marcos (16.9-20) e o incidente da mulher apanhada em adultério em João 7.58—8.11 (v. cap. 15).

A primeira tentativa feita por uma junta ecumênica unida de produzir uma Bíblia comum é *A Bíblia âncora* (1964). Sob a direção editorial de William F. Albright e de David Noel Freedman, ela se diz internacional e interdenominacional em sua abrangência. Especificamente afirma contar entre os tradutores muitos estudiosos protestantes, católicos e judeus de muitos países. Seu esforço é o de oferecer a todos os povos de fala inglesa todo o conhecimento significativo, histórico e lingüístico, que influencia a interpretação dos registros bíblicos. Ela está sendo produzida em volumes separados, sendo que cada um deles será acompanhado de uma introdução completa e de notas.

A edição revisada da *Versão padrão revisada* foi publicada como parte do Novo Testamento d*A Bíblia comum*, em 1973. Embora seja cedo demais para estimar o valor dessa tradução ou de seu sucesso como empreendimento ecumênico, é difícil ver como possa manter a sua unidade, visto que cada livro está sendo produzido por estudiosos de tão variadas perspectivas teológicas e culturais. Mesmo que a unidade seja mantida, conjectura-se que efeito as diversidades teológicas terão sobre a unidade total da mensagem bíblica.

Mesmo olhando de relance, entretanto, essa procissão de traduções modernas é suficiente para revelar que o século XX, como nenhum século antes na história humana, possui a maior proliferação de traduções da Bíblia, tanto num esforço oficial quanto não-oficial. Com essa grande diversidade e multiplicação das traduções vem uma responsabilidade maior do que nunca de compreender e transmitir todo o conselho de Deus contido em seu Livro inspirado.

21
As traduções para o português

Neste capítulo procuraremos apresentar um breve histórico da tradução da Bíblia em português, tanto em Portugal quanto no Brasil.*

Período das traduções parciais

"Venturoso" ou "Bem-Aventurado". A despeito de esse título ter sido atribuído a d. Manuel como o principal incentivador das grandes navegações, mais bem-aventurado que esse rei português foi um de seus antecessores, d. Diniz (1279-1325), por ter sido a primeira pessoa a traduzir para a língua portuguesa o texto bíblico, tornando assim possível a futura grande navegação dos leitores de língua portuguesa pelo imenso mar da Palavra de Deus.

Grande conhecedor do latim clássico e leitor da *Vulgata*, d. Diniz resolveu enriquecer o português traduzindo as Sagradas Escrituras para o nosso idioma, tomando como base a *Vulgata latina*. Embora lhe faltasse perseverança e só conseguisse traduzir os vinte primeiros capítulos do livro de Gênesis, esse seu esforço o colocou em uma posição historicamente anterior a alguns dos primeiros tradutores da Bíblia para outros idiomas, como João Wycliffe por exemplo, que só em 1380 traduziu as Escrituras para o inglês.

Fernão Lopes afirmou em seu curioso estilo de cronista do século xv,

---

*Este capítulo foi extraído da *Bíblia de referência Thompson* com algumas adaptações. O texto é da autoria de Jefferson Magno Costa e Abraão de Almeida.

que d. João I (1385- 1433), um dos sucessores de d. Diniz ao trono português, fez grandes letrados tirar em linguagem os Evangelhos, os Atos dos Apóstolos e as epístolas de Paulo, para que aqueles que os ouvissem fossem mais devotos acerca da lei de Deus (*Crônica de d. João I*, segunda parte). Esses "grandes letrados" eram vários padres que também se utilizaram da *Vulgata latina* em seu trabalho de tradução.

Enquanto esses padres trabalhavam, d. João I, também conhecedor do latim, traduziu o livro de Salmos, que foi reunido aos livros do Novo Testamento traduzidos pelos padres. Seu sucessor, d. João II, outro grande defensor das traduções do texto bíblico, mandou gravar no seu cetro a parte final do versículo 31 de Romanos 8: "Se Deus é por nós, quem será contra nós?", atestando assim quanto os soberanos portugueses reverenciavam a Bíblia.

Como nessa época a imprensa ainda não havia sido inventada, os livros eram produzidos em forma manuscrita fazendo-se uso de folhas de pergaminho. Isso tornava sua circulação extremamente reduzida. Por ser trabalho lento e caro, era necessário que ou a Igreja Romana ou alguém muito rico assumisse os custos do projeto. Ninguém mais indicado para isso que os nobres e os reis.

Outras figuras da monarquia de Portugal também realizaram traduções parciais da Bíblia. A neta do rei d. João I e filha do infante d. Pedro, a infanta d. Filipa, traduziu do francês os evangelhos. No século XV surgiram publicados em Lisboa o evangelho de Mateus e trechos dos demais evangelhos, trabalho realizado pelo frei Bernardo de Alcobaça, que pertenceu à grande escola de tradutores portugueses da Real Abadia de Alcobaça. Ele baseou suas traduções na *Vulgata latina*.

A primeira harmonia dos evangelhos em língua portuguesa, preparada em 1495 pelo cronista Valentim Fernandes e intitulada *De Vita Christi*, teve os seus custos de publicação pagos pela rainha dona Leonora, esposa de d. João II. Cinco anos após o descobrimento do Brasil, d. Lenora mandou também imprimir o livro de Atos dos Apóstolos e as epístolas universais de Tiago, de Pedro, de João e de Judas, que haviam sido traduzidos do latim vários anos antes por frei Bernardo de Brinega.

Em 1566 foi publicada em Lisboa uma gramática hebraica para estudantes portugueses. Ela trazia em português, como texto básico, o livro de Obadias.

Outras traduções

Outras traduções em língua portuguesa, realizadas em Portugal, são dignas de menção:

Os quatro evangelhos, traduzidos em elegante português pelo padre jesuíta Luiz Brandão.

No inicio do século XIX, o padre Antônio Ribeiro dos Santos traduziu os *Evangelhos de Mateus e de Marcos*, ainda hoje inéditos.

É fundamental salientar que todas essas obras sofreram, ao longo dos séculos, implacável perseguição da Igreja Romana, e de muitas delas só escaparam um ou dois exemplares, hoje raríssimos. A Igreja Romana também amaldiçoou a todos os que conservassem consigo essas "traduções da Bíblia em idioma vulgar", conforme as denominavam.

Período das traduções completas

Tradução de Almeida

Coube a João Ferreira de Almeida a grandiosa tarefa de traduzir pela primeira vez para o português o Antigo e o Novo Testamento. Nascido em 1628, em Torre de Tavares, nas proximidades de Lisboa, João Ferreira de Almeida, quando tinha doze anos de idade, mudou-se para o sudeste da Ásia. Após viver dois anos na Batávia (atual Jacarta), na ilha de Java, Indonésia, Almeida partiu para Málaca, na Malásia, e lá, pela leitura de um folheto em espanhol acerca das diferenças da cristandade, converteu-se do catolicismo à fé evangélica. No ano seguinte começou a pregar o evangelho no Ceilão (hoje Sri Lanka) e em muitos pontos da costa de Malabar.

Não tinha ele ainda dezessete anos de idade quando iniciou o trabalho de tradução da Bíblia para o português, mas lamentavelmente perdeu o seu manuscrito e teve de reiniciar a tradução em 1648.

Por conhecer o hebraico e o grego, Almeida pôde utilizar-se dos manuscritos dessas línguas, calcando sua tradução no chamado *Textus receptus*, do grupo bizantino. Durante esse exaustivo e criterioso trabalho, ele também se serviu das traduções holandesa, francesa (tradução de Beza), italiana, espanhola e latina (*Vulgata*).

Em 1676, João Ferreira de Almeida concluiu a tradução do Novo Testamento, e naquele mesmo ano remeteu o manuscrito para ser impresso na Batávia; todavia, o lento trabalho de revisão a que a tradução foi submetida levou Almeida a retomá-la e enviá-la para ser impressa em Amsterdã, na Holanda. Finalmente, em 1681 surgiu o primeiro Novo Testamento em português, trazendo no frontispício os seguintes dizeres, que transcrevemos *ipsis litteris*:

> O Novo Testamento, isto he, Todos os Sacro Sanctos Livros e Escritos Evangelicos e Apostolicos do Novo Concerto de Nosso Fiel Salvador e Redentor Iesu Cristo, agora traduzido em português por João Ferreira de Almeida, ministro pregador do Sancto Evangelho. Com todas as li-

cenças necessarias. Em Amsterdam, por Viuva de J. V. Someren. Anno 1681.

Milhares de erros foram detectados nesse Novo Testamento de Almeida, muitos deles produzidos pela comissão de eruditos que tentou harmonizar o texto português com a tradução holandesa de 1637. O próprio Almeida identificou mais de dois mil erros nessa tradução, e outro revisor, Ribeiro dos Santos, afirmou ter encontrado número bem maior.

Logo após a publicação do Novo Testamento, Almeida iniciou a tradução do Antigo, e, ao falecer, em 6 de agosto de 1691, havia traduzido até Ezequiel 41.21. Em 1748, o pastor Jacobus op den Akker, de Batávia, reiniciou o trabalho interrompido por Almeida, e cinco anos depois, em 1753, foi impressa a primeira Bíblia completa em português, em dois volumes. Estava, portanto concluído o inestimável trabalho de tradução da Bíblia por João Ferreira de Almeida.

Apesar dos erros iniciais, ao longo dos anos estudiosos evangélicos têm depurado a obra de Almeida, tornando-a a preferida dos leitores de fala portuguesa.

A Bíblia de Rahmeyer

Tradução completa da Bíblia, ainda hoje inédita, feita em meados do século XVIII pelo comerciante hamburguês Pedro Rahmeyer, que residiu em Lisboa por 30 anos. O manuscrito dessa Bíblia se encontra na Biblioteca do Senado de Hamburgo, na Alemanha.

Tradução de Figueiredo

Nascido em 1725, em Tomar, nas proximidades de Lisboa, o padre Antônio Pereira de Figueiredo, partindo da *Vulgata latina*, traduziu integralmente o Novo e o Antigo Testamento, gastando dezoito anos nessa laboriosa tarefa. A primeira edição do Novo Testamento saiu em 1778, em seis volumes. Quanto ao Antigo, os dezessete volumes de sua primeira edição foram publicados de 1783 a 1790. Em 1819 veio à luz a Bíblia completa de Figueiredo, em sete volumes, e em 1821 ela foi publicada pela primeira vez em um só volume.

Figueiredo incluiu em sua tradução os chamados livros apócrifos que o Concílio de Trento havia acrescentado aos livros canônicos em 8 de abril de 1546. Esse fato tem contribuído para que a sua Bíblia seja ainda hoje apreciada pelos católicos romanos nos países de fala portuguesa.

Na condição de exímio filólogo e latinista, Figueiredo pôde utilizar-se de um estilo sublime e grandiloqüente, e seu trabalho resultou em um verdadeiro monumento da prosa portuguesa. Porém, por não conhecer

85 línguas originais e ter-se baseado tão-somente na *Vulgata*, sua tradução não tem suplantado em preferência popular o texto de Almeida.

A Bíblia no Brasil

Traduções parciais

Nazaré. Em 1847 publicou-se, em São Luís do Maranhão, *O Novo Testamento*, traduzido por frei Joaquim de Nossa Senhora de Nazaré, que se baseou na *Vulgata.* Esse foi, portanto, o primeiro texto bíblico traduzido no Brasil. Essa tradução tornou-se famosa por trazer em seu prefácio pesadas acusações contra as "Bíblias protestantes, que, segundo os acusadores, estariam falsificadas" e falavam "contra Jesus Cristo e contra tudo quanto há de bom".

Em 1879, a Sociedade de Literatura Religiosa e Moral do Rio de Janeiro publicou o que ficou conhecida como *A primeira edição brasileira do Novo Testamento de Almeida.* Essa versão foi revista por José Manoel Garcia, lente do Colégio D. Pedro II; pelo pastor M. P. B. de Carvalhosa, de Campos, Rio de Janeiro, e pelo primeiro agente da Sociedade Bíblica Americana no Brasil, pastor Alexandre Blackford, ministro do evangelho no Rio de Janeiro.

Harpa de Israel foi o título que o notável hebraísta P. R. dos Santos Saraiva deu à sua tradução dos Salmos publicada em 1898.

Em 1909, o padre Santana publicou sua tradução do Evangelho de Mateus, vertida diretamente do grego. Três anos depois Basílio Teles publicou a tradução do Livro de Jó, com sangrias poéticas. Em 1917 foi a vez de J. L. Assunção publicar o Novo Testamento, tradução baseada na *Vulgata latina.*

Traduzido do velho idioma etíope por Esteves Pereira, o livro de Amós surgiu isoladamente no Brasil em 1917. Seis anos depois, J. Basílio Pereira publicou a tradução do *Novo Testamento* e do *Livro dos Salmos,* ambos baseados na *Vulgata.* Por essa época surgiu no Brasil (infelizmente, sem indicação de data) a *Lei de Moisés (Pentateuco),* edição bilíngüe hebraico-português, preparada pelo rabino Meir Masiah Melamed.

O padre Huberto Rohden foi o primeiro católico a traduzir no Brasil o *Novo Testamento* diretamente do grego. Publicada pela instituição católica romana Cruzada Boa Esperança, em 1930, essa tradução, por estar baseada em textos considerados inferiores, sofreu severas críticas.

Traduções completas

Em 1902, as sociedades bíblicas empenhadas na disseminação da Bíblia no Brasil patrocinaram nova tradução da Bíblia para o português, baseada em manuscritos melhores que os utilizados por Almeida. A comissão constituída para tal fim, composta de especialistas nas línguas originais e no vernáculo, entre eles o gramático Eduardo Carlos Pereira, fez uso de ortografia correta e vocabulário erudito. Publicado em 1917, esse trabalho ficou conhecido como *Tradução brasileira*. Apesar de ainda hoje apreciadíssima por grande número de leitores, essa Bíblia não conseguiu firmar-se no gosto do grande público.

Coube ao padre Matos Soares realizar a tradução mais popular da Bíblia entre os católicos na atualidade. Publicada em 1930 e baseada na *Vulgata*, essa tradução possui notas entre parênteses defendendo os dogmas da Igreja Romana. Por esse motivo recebeu apoio papal em 1932.

A primeira revisão da Bíblia em português feita pela Trinitarian Bible Society [Sociedade Bíblica Trinitária] foi iniciada no dia 16 de maio de 1837. Essa decisão foi tomada seis anos após a formação da Sociedade. O primeiro projeto escolhido para a publicação da Bíblia numa língua estrangeira pela Sociedade foi o português. O rev. Thomas Boys, do Trinity College, Cambridge, foi encarregado de liderar o empreendimento. No ano de 1969, em São Paulo, foi fundada a Sociedade Bíblica Trinitariana do Brasil, com o objetivo de revisar e publicar a Bíblia de João Ferreira de Almeida como a *Edição corrigida e revisada fiel ao texto original*.

Em 1943, as Sociedades Bíblicas Unidas encomendaram a um grupo de hebraístas, helenistas e vernaculistas competentes uma revisão da tradução de Almeida. A comissão melhorou a linguagem, a grafia de nomes próprios e o estilo da Bíblia de Almeida.

Em 1948 organizou-se a Sociedade Bíblica do Brasil destinada a "Dar a Bíblia à Pátria". Essa entidade fez duas revisões no texto de Almeida, uma mais aprofundada, que deu origem à *Edição revista e atualizada no Brasil*, e uma menos profunda, que conservou o antigo nome *Corrigida*.

Em 1967, a Imprensa Bíblica Brasileira, criada em 1940, publicou a sua *Edição revisada de Almeida*, cotejada com os textos em hebraico e grego. Essa edição foi posteriormente reeditada com ligeiras modificações.

Mais recentemente, a Sociedade Bíblica do Brasil taduziu e publicou *A Bíblia na linguagem de hoje* (1988). O propósito básico dessa tradução tem sido o de apresentar o texto bíblico numa linguagem comum e corrente.

Em 1990, a Editora Vida publicou a sua *Edição contemporânea da Bíblia de Almeida*. Essa edição eliminou arcaísmos e ambigüidades do texto quase tricentenário de Almeida, e preservou, sempre que possível, as excelências do texto que lhe serviu de base.

Uma comissão constituída de especialistas em grego, hebraico, aramaico e português, coordenada pelo Rev. Luiz Sayão, trabalha em

A BÍBLIA EM PORTUGUÊS · 253

uma nova tradução das Escrituras para a língua portuguesa, sob o patrocínio da Sociedade Bíblica Intemacional, com o título *Nova versão internacional*, da qual já se publicou o Novo Testamento em 1993.

São também dignas de referência: a Bíblia taduzida pelos monges de Meredsous (1959); *A Bíblia de Jerusalém*, taduzida pela Escola Bíblica de Jerusalém (padres dominicanos) e editada no Brasil por Edições Paulinas em 1981, com notas, e a *Edição integral da Bíblia*, trabalho de diversos tadutores sob a coordenação de Ludovico Garmus, editado pela Vozes e pelo Círculo do Livro, também com notas.

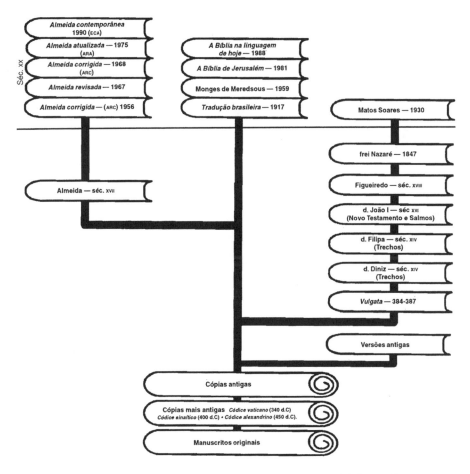

A ilustração acima monstra a origem e o desenvolvimento da Bíblia em língua portuguesa, bem como os fundamentos sobre os quais descansa cada versão sucessiva.

Esta obra foi composta em *Agaramond*
e impressa por BMF Gráfica sobre papel
Offset 63 g/m2 para Editora Vida.